감사의 마음을 담아

_____에게 드립니다.

홍익희의
유대인 경제사

일러두기

- 본 《유대인 경제사》 시리즈의 일부 내용은 저자의 전작 《유대인 이야기》(행성B잎새, 2013)를 참조하였습니다.

스페인 제국의 영광과 몰락
중세 경제사 下
GLORY AND RUIN OF
THE SPANISH EMPIRE

4

홍익희의
유대인
경제사

한스미디어

6·25전쟁의 잿더미에서 맨손으로 시작한 우리 경제가 이제는 교역 규모 세계 9위이자 수출 5강이다. 무에서 유를 창조한 것이나 진배없다. 1950년대 한국은 아프리카 나라들과 별 차이가 없는 극빈국이었다. 아니, 그보다도 못했다. 전쟁이 끝난 1953년의 1인당 소득은 67달러로 세계 최빈국의 하나였다. 그 뒤 8년이 지난 1961년에조차 1인당 소득은 82달러로, 179달러였던 아프리카 가나의 절반에도 못 미쳤다. 그마저도 미국 원조 덕분이었다. 전쟁 복구가 시작된 1953년부터 1961년까지 원조액은 무려 23억 달러였다. 당시 우리의 수출액과 비교해보면 미국 원조가 얼마나 큰 금액이었는지 알 수 있다. 1962년 우리 수출실적은 5000만 달러였다.

그해 정부주도로 처음으로 경제개발계획이 시작되었다. 같은 해 대한무역투자진흥공사KOTRA가 설립되었다. 변변한 자원 없는 우리 민족도 한번 해보자고 무역 진흥의 기치를 높이 내걸고 달리기 시작하였다. 2년 뒤 1964년에 1억 달러 수출을 달성했다. 이를 기념하여 '수출의 날'이 제정되었다.

그로부터 6년 뒤인 1970년에 수출 10억 달러를 넘어섰다. 또 그로부터 7년 뒤 "친애하는 국민 여러분, 드디어 우리는 수출 100억 달러를 돌파하였습니다. 이 기쁨과 보람은 결코 기적이 아니요, 국민 여러분의 고귀한 땀과 불굴의 집념이 낳은 값진 소산이며, 일하고 또 일하면서 살아온 우리 세대의 땀에 젖은 발자취로 빛날 것입니다"라고 박정희 대통령은 떨리는 목소리로 수출의 날 기념식에서 말하였다.

100억 달러! 당시로는 쉽게 믿기지 않는 숫자였다. 대통령은 그날 일기에 이렇게 적었다. "10억 달러에서 100억 달러가 되는 데 서독은 11년, 일본은 16년 걸렸다. 우리는 불과 7년 걸렸다. 새로운 출발점으로 삼자. 새로운 각오와 의욕과 자신을 가지고 힘차게 새 전진을 다짐하자."

이렇게 달려와 2008년 수출액은 4200억 달러를 넘어섰다. 46년 사이에 8400배 증가한 것이다. 세계은행에 따르면 1960년대 이후 30년 동안 한국의 경제성장률이 세계 197개국 가운데 가장 높았다 한다. 자그마치 30년을 1등으로 달려온 민족이다. 세계 경제사에 유례가 없는 것이라 하였다. 바깥을 향한 경제정책이 우리 민족을 일으켜 세운 것이다. 해외에 나가보면 우리 수출기업들이 정말 열심히 뛰고 있다. 그들의 활약상을 보고 있노라면 누구라도 애국자가 아니 되려야 아니 될 수 없다. 우리 경제가 이만큼이나마 클 수 있었던 것은 수출기업들 덕분이다.

그런데 이러한 수출의 비약적인 발전에도 오늘날 우리 경제가 활력을 찾지 못하는 원인은 무엇일까? 내수경기는 좀처럼 불붙지 못하고 청년실업은 갈수록 늘어나고 있다. 상품 수출로 벌어들인 무역흑자는 서비스수지와 소득수지 적자로 까먹고도 모자랄 판이다. 이제는 세상이 바뀌어 상품 수출만으로는 안 된다. 서비스산업의 발전 없는 제조업 수출만으로는 한계가 있다.

필자는 해외 7개국에서 근무했다. 그 가운데 1990년대 중반 뉴욕 무역관에 근무할 때, 제조업 고용비중이 10%도 안 되는 미국이 세계 경제를 호령하는 힘은 어디서 나오는지 궁금했다. 속내를 들여다보니 미국은 서비스산업 고용비중이 80%를 넘어선 서비스산업 강국이었다. 특히 금융산업 경쟁력은 세계 최강이었다. 뭔가 월스트리트에 답이 있을 듯했다. 그 속내를 들여다보고 싶었다.

세계의 제조업이 산술급수적으로 커가고 있을 때 금융산업은 기하급수적으로 성장하였다. 미국 경제에서 GDP 성장에 대한 금융산업 기여도는 3할에 이른다. 세계는 바야흐로 금융자본이 산업자본을 이끄는 금융자본주의 시대다. 이러한 금융자본주의 정점에 미국이 있었다. 제조업의 열세로 무역적자에 허덕이는 미국을 세계 각국에 투자된 미국의 금융자본이 먹여 살리고 있었다.

2001년부터는 스페인에서 두 번째로 근무하는 행운을 얻었다. 세계적인 제조업이나 변변한 첨단산업 하나 없는 스페인이 10여 년 전 첫 근무를 할 때에 비해 급속도로 발전하고 있는 데 놀랐다. 관심을 갖고 들여다보니 그 힘 역시 서비스산업이었다. 20세기에 힘들었던 스페인 경제가 21세기 들어 관광산업과 금융산업이 주도하기 시작하면서 활기차게 돌아갔다. 고용창출 효과 또한 대단했다.

해외 근무를 더 계속하면서 가는 곳마다 유대인들을 만날 수 있었다. 중남미에서부터 미국, 유럽에 이르기까지 필자가 근무한 나라를 더해갈수록 그들의 힘을 더 크게 느낄 수 있었다. 금융은 물론 유통 등 서비스산업의 중심에는 언제나 유대인들이 있었다.

도대체 그들의 힘의 원천이 무엇인지 알고 싶었다. 우리나라도 이제 예외가 아니었다. 이미 우리 생활 곳곳에 알게 모르게 유대인들의 영향력이 강하게 미치고 있었다. 이제는 유대인이 그동안의 개인적인 관심사의 대상을 넘어 우리 경제에서 그냥 지나칠 수 없는 거대한 상대방이 되어 있었다.

서비스산업의 실체에 대해 제대로 공부해보고 싶었다. 뿌리부터 알고 싶었다. 금융산업을 비롯한 서비스산업의 뿌리를 살펴보니 거기에는 어김없이 유대인들이 있었다. 경제사에서 서비스산업의 창시자와 주역들은 대부분 유대인이었다. 더 나아가 세계 경제사 자체가 유대인의 발자취와 궤를 같이하고 있었다. 참으로 대단한 민족이자 힘이었다.

매사에 '상대를 알고 나를 아는' 지피지기가 우선이라 하였다. 그들을 제대로 알아야 한다. 그리고 그들에게 배울 게 있으면 한 수 배워야 한다. 이런 의미에서 우리 경제가 도약하는 데 작은 힘이나마 보탬이 되고자 능력이 부침에도 감히 이 책을 쓰게 되었다. 우리도 금융강국이 되어야 한다. 그리고 다른 서비스산업에서도 경쟁력을 갖추어야 21세기 아시아 시대의 주역이 될 수 있다.

책을 쓰면서 '경제사적 시각'과 '자본의 공간적 흐름'에 주목했다. 지금 세계에는 직접투자자본FDI이 인건비가 높은 나라에서 낮은 나라로 물 흐르듯 흐르고 있다. 그 덕에 제조업의 서진화西進化가 빠른 속도로 이루어지고 있다. 중국이 대표적인 사례다. 이를 통해 아시아 시대가 우리가 예상했던 것보다 더 빨리 다가오고 있다.

그러나 그보다 더 거센 물결은 세계 금융자본의 초고속 글로벌화다. 대부분의 글로벌 금융자본은 돈 되는 곳이라면 어디든 가리지 않는다. 인터넷 거래를 통해 빛의 속도로 세계 각국을 헤집고 다니며 엄청난 규모의 자본소득을 빨아들이고 있다.

아시아 시대는 이러한 거대하고도 빠른 복합적 흐름으로 가속화되고 있다. 흐름의 가속화는 곧 급류요 소용돌이다. 변혁의 시기인 것이다. 이렇게 급속도로 펼쳐지고 있는 아시아 시대를 맞아 우리나라가 외부의 물살에 휩쓸려서는 안 된다. 더구나 중국이나 일본의 변방에 머물러 있어서도 안 된다. 그 흐름의 중심에 올라타야 한다.

필자는 경제학자도, 경제 관료도 아니다. 경제 전문가는 더더욱 아니다. 그러나 해외 여러 나라에서 근무하면서 보고 듣고 느낀, 서비스산업의 중요성과 유대인의 힘에 대해 같이 생각해보고 싶었다. 필자는 그동안 주로 제조업 상품의 수출을 지원해왔다. 그러나 제조업도 중요하지만 앞으로는 금융, 관광, 교육, 의료, 영상, 문화, 지식산업 등 서비스산업의 발전 없이는 우리의 미래도 한계에 부딪힐 수밖에 없다고 생각한다. 미래 산업이자 고용창출력이 큰 서비스산업이 발전해야 내수도 살아나고 청년실업도 줄일 수 있다. 그래야 서비스수지와 소득수지도 적자를 면하고, 더 나아가 우리 서비스산업이 수출산업으로 자리매김할 수 있다.

무엇보다 금융산업은 우리 미래의 최대 수출산업이 되어야 한다. 우리 모두가 서비스산업의 중요성에 대해 인식을 깊이 하고 지평을 넓혀야 한다. 21세기 우리 경제를 이끌 동력은 한마디로 서비스산업과 아이디어다. 1970년대에 우리가 '수출입국'을 위해 뛰었듯이, 이제는 '서비스산업 강국'을 위해 매진해야 한다.

이 책은 오늘날의 유대인뿐 아니라 역사 속 유대인의 궤적도 추적하였다. 이는 역사를 통해 서비스산업의 좌표를 확인하고자 함이요, 또한 미래를 준비하고 대비하기 위한 되새김질이기도 하다. 경제를 바라보는 시각도 역사의식이 뒷받침되어야 한다고 믿는다.

책을 쓰면서 몇 가지 점에 유의했다. 먼저, 유대인에 대한 주관적 판단이나 감정을 배제하고 객관성을 유지하고자 노력했다. 가능하면 친유대적도 반유대적도 아닌, 보이는 그대로 그들의 장점을 보고

자 애썼다.

두 번째로, 유대인 이야기와 더불어 같은 시대 동서양의 경제사를 씨줄로, 그리고 과학과 기술의 발달 과정을 날줄로 함께 엮었다. 이는 경제사를 입체적으로 파악하기 위해서다. 그리고 경제사를 주도한 유대인의 좌표를 그 시대 상황 속에서 살펴보고자 함이요, 동양 경제사를 함께 다룬 것은 서양의 것에 매몰된 우리의 편중된 인식을 바로잡는 데 조금이라도 보탬이 되고자 함이었다. 유대인도 엄밀히 말하면, 셈족의 뿌리를 갖고 있는 동양인이다. 다만 오랜 역사에 시달려 현지화되었을 뿐이다.

과학과 기술의 발달 과정을 함께 엮은 것은, 경제사를 입체적으로 이해하기 위해서는 시대 상황과 함께 과학과 기술의 변천을 함께 살펴야 한다는 믿음 때문이다. 과학기술사는 경제사와 떼려야 뗄 수 없는 불가분의 관계다. 실제 역사적으로 과학기술의 발전이 경제 패러다임을 바꾼 사례가 많았다. 이미 과학과 기술의 트렌드를 알지 못하고는 경제와 경영을 논하기 어려운 시대가 되었다.

날줄과 씨줄이 얽히면서 만들어내는 무늬가 곧 경제사의 큰 그림이다. 만약 이러한 횡적·종적인 연결고리들이 없다면 상호 연관성이 없는 개별적인 역사만 존재하게 되고, 경제사는 종횡이 어우러져 잘 짜여진 보자기가 아니라 서로 연결되지 않은 천 쪼가리들에 지나지 않을 것이다.

세 번째로, 독자들의 이해를 돕기 위해 이번 유대인 시리즈의 전작들인《유대인 경제사 1~3》의 내용도 다수 포함시켰다.

마지막으로 고백해야 할 것은, 이 책의 자료 가운데 많은 부분을 책과 인터넷 검색으로 수집하였다는 점이다. 이를 통해 여러 선학들의 좋은 글을 많이 인용하거나 참고했음을 밝힌다. 한 조각, 한 조각의 짜깁기가 큰 보자기를 만들 수 있다는 생각에서다. 널리 이해하시리라 믿는다.

특히《유대인 경제사》를 내면서 먼저 출간된 필자의 책들《유대인 이야기》(행성B, 2013)와《유대인 창의성의 비밀》(행성B, 2013),《세 종교 이야기》(행성B, 2014)에서 많은 내용을 가져왔다.

그리고 이번《유대인 경제사》4권에서는 중세 말 스페인 제국의 영광과 몰락을 다루었다. 이베리아 반도에서의 유대인 활약상과 고난의 역사를 함께 살펴보며 그들이 어떻게 대항해를 시작하게 되었는지를 추적하였다.

참고문헌은 익명의 자료를 제외하고는 본문의 각 페이지와 책 후미에 밝혀두었다. 그럼에도 이 책에 있는 오류나 잘못은 당연히 필자의 몫이다. 잘못을 지적해주시면 감사한 마음으로 고치겠다. 끝으로 이 책을 사랑하는 코트라KOTRA 식구들에게 바친다.

지은이 홍익희

CONTENTS

V

유대인, 동양을 요리하다

I

스페인 제국의
영광과 몰락

JEWISH ECONOMIC HISTORY

∴ 이사벨 여왕과 페르난도 왕을 찾아온 콜럼버스

1492년. 스페인으로서는 매우 뜻깊은 해다. 이베리아 반도의 통일인 '레콩키스타' 와 '신대륙 발견'의 위업을 동시에 이뤘기 때문이다. 경제사에서 1492년은 더욱 각별한 의미를 지닌다. 역사라는 것이 본래 승자를 위한, 승자에 의한 기록이기도 하지만 경제사는 더욱 그렇다. 세계 경제를 쥐락펴락하는 미국의 탄생이 콜럼버스로 인해 시작됐다는 점에서 오늘날의 세계 질서를 탄생시킨 씨앗이 1492년에 심어졌다.

레콩키스타는 재정복이란 뜻으로 국토회복운동이었다. 전성기보다 많이 약해진 이슬람 세력은 십자군 전쟁이 한창일 때도 버텨냈지만, 결국 최후 거점인 그라나다까지 내주고 1492년 완전히 무릎을 꿇으며 이베리아 반도에서 퇴각하였다. 레콩키스타의 완성은 스페인 지역 내 기독교 왕국들의 군사적 승리, 종교적 국토회복운동의 완성에 머물지 않고 서구가 세계사의 주역으로 등장하는 신호탄이었다. 콜럼버스의 신대륙 발견도 같은 맥락이다.

이 무렵 한 가지 사건이 더 있었다. 바로 '유대인 추방령'이다. 이사벨 여왕이 그라나다 아람브라 성에서 교서를 발표했기 때문에 일명 '아람브라 칙령'이라고도 불리는 이 추방령으로 유대인뿐 아니라 이슬람 무어족 수십만 명이 스페인에서 강제로 쫓겨났다.

중요한 점은 아람브라 칙령이 유대인 방랑사의 일부에 그치는 게 아니라 두고두고 경제사에 영향을 미쳤다는 사실이다. 유대인을 추방시킴으로써 세계 경제사의 흐름을 바꿔놓았다. 포르투갈의 대항해, 부뤼헤와 안트워프의 발흥, 네덜란드의 중상주의 만개, 삼각무역, 영국의 산업혁명과 자본주의의 전개, 신대륙의 부흥, 미국의 성장 등이 유대인이라는 키워드 없이는 설명될 수 없다는 점이다.✧

✧ 권홍우 지음,《부의 역사》, 인물과사 상사, 2008

스페인 제국의 반유대 역사

스페인은 유럽에서도 가장 오래되고 복잡한 역사를 가지고 있다. 711년 불길처럼 세력을 확장하던 사라센 제국의 이슬람들이 스페인에 처음 쳐들어갔을 때 기독교 왕국들이 분열되어 있어 별다른 저항을 받지 않았다. 스페인 북쪽까지 어려움 없이 올라가던 그들이 처음으로 패해 더 이상 영토를 확장치 못했던 것은 아스투리아스 지방 산속에서 저항하던 소수의 저항 세력 때문이었다.

펠라요가 이끄는 부대는 718년, 코바동가Covadonga라는 산속의 작은 마을에서 처음으로 이슬람군을 격퇴했다. 이들이 게릴라전의 원조다. 그들은 적은 숫자로 적군을 상대해야 했기 때문에 험난한 산세를 이용하여 매복과 기습으로 상대를 괴롭혔다. 소규모의 작은 전쟁이라는 의미의 스페인어 '게릴라'는 여기서 유래되었다. 그리고 산악전에서 그들이 주로 썼던 베레모가 훗날 특수부대 용사들의 모자가 되었다.

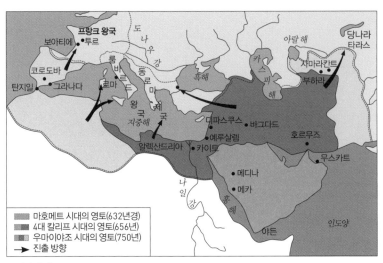

레콩키스타, 국토회복전쟁

이를 기점으로 기독교도들이 이슬람들을 반도에서 몰아내기 위해 800년 동안 싸운 전쟁이 바로 '국토회복전쟁'이다. 스페인어로 '레콩키스타Reconquista'라 부른다. 다시 말해 이슬람들이 800년 동안이나 이베리아 반도를 지배하고 있었던 것이다. 그 무렵에는 기독교 세력들이 중부 유럽에 갇혀 살고 있었다. 동쪽에는 사라센 제국이 버티고 있었고, 남쪽 지중해 역시 이슬람에 해상권을 빼앗겨 바다로 나갈 수 없었으며, 북쪽 바다 역시 바이킹 세력에 막혀 진출할 수 없었다.

11세기 들어 이슬람 세력에 대한 유럽인들의 본격적인 공격이 이베리아 반도에서부터 시작되었다. 당시 반도 북쪽에는 카스티야, 아

라곤 등 5개의 기독교 왕국들이 있었다. 이들이
합세해 이슬람 공격에 나선 것이다. 결국 기독교
도들은 1085년 이베리아 반도 중앙의 요충지인
톨레도를 탈환했다. 여기서 북아프리카에서 지원
나온 이슬람 세력과 치열하게 싸웠다.

　그 무렵 스페인의 국민 영웅 엘 시드의 활약 덕
분에 전선에서 상승세를 이어나갈 수 있었다. 그
뒤 톨레도는 카스티야 왕국의 수도가 되었다. 중세 전 기간 유럽에서
가장 발달한 문화는 단연 이베리아 반도의 아랍 문화였다. 1085년
아랍 왕국은 남부의 코르도바로 퇴각했지만, 톨레도에는 여전히 많
은 아랍과 유대 지식인들이 남아 있었다. 당시 톨레도 인구의 거의
3분의 1이 유대인이었다. 이들은 이미 그 땅에서 대를 이어서 나고 자
란 토박이들이었기 때문에 기독교 왕국으로 정권이 바뀌었어도 떠
나지 않고 남아 있었다.

　국토회복운동이 진전을 보임에 따라 각지에 작은 왕국이 생겨났
다. 국토회복운동은 군사적 점령지역의 확대가 아닌 탈환지역에서
기독교도의 정착이 목적이었다. 그리하여 국왕은 농민들에게 '이민
특허장의 교부와 베에트리아스behetrias 승인'이라는 조건을 내걸고 전
선지대로의 이주를 독려했다. 이민특허장이 있으면 농민은 토지 개
간의 특권을 얻게 되어 영주의 자의적 부담을 피할 수 있었다. 베에
트리아스는 도시에 주어진 특권으로 영주를 자유로이 선택할 수 있
는 권리였다. 그 때문에 영주의 무제한적 지배를 막는 기능이 있었
다. 이것들이 없었다면 정복군의 전진기지 유지가 불가능했다.

　국왕과 귀족의 관계도 서유럽 국가들과 같지 않았다. 귀족이 정복해 획득한 토지는 봉토가 아닌 군역軍役의 보수로 간주되었다. 따라서 신하가 국왕에 대한 충성을 거부해도 토지는 몰수되지 않았다. 이러한 중세 봉건주의로부터의 탈피는 자유로운 사회 분위기를 조성해 농업생산성도 크게 높였을 뿐만 아니라 상업 발전에도 크게 기여했다.

야고보의 묘가 있는 산티아고 성지순례

9세기 초 아스투리아스 왕국의 알폰소 2세가 스페인 북부 산티아고에 있는 야고보의 묘를 발견했다. 그 위에 성당을 세우고 야고보를 스페인의 수호성인으로 봉했다. 스페인 식민지에 '산티아고' 또는 '샌디에고'라는 도시가 많은 이유이다. 야고보의 묘가 발견되고 성당이 세워졌다는 소식이 알려지자 스페인을 비롯한 유럽의 기독교 국가들은 성지순례에 나서게 되는데 이는 이베리아 반도에서 이슬람 세력을 축출하기 위한 국토회복운동과 연결된다. 1189년 교황 알렉산더 3세는 스페인의 기독교 왕국을 지원하기 위해 야고보의 묘를 로마, 예루살렘에 이어 3대 성지로 선포했다. 또 산티아고로 가는 길을 걸으면 그 사람의 죄를 감해준다는 칙령을 발표해 수많은 기독교인이 산티아고로 가는 길에 몰려들었다.

그들 중 일부는 스페인 군대와 연합하거나 입대해 이슬람 세력과 싸웠다. 1095년 교황 우르바노 2세가 예루살렘 수복을 명분으로 시작했던 십자군 전쟁과 같은 맥락

으로 진행된 것이다. 산티아고로 가는 길이 스페인의 국토회복운동에 큰 기여를 했다.

톨레도가 재탈환되고 약 120년 이상 소강상태를 이루던 양 진영은 1212년에 다시 크게 격돌했다. 이슬람교도들이 대패하고 카스티야의 왕 페르난도 3세가 마침내 1248년 그라나다를 제외한 안달루시아의 주요 거점인 코르도바와 세비아를 점령하였다. 이로써 스페인 왕국은 13세기 중엽에 남부 그라나다를 제외한 이베리아 전역을 다시 수중에 넣을 수 있었다.

당시 유대인이 가장 많이 살았던 나라, 스페인 제국

로마 제국 이후 유럽에서 최초로 출현한 제국이 바로 스페인이다. 이러한 영광 뒤에는 막강한 경제력의 유대인들 도움이 있었다. 14~15세기에 유대인들이 가장 많이 살았던 나라가 스페인이다. 당시 스페인 인구가 700만이었는데 이 가운데 7%인 약 50만 명 정도가 유대인이었다. 특히 톨레도와 같은 주요 도시는 인구의 3분의 1이 유대인이었다. 유대인 공동체가 있는 도시가 44개에 이르렀는데 이는 스페인 방방곡곡에 유대인들이 살고 있었다는 이야기다.

스페인 왕실은 막대한 전쟁 비용을 충당하기 위해 당시 부유층이었던 유대인들의 재정적 도움이 절실하였다. 또 혼란기 국가를 이끌어가기 위해 능력 있는 유대인이 한 사람이라도 더 필요했다. 이들을 상업, 무역업 및 수공업은 물론 의술, 통역 등에 활용하였다. 또 세무, 재정, 관리 부문에도 중용하여 중요한 일들을 맡아보게 하였다. 부富

이외에도 그만큼 그들의 재능과 정직성이 뛰어났다는 증표다.

현왕 알폰소 10세, 유대인을 적극 지원하다

11세기부터 1492년 가톨릭 왕국의 레콩키스타, 즉 재정복이 달성되기까지 스페인 왕국에서는 가톨릭교도, 유대교도 그리고 이슬람교도들 간에 평화로운 공존이 유지되었다. 국토회복운동이 활발히 전개되던 때인 13세기에 스페인 왕국의 수도 톨레도에선 유대인들이 우리나라의 세종대왕에 비견할 만한 현왕 알폰소 10세 (1221~1284년)를 만나 문화 창달에 크게 기여했다. 알폰소 10세는 코란이나 유대교 최고의 경전 탈무드, 유대 신비주의 사상인 카발라는 물론이고 멀리 인도 동화까지 유대인과 아랍인 철학자·사상가들을 동원하여 번역시켰다. 그리고 유대인 지식인들의 도움을 받아 법·사상·역사가 망라된 종합 대전을 쓰기도 했다. 이를 계기로 유대인 커뮤니티 또한 크게 성장하였다.

왕은 톨레도 아카데미에 스페인 학자들과 더불어 당시 최고의 유대인 학자들과 아랍인 학자들을 함께 모아 학문을 연구하도록 하였다. 특히 아랍 세계에서 발전한 천문학, 기상학 등 과학 분야와 모든 인문학 계통의 책을 번역하게 했다. 왕은 선진 문화 탐구에 열심이었을 뿐만 아니라 직접 연구와 작품 활동에 참가하기도 하였다.

당시 유대인들은 코르도바 시절 아랍어로 이미 번역된 그리스 고전들을 다시 라틴어로 번역했다. 그렇게 해서 그리스 철학 및 아랍의 과학, 의학, 천문학, 문학, 철학 등이 톨레도를 통해 유럽에 전해졌다.

아리스토텔레스의《윤리학》과 같은 철학서, 로마 최고의 의학서라는 갈레누스의 저서, 코페르니쿠스의 이론이 나오기 전까지 서구 천문학의 바탕을 이루었던 프톨레마이오스의 천체학, 아라비아 수학과 0의 개념·유클리드의 기하학·아르키메데스의 원주율 계산법 등을 담은 수학서, 그리고 코란은 물론《아라비안나이트》나《신밧드의 모험》등의 문학작품들도 라틴어로 번역되어 서구 세계에 알려지게 되었다.

알폰소 왕의 가장 위대한 점은 가톨릭, 이슬람, 유대교를 아우르는 스페인 특유의 융합 문화를 육성한 것이다. 종교적 관용을 베푼 알폰소 왕에 의해 톨레도는 당시 중세 최대의 문화도시가 되었다.

다문화 공존의 증표 톨레도, 유대 문화의 꽃을 피우다

그 뒤 스페인 왕국이 통일되자 톨레도에는 남쪽 이슬람 왕국에 있었던 유대인들도 합류하여 이베리아 반도 내에서 유대인 인구가 가장 많은 곳이 되었다. 예나 지금이나 유대인이 가장 많이 사는 나라와 도시가 세계 경제를 지배해왔다. 당시 통일 스페인의 수도인 톨레도에 유대인의 인구밀도가 세계에서 가장 높았다. 지금의 뉴욕에 해당됨직하다.

지금도 톨레도에 가면 당시의 유대교 회당(시너고그), 이슬람 사원, 가톨릭 성당을 함께 볼 수 있다. 필자가 마드리드 근무 시에 참 많이도 갔던 도시다. 마드리드에서 남쪽으로 80km, 차로 약 1시간 정도 거리에 타호 강을 옆에 끼고 언덕 위에 세워진 이 아름다운 도시는

시간이 중세에 머물러 있다. 한마디로 말해 도시 전체가 살아 있는 하나의 박물관이다. 이곳에는 중세의 성벽과 고색창연한 성문으로 시작해 이슬람 사원, 아랍인이 세운 성, 아랍풍의 집들, 기독교 대성당, 교회, 유대인 회당, 유대인 거주지, 각종 역사적 건축물 등이 골목 곳곳에 즐비하다. 모든 것이 유적지다.

일찍이 서고트족의 뒤를 이어 이슬람 왕국이 300년 넘게 이곳에서 문화의 금자탑을 쌓았다. 1085년 기독교 왕국이 이슬람 세력을 몰아내면서 지금의 도시가 이곳에 형성됐다. 유대인 역사상 가장 찬란한 문화의 꽃을 피웠던 곳이다. 톨레도는 바로 이런 역사적 배경을 갖고 있는 고트족, 이슬람, 기독교 그리고 유대 문화가 하나로 어우러진 다문화 도시다. 톨레도는 인류가 이처럼 함께 어울려 평화롭게 살 수 있다는 공존 가능성의 증표이다.

죽음과 십자가 중 하나를 택해야 했던 유대인

페스트(흑사병)가 한창 기승을 부리던 1348년, 아라곤 왕국 안에서는 유대인에 대한 폭동이 발생하기 시작하였다. 그것은 기독교 안의 열광주의자들 때문이었다. 1340년대 말 스페인 전역에서 페스트로 인한 대대적인 유대인 학살 이후 결국 유대교는 금지되었다. 특히 카스티야에 거주했던 유대인들은 개종하든지, 아니면 스페인을 떠나야 했다. 또한 유대인들에 대한 경제 자치권과 사법권이 박탈되었다. 이슬람교도와의 싸움에서 패배하면 개종한 유대인들이 참가해서 졌다고 그들에게 패배의 원인을 돌리기도 했다.

유대인들에 대한 기독교 개종이 강요되었다. 대대적인 개종운동은 1319년부터 착수되어 1350년과 1415년 등 세 차례에 걸쳐 진행되었다. 이로써 수많은 가톨릭 개종 유대인을 만들어냈다. 사회 분위기가 워낙 험악해 약 50만 명에 이르는 유대인 가운데 5만 명이 개종한 것으로 알려졌다. 당시 개종 유대인 수는 카스티야에 약 3만 5000명, 아라곤에 약 1만 5000명 정도였다. 단기간에 이루어진 가장 많은 개종자 수였다.

스페인 사람들은 개종자를 '콘베르소_conversos_'라고 불렀다. 한편 개종을 거부한 유대인들은 개종한 유대인을 '마라노_marranos_'라고 불렀다. '더러운 돼지' 혹은 '저주받은 자'란 뜻이다. 비하와 경멸의 뜻이 담겨 있었다. 원래 유대인들은 이웃 나라의 이방인들을 비하하여 지칭할 때 돼지라고 불렀다. 마라노가 겉으로는 가톨릭을 믿는 것처럼 행동하지만 남이 안 볼 때는 은밀히 유대교를 신봉한다는 의혹이 여전했고 오히려 더 위험한 파괴 세력이라고 보았다.

그리고 1366년부터 시작된 내전에서 친유대인 정책을 취했던 페드로가 패하고, 1369년 마침내 헨리가 카스티야 왕국의 왕위에 올랐다. 헨리는 유대인들의 권리를 제한하는 각종 법률의 시행 외에도 그들 위에 무거운 세금을 부과하였다. 몇 년이 지나서 유대인들은 왕의 총신으로서 동족으로부터 세금을 뜯어내는 데 앞장선 요셉 피콘이란 한 유대인을 죽이는 커다란 실수를 범하고 말았다. 이런 일이 있은 후 얼마 지나지 않아 카스티야에는 한 약한 왕이 즉위한다.

1390년에는 스페인에 사회적 긴장이 또다시 감돌았다. 귀족과 성직자가 왕실에 맞서고, 농부와 수공업 조합원들이 귀족과 시참의회에 대립하여 빚어진 사회적 긴장에서 비롯되었다. 이 문제를 푸는 데 희생양이 필요했다. 바로 당시 상업을 장악하고 있던 유대인들이었다. 이제 민중은 눈엣가시인 유대인에 대한 핍박과 학살에 길들어져 있었다.

부주교가 선동한 유대인 학살

드디어 1391년, 세비야의 부주교 페란드 마르티네즈는 백성을 부추겨 이곳저곳으로 다니며 회당을 부수고 유대인들을 습격하게 하였다. 이제 유대인들은 죽음과 십자가 중 하나를 택해야 했다. 1391년 세비야에서만 4000명이 학살당했으며 당시 상업을 장악했던 약 2만 명이 죽음을 피해 개종하였다.

세비야, 코르도바, 톨레도 등을 비롯해 수많은 도시의 유대인 공동체들이 깡그리 무너지게 되었다. 정부조차도 폭도들의 행동을 제지할 수 없었다. 이처럼 잔인한 박해 속에서 수만 명의 유대인이 당면한 죽음을 면하고자 세례를 받고 기독교로의 개종을 선언하였다. 이듬해 팔마에서는 자그마치 약 5만 명이 희생되었다. 그 뒤에도 코르도바에서 2000명이 불태워졌다. 마르티네즈는 이웃의 기독교 왕국인 아라곤까지 가서 동일한 결과를 만들어놓았다. 바르셀로나에선 가족들이 봉변을 당하는 꼴을 차마 볼 수 없어 자살한 유대인이 수백 명이라고 했다. 수많은 유대인이 학살되었고 불태워졌다. 유대교 회당인 시너고그에 시체가 산처럼 쌓였다.

많은 유대인이 죽음을 피해 개종하거나 스페인을 떠나야 했다. 이 시기에 약 10만 명 이상이 스페인을 떠났다. 계속되는 박해와 추방을 면하려고 많은 유대인이 가톨릭으로 개종하였다. 영세를 받고 가톨릭 교인이 되는 길을 선택한 유대인이 늘어나면서 개종자라는 새로운 사회계층이 형성되었다. 이들은 15세기 스페인 경제 발전에 중요한 자리를 차지하였다.

1411년 유대인에 대한 또 다른 소요가 있었다. 이번에는 빈센트 페레르라고 하는 도미니크회 수사가 선동자였다. 그는 한 손에는 십자가를, 그리고 다른 한 손에는 토라 두루마리를 들고 무장한 폭도와 함께 회당들을 기습했다. 모인 유대인들에게는 선택의 여지가 없었다. 많은 유대인이 전혀 마음에 없는 개종을 받아들여야 했다. 또 한 차례 진행된 박해를 겪으면서 1413~1414년 사이에 스페인의 부유한 유대인들이 대거 가톨릭으로 개종하였다.

개종 유대인 수는 지역적으로 카스티야에 3만 5000명, 아라곤에만 5000명 정도였다. 이들은 완전히 가톨릭 공동체에 적응하여 동등한 권리를 누렸다. 관직은 물론 성직에도 오르고 귀족으로 신분 상승도 하면서 도시의 명망 있는 가문과의 결혼을 통해 사회적으로 중요한 입지를 차지하였다. 노련한 재무 전문가는 왕실의 재정을 담당하기도 했다. 경제적 성공에 대한 부러움과 질시는 유대인과 개종자에게 똑같이 쏟아졌다.

스페인 왕국의 반유대 역사

기실 스페인 왕국의 반유대 역사는 어제오늘의 일이 아니었다. 305년 엘비라 공의회에서 기독교도와 유대인의 결혼 금지 및 식사 금지 포고령이 발표되었다. 기독교도와 유대인의 접촉을 금지시킨 것이다. 그리고 325년 니케아 공의회에서 유대인의 기독교도 노예 금지 및 기독교도 노예의 유대교로의 개종 금지령이 나왔다. 이는 당시 농업 등 노예 경제에서 유대인들을 배제시킨 것이다.

589년 톨레도 3차 공의회에서는 유대인의 공무원직 취임 금지 및 유대인 노예의 할례 금지가 포고되었다. 그리고 612~620년 시세부 왕 때에는 유대인에게 개종 아니면 추방의 양자택일을 강요하였다. 633년 톨레도 4차 공의회에서는 이전의 모든 규제를 다시 한 번 강조하면서 유대인의 모든 노예 소유를 금지했고 기존의 노예들조차도 해방시켜 무조건 자유를 주었다. 638년 톨레도 6차 공의회에서는 개종 거부 유대인은 거주지에서 추방했고 이미 개종한 유대인도 공중 앞에서 기독교 신앙 고백을 강요하였다.

그 뒤 반유대 정책은 점점 강도를 더해갔다. 심지어 694년 톨레도 17차 공의회에서는 유대교 관습을 행하는 자는 무조건 노예로 삼을 수 있으며 유대인 자녀들은 기독교 가정에서 빼앗아 양육시킬 수 있도록 했다. 당시는 인력이 소중할 때였다. 그리고 유대인 소유로 의심되는 것은 무조건 몰수하였다. 이러한 이베리아 반도의 반유대 정책은 711년 이슬람의 이베리아 반도 점령으로 중단된다.

1480년 톨레도 칙령, 유대인 거주구역 분리

15세기에 들어와 스페인에서는 기독교로 개종한 유대인들의 숫자가 상당수나 되었다. 물론 절대다수가 강요에 의한 개종이었다. 이들은 기존 구성원들의 환영을 받기는커녕 도리어 '저주받은 자' 또는 '더러운 돼지'라는 뜻의 '마라노'라는 이름으로 불리면서 조롱의 대상이 되었다. 이들은 충성스런 기독교인이라기보다는 비밀 유대인이라는 것이었다. 사실 이들 가운데 어떤 이들은 기독교로의 개종을 끝까지 거부한 유대인들과 비밀 접촉을 하면서 유대교 율법을 준수하는 데 노력을 기울였다. 기독교 사제들은 이런 개종자들을 색출하여 처형하려고 랍비들을 협박하면서까지 그 명단을 받아내려 했으나 별 효과가 없었다.

일부 마라노들이 정치, 경제, 심지어는 종교(기독교) 방면에서 두각을 나타내기 시작하자 특별히 가난한 무리는 마라노들에 대해 경계의 태도를 늦추지 않았다. 때때로 마라노들을 공격하는 소요가 발발하곤 하였다.

이사벨 여왕은 스페인 의회로 하여금 1480년 톨레도 칙령을 반포케 하여 모든 유대인에게 그들만의 거주구역을 마련하여 기독교인들로부터 분리되어 살도록 명령했다. 이는 유대화Judaize(세속화)를 부추기며 성스러운 가톨릭 신앙으로부터 백성을 미혹하는 사악한 기독교인들이 있는데, 그 주된 원인이 유대인들과의 교류라고 판단했기 때문이다.

종교재판 도입

15세기 중반부터 표출된 종교적·사회적 갈등이 서서히 수위를 높여가고 있었다. 일부 종교인들은 마라노들을 견제하기 위한 수단으로 종교재판을 도입하기를 원했다. 종교재판이란 본래 이단을 찾아내어 처형하기 위한 제도였다. 종교재판을 좋아한 사람은 아무도 없었다.

그러나 위기를 모면하기 위해 가짜로 개종한 마라노의 수가 증가하여 30만 명에 이르자 위험을 느낀 '진정으로 개종한 유대인'들이 왕실에 영향력을 행사하여 마침내 종교재판이 도입되었다. 1480년에 종교재판소를 설치하고 왕실이 직접 주관하기에 이르렀다.

종교재판과 유대인 추방

이슬람교도들을 몰아낸 스페인의 이사벨 여왕과 페르난도 왕은 교황으로부터 '가톨릭 왕들'이란 특별 칭호를 부여받았다. 가톨릭 세력을 넓혀준 고마움의 표시였다. 당시는 교황청이 이단을 엄금하

던 시기였다. 또한 이들 가톨릭 왕들도 왕
국의 기반을 튼튼히 하기 위해 민족의 혈
통과 신앙을 단일화시킬 필요성을 느꼈다.
가톨릭을 정식 국교로 내걸면서 유대인을
본격적으로 박해하기 시작했다.

1480년에 유대인 격리법 공포와 동시에
스페인 특별 종교재판소가 창설되었다. 교
황 인노첸시오 8세는 로마의 관할이 아닌 독자적 종교재판에 반대
했으나 페르난도 2세는 이에 아랑곳하지 않고 왕권에 의한 심판을
계속하였다. 국가 종교재판소는 이제 전통적인 교황의 종교재판소
를 대체하게 되었다. 스페인에서의 첫 처형은 1481년에 있었다. 이때
6명의 남자와 1명의 여자가 산 채로 화형을 당했다. 이후로 종교재판
의 희생자는 날마다 증가하는 추세였다.

1483년 5월에 통치자들은 이 제도를 스페인 전국으로 확대시켰
다. 많은 마라노가 고문실에서 수난을 겪었고, 형장의 재로 사라졌
다. 1484년 12월과 1509년에 사형 집행과 재산 몰수를 강행했다. 이
로써 종교재판은 스페인 전역에서 진행되었으며 왕권을 위한 도구
로 사용되었다. 한편 아라곤 왕국의 도시들은 여전히 종교재판을 반
대하여 테루엘에서는 폭동이 일어나기도 했다. 스페인 종교재판은
1480년부터 1530년까지 다양한 장소에서 다양한 이유로 개최되어
약 2000여 회의 처형이 이루어졌다. 3세기 동안이나 계속된 종교재
판 제도는 1834년에야 완전히 철폐되었다. 스페인 종교재판소가 존
속하는 동안 약 34만 명의 희생자가 생겨났다. 단연 주요한 대상은
은밀한 유대인이라 의혹받았던 마라노들, 곧 가톨릭으로 개종한 유

대인들이었다. 이 가운데 3만 2000명이 화형을 당했으며 29만 명이 처벌을 받았다.

밀고와 음모, 심지어는 가족 간의 고발로 피해자가 속출하였다. 한마디로 마녀사냥식 종교재판이었다. 교황조차 이러한 종교재판에는 반대했다. 교황권과는 상관없는 스페인 왕실과 국가의 정치적 도구였으며 더구나 자연법상의 정의를 위반하고 있었기 때문이다. 그러나 스페인의 가톨릭 왕들은 막무가내였다. 그 뒤에도 종교재판소는 유럽 전역으로 퍼져 1790년까지 계속해서 피해자들을 만들어냈다.

중세 유럽은 신앙의 시대인 동시에 미신의 시대이기도 했다. 일체의 사상은 교회의 엄중한 통제를 받았지만 무지한 민중들은 곧잘 점쟁이나 요술쟁이에게 마음을 빼앗기곤 했다. 특히 의학이 발달하지 못한 시대였으니만치 약초에 조예가 깊은 사람이나 미래를 점치는 사람을 존경하기도 하고 두려워하기도 했다.

그러나 교회는 성서의 가르침을 인간의 정신 면에 국한시키지 않고 자연계와 인간 세계의 온갖 진리를 포함하는 것이라 해석하고 있었기 때문에 성서의 가르침을 어기는 자는 악마에게 홀린 자라 하여 모조리 처형했다. 그 결과 오랜 세월에 걸쳐 수백만 명이 처형되었는데, 그 재판을 마녀재판이라고 했다. 마녀재판이라 해도 대상은 여자에 국한되지 않고 교회의 교리를 어긴 자는 남녀 불문하고 마녀라 불리었다. 프랑스의 애국 소녀 잔 다르크가 처형된 것도 마녀라는 이유에서였다. 마녀재판에는 잔인한 고문이 따르기 마련이었고, 고문에 못 이겨 자백하면 곧장 화형대에 끌어 올려 불살라 죽였다.

이사벨 여왕,
1492년 스페인을 통일하다

이사벨 공주와 페르난도 왕자의 세기적 정략결혼

카스티야 왕국의 이사벨 공주와 아라곤 왕국의 페르난도 왕자는 결혼으로 두 왕국을 연합체제로 구축하였다. 1469년 이사벨 여왕이 공주이던 시절 처녀의 몸으로 위험을 무릅쓰고 비밀리에 주도한 결혼이었다. 이를 계기로 두 왕국은 1479년에 통일을 하게 되고 힘을 모아 이슬람 왕국과 20여 년에 걸친 국토회복전쟁을 치렀다. 스페인 남부를 780년간이나 통치하고 있던 이슬람교도를 이베리아 반도에서 몰아내기 위한 전쟁이었다.

그들의 험난했던 결혼 과정을 보자. 1451년 카스티야의 공주로 태어난 이사벨은 명석하고 당찬 여성이었다. 1464년 귀족들은 무능한 엔리케 왕 대신 이사벨의 동생 알폰소를 왕으로 추대한다. 그 결과는 3년간의 내란이었다. 1467년 알폰소가 눈을 감는 것과 함께 내란은 막을 내린다.

∴ 벨라스케스 작, 이사벨 여왕, 프라도 박물관

알폰소의 지지 세력이 이번에는 이사벨을 국왕에 추대하려 했지만, 이사벨은 엔리케가 살아 있는 한 왕위에 오르지 않겠다고 선언한다. 그러나 왕위계승 문제를 놓고 이복 오빠이자 국왕인 엔리케 4세

∴ 이사벨

의 눈치를 살피면서 하루하루를 살아갔다. 궁전 내의 반 엔리케 4세 파는 다음 계승자로 이사벨을 밀었고 힘에 밀린 엔리케 4세는 그녀를 일단 후임 왕위계승자로 지명했다. 그러나 후아나라는 딸이 있었던 왕은 반격의 기회를 엿보고 있었다. 불안을 느낀 이사벨은 세고비아로 올라가 은둔생활을 하면서 자기를 보호해줄 강력한 결혼 상대자를 물색했다. 그 길만이 앞으로 그녀가 살 수 있는 길이라 믿었다.

카스티야의 왕위계승자가 된 이사벨의
혼인은 국내외적으로 매우 중요한 문제였
다. 포르투갈, 아라곤, 프랑스가 제각기 결
혼 상대 후보를 내놓았고, 엔리케는 이사
벨을 포르투갈의 아폰수 5세와 혼인시키
려 했다. 그러나 정작 이사벨은 선교사를
보내 알아본 다음, 동맹 상대로서 포르투
갈보다는 지중해의 영해권을 소유한 아라
곤 왕국이 제격이라 판단하고 자신의 결
혼 상대자로 아라곤의 왕자 페르난도를
마음에 두고 있었다.

∴ 벨라스케스 작, 페르난도 왕자, 프라도
미술관

당시 18세의 이사벨은 고심 끝에 혼자
서 아라곤 왕국의 왕위계승자이자 시칠리
아의 왕인 17세의 페르난도 왕자를 배우자로 정했다. 그러나 그것은
큰 반대를 불러일으켰다. 백년전쟁에서 승리하고 대륙의 신흥강국
으로 부상하던 프랑스는 주위에 강력한 통일 스페인이 들어서는 것
을 원치 않았다. 더구나 당시 세력가들이었던 카스티야의 영주들조
차 강력한 왕권주의자인 페르난도를 필사적으로 반대했다.

또 다른 문제도 있었다. 둘은 근친 간이었다. 당시 유럽 왕족들은
왕족들 간의 결혼으로 그리 멀지 않은 친척들이 많았다. 그러나 가
톨릭은 원칙적으로 근친 간의 결혼을 허용하지 않았다. 그래서 둘이
결혼하려면 교황의 특면장이 필요했다. 이사벨은 자기의 지지자인
톨레도 대주교에게 도움을 청했다. 그리고 몰래 결혼식장인 바야돌
리드로 향했다.

∴ 이사벨이 결혼 전 은둔했던 세고비아 성

급보를 접한 엔리케 4세는 이들의 결혼을 막으려고 군대를 출동시
켰다. 위기의 순간에 톨레도 주교의 군대가 그녀를 구출했다. 그녀는
무사히 지지자들의 도시인 바야돌리드로 입성했다. 그녀의 손에는
교황의 특면장이 들려 있었다. 후일 이 특면장은 톨레도 대주교가 위
조한 것으로 알려졌다.

그녀보다 한 살 아래인 페르난도 왕자는 결혼식 며칠 전에야 상인
으로 변장한 몇몇 측근들과 함께 아라곤 왕국의 수도 사라고사를

출발했다. 그는 주로 밤을 이용해 죽을 고
비를 넘기며 바야돌리드에 겨우 도착했다.
이 예비부부는 가진 것이라곤 아무것도
없었기 때문에 결혼식 비용을 마련하기
위해 돈을 빌리지 않으면 안 되었다.

1469년 10월 19일 그렇게 두 사람은 결

∴∴ 페르난도와 이사벨

혼하였다. 하지만 시련은 그때부터 시작이었다. 더 큰 고비가 기다리고 있었다. 엔리케 4세는 자신의 허락 없이 이루어진 페르난도와 이사벨의 결혼을 인정할 수 없다며 왕위계승권 박탈을 선언하였다. 이사벨과 페르난도 두 사람의 왕권 강화정책에 불안을 느낀 카스티야 귀족들의 세력도 갈수록 커져 갔다.

이 와중인 1474년 엔리케 4세가 돌연 사망했다. 때를 놓치지 않고 23세의 이사벨은 즉각 카스티야의 왕은 자신이라고 선언했다. 다른 쪽에서는 후아나가 왕위 즉위식을 거행하고 있었다. 후아나의 남편이자 포르투갈의 왕인 알폰소 5세는 군대를 이끌고 카스티야의 국경을 넘고 있었다. 거기에 호응해서 귀족들이 연이어 반란을 일으켰다. 결국 5년간의 내전이 시작되었다. 이사벨과 페르난도는 귀족들을 설득해 포르투갈 연합군을 격파했다. 이사벨의

∴ 이사벨 여왕 즉위 시 스페인 세력 판도

승리였다. 알폰소 5세는 이때 사망하고 후아나는 수도원으로 들어가 여생을 보내야 했다.

같은 해 남편 페르난도가 아라곤의 왕위를 계승하자 카스티야-아라곤 연합왕국, 즉 스페인(에스파냐) 왕국이 탄생하였다. 양국의 통합은 그 국력에서 현저한 차이가 나는 상대 간의 결합이었다. 당시 카스티야는 이베리아 반도 면적의 약 3분의 2와 인구의 65%(600만)를 차지하고 있었다. 반면 아라곤 왕국은 면적의 17%, 인구는 12%(100만) 정도에 불과했다. 또 당시 스페인은 아직 하나의 나라가 아니라 군주끼리 결혼한 상황이었기 때문에 실질적으로는 이사벨과 페르난도 두 군주의 공동 통치제 성향을 띠고 있었다. 결혼 후 아라곤은 페르난도 2세가 단독으로 통치했고 왕위계승전쟁에서 이겨 정세가 안정된 카스티야 왕국은 두 사람이 공동으로 다스렸다. 두 사람은 부부 금실도 좋아 16년간 5명의 아이를 낳았다.

레콩키스타의 완성

이사벨 여왕은 독실한 가톨릭 신자였다. 그녀가 국왕으로서, 가톨릭의 수호자로서 맨 처음 한 일은 레콩키스타, 곧 이슬람을 이베리아 반도에서 몰아내는 국토회복전쟁을 재개하는 것이었다. 마침내 레

.˙. 그라나다 시의 열쇠를 페르난도 왕과 이사벨 여왕에게 넘기는 장면

콩키스타를 완성하는 순간, 카스티야 왕국은 피 한 방울 흘리지 않았다. 그라나다 왕국의 마지막 왕 보아브딜이 저항을 포기했기 때문이다. 그는 수십만 명에 이르는 이슬람교도의 종교와 재산권, 상권을 유지해준다는 조건에 순순히 그라나다를 내주고 지브롤터 해협을 건너갔다. 덕분에 무혈입성한 공동 국왕은 아름다운 궁전과 거대한 도서관을 그대로 물려받았다. 바로 이해가 1492년이다.

오늘날 스페인 국기의 노란색은 그토록 되찾기를 열망했던 대지를 상징하고 빨간색은 이슬람 세력과의 투쟁에서 흘린 피를 상징한다. 과학기술과 문화 수준이 아시아와 이슬람에 크게 뒤져 있던 유럽이 학문과 과학의 발전을 주도하게 된 것도 이때부터다. 이에 고무된 교황 율리우스 2세는 아라곤의 페르난도 왕을 '예루살렘의 왕'으로 봉

했다. 이는 성지 예루살렘을 속히 되찾아주기를 염원하는 의미이기도 했다. 카스티야의 이사벨 여왕과 아라곤의 페르난도 왕은 '가톨릭의 왕들'이라 불렸다.

한편 많은 이슬람교도가 현지에 남아 가톨릭으로 개종하였다. 이른바 모리스코스Moriscos는 순전히 목숨을 부지코자 가톨릭으로 개종한 이슬람교도들을 지칭하는 말이었다. 통일 이후에도 남부 발렌시아 지역에 잔류한 모리스코스인들이 전체 인구의 3분의 2를 차지하고 여전히 지역의 대부분 토지 및 경제를 장악한 상태였다. 하지만 새로운 지배 세력으로 등장한 가톨릭교도들은 이들의 재산을 멋대로 빼앗고 그것으로도 모자라 모리스코스 부녀자들을 성폭행하는 등 온갖 악행을 저지른다. 오죽했으면 스페인이 낳은 위대한 작가 세르반테스조차 불후의 명작《돈키호테》에서 모리스코스인들이 겪었던 비극적 운명과 불행을 탄식하고 동정했을까. 이러한 만행은 유대인에게도 마찬가지였다.

1492년, 유대인 추방령의 비극

마지막 이슬람을 몰아내고 스페인을 통일하던 해인 1492년 3월 31일에 스페인 왕국은 유대인 추방령을 발표했다. 정부가 전쟁으로 돌아선 민심을 추스르고 바닥난 국고를 재정비하는 데는 이단 종교를 믿는 유대인의 재산 몰수와 추방이 일거양득에 제격이었다. 그 무렵 스페인 전 국민의 6.5%가 유대인이었다. 이들은 14~15세기 스페인 경제 발전에 중요한 역할을 했다. 당시 스페인의 재정 고문을 지낸

아이삭 아브라반넬도 유대인이었다. 스페인을 무역 경제부국으로 만든 장본인이다. 하지만 유대인의 추방을 돈으로 막으려 하다가 실각하고 만다.

유대인 추방은 1391년 유대인 박해와 마찬가지로 종교적 광기와 전쟁 후유증으로 불거진 사회적 불안이 크게 작용했다. 이완된 민심을 수습하고 신앙심 깊은 왕실로 권위를 회복하여 국가의 위신을 세우려는 의도 속에 제시된 종교적 단일화는 표

❖ 알함브라의 유대인 추방령

면적 이유일 뿐 그 뒷면에는 경제적 이유가 도사리고 있었다. 유대인의 재산을 몰수하여 전쟁으로 바닥난 국고를 메우기 위한 조치였다. 그뿐만 아니라 콜럼버스 신항로 탐사에 들어갈 왕실 자금을 마련하기 위한 목적도 한몫했다.

화폐와 금, 은은 못 가져 나가게 하다

단 4개월 이내에 추방을 선포한 칙령에 의하면, 유대인들은 재산을 처분하여 가지고 나가는 것은 가능하되 화폐와 금, 은 등 몇 가지 귀중한 물건은 가져 나갈 수 없다고 발표하였다. 발각되면 처형이었다. 한마디로 억지였다. 재산은 놔두고 몸만 빠져나가라는 소리였다. 1492년 3월 31일 칙령이 발표되자 개종을 거부한 유대인은 팔 수 있는 모든 것을 몇 달 이내에 헐값으로 팔아치웠다. 집을 주고 당나귀

를 얻었고 포도원이 몇 필의 포목과 교환되었다.

이렇게 재산을 급하게 처분할 수밖에 없었지만 신변의 위험을 안고 사는 유대인들은 불행 중 다행으로 모든 재산을 평상시에도 나누어놓는 습관이 있었다. 1/3은 현찰로, 1/3은 보석이나 골동품 같은 값나가는 재화로, 1/3은 부동산으로 부를 분산시켜 관리했다. 안정적인 재산관리 방식인 포트폴리오portfolio는 여기서 유래하였다. 그와중에도 유대인들은 담보대출 시 저당 잡은 보석류를 챙겼다. 당시유대인은 토지나 부동산 소유는 법으로 금지당했기 때문에 대부분저당물이 보석류였다. 이는 후에 유대인들이 주로 이주해 간 안트워프와 암스테르담이 다이아몬드 보석시장으로 자리 잡게 된 주요 이유이다.

떠나기에 앞서 12세 이상 되는 아이들은 모두 결혼시켜 가족을 이루게 하였다. 유대인들은 성인이 되어야 하느님으로부터 진정한 의미의 유대인이라 여김을 받기 때문이다. 이들은 남녀노소 가릴 것 없이수레나 나귀에 짐을 싣고 태어난 나라를 떠났다. 가다가 죽기도 하고아이들이 태어나기도 하고 병들기도 하면서 먼 길을 떠났다. 단 4개월 만인 7월 말에 이르자 추방은 완결되었다.

일시에 추방당한 17만 명

이리하여 개종하지 않은 유대인 17만 명이 한꺼번에 추방당했다. 1480년 이래 종교재판을 피해 빠져나간 사람까지 합치면 약 26만 명이상의 유대인이 스페인 땅을 벗어났다. 당시 인구가 3만이 넘는 도시가 흔치 않은 유럽에서, 스페인에서만 일시에 빠져나간 17만 명은 대단한 숫자였다.

1492년 8월 2일 세비야 근처 항구에서 마지막으로 추방되는 유대인 무리가 배 위로 탑승하는 동안 또 다른 3척의 선박이 그 옆에서 출항을 준비하고 있었다. 그것은 바로 그 유명한 크리스토퍼 콜럼버스의 선단이었다. 그가 발견하게 될 신대륙이 그 가련한 유대인들의 후손에게 피난처를 제공하게 되리라고는 콜럼버스 자신을 비롯해 그 누구도 상상할 수 없었다. 사실 콜럼버스의 계획은 몇몇 유력한 마라노들의 도움을 받아 실행될 수 있었다. 그의 배들은 유대인들에게서 압류한 돈으로 건조되었고, 그의 선원 중에는 종교재판의 마수에서 자유를 얻고자 하는 마라노들이 적잖이 끼어 있었다.

스페인 북부에 살던 1만 2000명가량의 유대인들은 프랑스에 가까운 나바라 왕국으로 향하였다. 그곳 통치자들은 오랫동안 종교재판 제도의 도입을 거절해왔었다. 그러나 페르디난도의 압력을 이기지 못하고 나바라 왕국도 결국 종교재판 제도를 받아들여야 했다. 이곳으로 잠시 피신했던 유대인들은 결국 대부분이 기독교로 개종하는 길을 택했고, 일부는 북아프리카와 이탈리아로 향했다.

결국 포르투갈도 유대인을 추방하다

스페인 영토에서 추방당한 17만 명의 유대인들 가운데 10만 명은 값을 지불하고 인근 포르투갈로 입국할 수 있었다. 하지만 그것도 5년간뿐이었다. 1495년 마누엘 1세라고 하는 새 왕이 포르투갈의 권좌에 올랐다. 그는 페르디난도와 이사벨 부부의 왕국을 상속받고 싶은 욕망에서 그들의 딸과 결혼하고자 하였다. 이들 부부는 마누엘의 왕국 내에 비기독교인들이 존재하는 한 딸을 줄 수 없다고 하면서 결혼을 수락하지 않았다. 이후 1496년 12월, 포르투갈 내 유대인들과 무어인들에 대한 추방령이 선포되었다.

그들에게는 1년의 여유 기간이 주어졌다. 그전에 25세 이하의 젊은이들은 모두 강제로 세례를 받고 기독교로 개종되었다. 마누엘은 경제적 타격을 우려하여 유대인들이 떠나는 길을 방해하였다. 마감 날이 지나자 마누엘은 미처 떠나지 못한 유대인들을 노예라고 선언하고는, 가능한 방법을 모두 동원하여 그들을 개종시켰다. 이들 중 다수 역시 비밀리 유대교 의식을 준수하는 마라노가 되었다. 이처럼 1497년에 유대인들은 포르투갈에서도 추방되고 말았다.

플랑드르의 안트워프와 브뤼헤 등으로 향하다

그들은 주로 비교적 안전한 플랑드르의 안트워프와 브뤼헤로 향했다. 그곳은 영국과 프랑스에서 쫓겨난 유대인들이 터를 잡고 있는 곳이었다. 나머지 사람들은 그들을 반겨 맞아주었던 오스만 제국으로 향했고 또 나머지는 이탈리아, 북아프리카 등으로 이주하였다. 이주 중에 약 2만 명이 목숨을 잃었다.

일부는 프랑스로도 이주하여 화려하고 세련된 몽테뉴를 존재케 했다. 그의 어머니가 스페인계 유대인의 직계 후손이다. 모로코에는 북아프리카에서 가장 큰 유대인 정착촌이 있다. 그들 대부분은 스페인을 떠나온 유대인의 후손들이다. 그들은 '멜라_{mellahs}'라고 하는 특별 구역에 격리되어 살았으며 유대인으로 인식하게 하는 옷을 입어야만 했다. 한때 모로코에 25만여 명의 유대인들이 있었다.

스페인 애저요리의 유래

그 뒤에도 스페인 왕실은 유대교에서 가톨릭으로 개종한 마라노 무리가 여전히 몰래 유대교 관습을 지킨다고 보았다. 종교재판소를 통해 이들을 색출하는 데 혈안이 되었다.

지금도 유대인이 가장 많이 살았던 톨레도와 세고비야에는 새끼 돼지를 구운 애저요리가 유명하다. 톨레도에는 축제 때 돼지고기를 먹는 행사가 있다. 이는 당시 마라노들이 공개석상에서 유대인들이 금기시했던 돼지고기를 먹어 보임으로써 그들의 개종을 만천하에 알리는 풍습에서 유래되었다. 애저요리_{cochinillo}는 생후 2주 된 새끼 돼지를 통째로 구워서 먹는 스페인 지역의 특선 요리로 접시로도 잘 릴 만큼 육질이 부드럽고 맛이 일품이다.

그 무렵 종교재판을 피해 약 5만여 명의 유대인들이 추가로 스페인을 떠났다. 결국 많은 유대인이 안트워프, 암스테르딤 등지로 이주하면서 이베리아 반도의 경제력이 중부 유럽으로 이동하는 계기가 되었다. 이 같은

스페인에서 유대인 사회의 몰락은 유대사 가운데 가장 중대한 사건 중 하나임이 틀림없다. 페니키아 시대에 이미 카디스 등에 유대인들이 진출한 기록이 있다. 적어도 솔로몬 시대부터 스페인에는 유대인들이 살았으며 그곳에서 주목할 만한 문화적 황금기를 이룩하며 유대인 사회의 특징들을 발전시켜 왔었다.

스페인 제국의 영광과 몰락

유대인 추방으로 금융업과 유통업이 몰락하다

추방된 유대인들은 당시 스페인 사회에서 중요한 역할을 하던 고급 인력들이었다. 당시 유대인들은 카스티야에서 재정과 금융을 장악하고 각 지방의 행정기관과 왕실의 요직에도 진출해 있었으며, 세금을 징수하는 세리稅吏이자 왕국의 주된 납세자였다. 스페인에서 유대인 추방 결과 그들이 많이 살았던 주요 상업도시의 집세와 가게세는 반으로 폭락했다. 바르셀로나는 은행들이 대거 파산했다. 이로써 인구의 6.5%가 유대인이었던 아라곤 왕국은 금융업과 상업이 몰락하다시피 타격이 컸다. 전성기에 300개의 작업장을 자랑했던 바르셀로나의 면직물 산업은 15세기 중엽에 10개 정도의 작업장만 운영하는 초라한 수준으로 전락했다.

게다가 유대인 추방은 수많은 고급 인력을 잃어버리는 것이었다. 한마디로 고급 두뇌와 핵심 인재의 유출이었다. 당시 의사는 대부분 유대인이었으며 세금을 징수하는 사람도, 세금을 가장 많이 내는 주 납세자도 유대인이었다. 그나마 남아 있었던 마라노들도 유대인 티를 안 내기 위해 전통적인 유대인 직업들을 버리고 농업에 종사하였다. 동시에 그들의 재능도 함께 땅에 묻어버렸다.

그 뒤 스페인과 포르투갈은 동인도 제도에서 후추와 향신료를 싣고 와도 유통망이 붕괴되어 소비자가 있는 북유럽으로 유통시킬 방도가 없었다. 동인도 제도로 싣고 갈 교역품도 구할 수 없었다. 이베리아 반도의 생산과 유통 기반이 무너져 내린 것이다. 유대인 추방은 스페인 경제에 치명적이었다. 유대인들이 떠난 뒤 내수 부진과 더불어 국제교역 감소는 스페인 경제를 피폐케 하였다. 이는 국고수입의 감소로 직결되었다.

콜럼버스의 신대륙 발견

또 1492년 10월에 이사벨 여왕의 후원을 받은 크리스토퍼 콜럼버스가 신대륙을 발견하였다. 신대륙의 발견도 온전히 이사벨 여왕의 결단에 힘입은 바 컸다. 당시 유럽은 13세기 말경 마르코 폴로의 여행기를 통해 인도를 비롯한 동양에 대한 신비감이 고조되어 있었고 이슬람에 의해 정상적인 동방 무역로가 차단되어 새로운 항로의 개척이 필요하였다. 마침 르네상스로 지리와 천문학 지식이 늘고, 조선술의 발달과 나침반의 사용으로 원양 항해가 가능해지자 유럽은 대항해시대를 열게 된다.

스페인으로서 1492년은 잊을 수 없는 해다. 이를 기념하기 위해

500년 뒤인 1992년에는 스페인에서 중요
한 세계적인 행사 3개가 동시에 개최되었
다. 세비야에서는 EXPO가 개최되었고, 바
르셀로나에서는 올림픽이 열렸으며, 마드
리드는 그해의 세계 문화도시로 선정되었
다. 1492년은 다른 면에서도 중요성을 갖
고 있다. 이해가 유럽이 세계를 지배하게
된 시작점으로서 의미가 있기 때문이다.

.* 콜럼버스

1492년 이전의 유럽은 부나 힘, 과학, 기
술, 문화적 영향력에서 아시아를 능가하지
못했다. 오히려 상당히 뒤처져 있었다. 그러나 1492년 이후에 모든 것
이 바뀌었다. 유럽 문명이 아메리카를 매개로 국제적이고 지구적인
우월성을 확보하기 시작한 것이다. 서유럽의 8배나 되는 광대한 토
지, 마음대로 이용할 수 있는 수천만의 노동력, 풍부한 자원을 기반
으로 세계를 지배할 수 있게 된 것이다. 그리고 그것은 산업혁명과 자
본주의의 흥기로 말미암아 19세기에 현실화됐다. 세계의 지배를 달
성한 것이다. 이 점에서 1492년은 세계사적 전환점이었다.

스페인 제국의 인플레이션

스페인 제국은 과도한 팽창정책으로 국고가 방만하게 운용되었
다. 막스 베버의 추정에 의하면 당시 국고수입의 3분의 2 이상이 전
쟁 경비로 들어갔다. 수입 이상의 지출, 곧 재정적자가 계속되었다.

많은 금과 은이 스페인으로 쏟아져 들어와 전쟁과 무역을 통해 다른 유럽 국가로 흘러들어 갔다. 이 과정에서 금, 은의 대량 유입은 유통 화폐를 증가시켜 물가상승을 초래했다. 이것은 화폐수량설의 초기 현상이었다. 거래량이 일정할 때 물가는 화폐 공급량에 직접 비례해 변동한다. 그런데도 스페인 정부는 신대륙에서 들여오는 금은보화를 토대로 화폐를 대량으로 주조하여 인플레이션을 불러왔다. 물가 등귀는 스페인에서 먼저 일어났다.

16세기에 스페인의 물가상승률은 3.4배로 영국의 2.6배, 프랑스의 2.2배를 웃돌았다. 로마 제국 멸망 이후 16세기 전까지는 물가가 거의 오르지 않았었다는 점에서 16세기에 물가가 서너 배씩 오른 건 경제 흐름에 결정적인 영향을 끼쳤다. 특히 신대륙의 금과 은이 쏟아져 들어오던 스페인 안달루시아 지방에서는 물가가 5배나 올랐다. 500%에 달하는 인플레이션이 발생한 것이다. 그리고 금과 은의 흐름에 따라 유럽 각국으로 퍼져나갔다. 특히 곡물가격이 가장 많이 올랐다. 게다가 1506년 카스티야 지방에 큰 흉년이 들자 16세기 초반에는 곡물가격이 한 해에 거의 100%씩 올랐다. 이 때문에 서민들이 가장 큰 피해를 보았다.

당시 세계 금 보유량의 4분의 3을 가지고 있던 스페인은 어째서 빵 값이 매일 오르고 금값이 떨어지는지를 알 수 없었다. 그들은 금과 은의 증가가 물건값을 비싸게 하는 현상을 이해하지 못하였다. 십수 세기 동안 인간은 화폐의 유통량과 상품의 공급량이 균형을 이루어야 하는 필요성을 깨닫지 못하였다.

카를로스 1세, 제국을 경영하다

스페인 역사에서 가장 중요한 인물이 된 이사벨과 페르난도는 그들의 다섯 아이를 포르투갈과 합스부르크 왕가의 신성 로마 제국, 영국 등으로 보내 결혼시킴으로써 유럽 왕실들과 복잡한 관계를 맺는다. 그리고 이런 배경을 바탕으로 이사벨(1504년)에 이어 페르난도(1516년)가 죽자 손자인 오스트리아 합스부르크 왕가의 카를로스

.^{..} 카를로스 1세

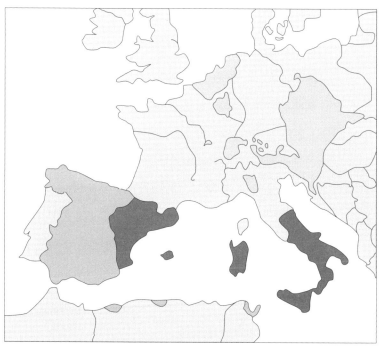

.^{..} 당시 스페인 제국의 영토, 가장 짙은 부분이 스페인 영토이다.

1세가 1516년 스페인 왕으로 즉위한다. 이것이 바로 스페인 합스부르크 왕가의 탄생이다.

1516년 페르난도·이사벨 두 왕을 외조부모로 하는 합스부르크가의 카를로스 1세는 아버지로부터 스페인 본토와 남부 이탈리아령을, 그리고 할아버지인 막스 밀리언 1세로부터 오스트리아를, 할머니로부터는 지금의 네덜란드인 부르고뉴 공국을 물려받았다. 그의 통치 아래서 스페인 본국, 신대륙 식민지, 독일의 합스부르크령, 네덜란드, 이탈리아령 등을 통괄하는 초강대국이 되었다.

면죄부 등장과 종교개혁

본시 로마 교회에는 일정한 선행을 쌓은 신도에게 교황의 권한으로 모든 죄를 용서하는 면죄 제도가 있었다. 선행 가운데는 단식, 순례 등 실제 행동 면뿐만 아니라 교회에 재물을 기부하는 것도 포함되어 있었다. 그러나 중세 말기에 이르러 교회의 타락이 심해지자 단순히 돈을 긁어모으는 수단으로서 면죄부 증서를 발행하기에 이른다. 1517년 교황 레오 10세는 성 베드로 사원 건립 자금을 조달한다는 명목으로 면죄부를 발행했으며 그 판매인을 각지에 파견했다. 전부터 교회의 타락을 못마땅하게 여겨오던 신학자 마르틴 루터는 분연히 일어서서 면죄부의 판매를 반대하고 나섰으며 마침내 종교개혁으로 발전하였다.

카를로스 1세, 신성 로마 제국 카를 5세가 되다

카를로스 1세는 제국을 유지하기 위한 정책으로 공격적인 팽창정책을 채택했다. 유럽 대륙의 일에 사사건건 끼어들었다. 먼저 신성 로마 제국의 황제였던 할아버지가 1519년에 돌아가시자 신성 로마 황제는 비록 선거로 뽑는 자리였지만 그 자리를 노렸다. 군주들은 대개 돈을 먼저 쓰고 본다. 국고의 수지를 맞추는 일은 나중 문제였다. 재정수입 한계 안에서 지출한다는 개념은 애초 없었다. 게다가 그 무렵 세금 걷는 체제도 제대로 정비되어 있지 않을 뿐 아니라 세금을 걷는 데도 시간이 오래 걸렸다. 그래서 가장 손쉬운 게 먼저 빌려 쓰는 것이었다. 카를로스 1세도 푸거가에서 빌린 85만 플로린으로 제후들을 구워삶아 승리를 따냈다.

그 뒤 신성 로마 제국 황제에 오른 다음에는 '카를로스 5세'로 불렸다. 그는 신성 로마 제국의 이름값을 해야겠다고 생각했다. 곧 유럽 전체를 지배해 로마 제국을 부활시키겠다는 야심을 가졌다. 그러기 위해서는 통일 자금이 필요했다. 그는 푸거가를 비롯한 대상인들에게 600만 두카트라는 거액의 장기채(후로)를 팔았다. 이후 1524년 독일농민전쟁을 진압히고, 1525년에는 선서 경쟁자였던 프랑스의 프랑수아 1세를 이탈리아 파비아 전투에서 사로잡아 본때를 보여줬다. 석방 조건으로 왕자 2명의 볼모와 함께 몸값으

∴ 스페인 왕 카를로스 1세이자 신성 로마 제국 황제 카를 5세

로만 금화 200만 크라운을 받아냈다. 금화를 세는 데만 4개월이 걸릴 정도로 큰돈이었다.

'필립의 땅'이라 하여 국명이 필리핀이 되다

.¨. 스페인 제국 최전성기의 왕 필레페 2세

지금의 필리핀은 1521년에 스페인의 마젤란에 의해 정복되었다. 이후 1527년에 태어난 펠리페(필립) 2세의 어린 왕자 시절에 '필립의 땅'이라 하여 국명이 필리핀이 된 것이다. 당시 스페인은 중남미는 물론 플로리다에도 식민지를 건설했다. 포르투갈과 연합해 아프리카, 브라질, 동인도 제도를 지배하는 세계 제국을 이루었다. 중세 이후 근대까지 유럽의 정치 경제사를 쥐락펴락하고 20세기 초까지 최고의 명문가였던 합스부르크 가문의 기반이 이때 잡혔다.

교황청 침공과 스위스 용병대

카를로스 5세는 1527년에 프랑스와 공조체제를 구축한 클레멘스 7세 로마 교황을 혼내주기 위해 로마를 침공하여 무자비하게 약탈하였다. 교황청의 모든 병력이 항복한 다음에도 스위스 용병대는

⁛ 로마 약탈

189명 가운데 147명이 전사하면서도 끝까지 포기하지 않고 탈출로를 뚫어내 교황을 보호하는 데 성공했다. 교황청 근위대를 스위스 출신으로만 뽑는 전통이 이때부터 생겼다. 피신했던 교황은 40만 두카트를 지불하는 조건으로 목숨을 구했다. 그 뒤 1529년에는 빈으로 침략해오는 오스만튀르크를 격퇴하였다.

해가 지지 않는 최초의 제국 건설

유럽 최대의 제국이 된 후에도 스페인의 팽창정책은 계속되었다. 합스부르크가의 카를로스 5세와 그의 아들 펠리페 2세가 이끄는 스페인 제국은 무적함대를 이끌고 해상권을 장악했다. 무적함대는 멀리 필리핀, 마카오까지도 정복했다. 이로써 4개 대륙에 걸쳐 '해가 지지 않는' 스페인 제국이 출현하였다.

세계사에서 '해가 지지 않는 제국'을 흔히 영국인 걸로 알고 있으

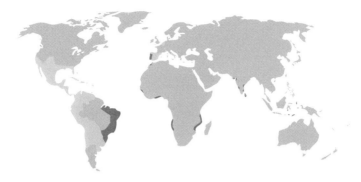

∴ 1598년 스페인(옅은 부분)과 포르투갈(짙은 부분)의 영토

나 최초로 건설한 나라는 바로 스페인이다. 1580년 펠리페 2세는 포르투갈을 합병하며 60년 후 다시 독립을 쟁취할 때까지 포르투갈은 스페인의 속국이 된다. 이로써 포르투갈의 아시아 식민지, 아프리카 식민지, 브라질 등까지 스페인이 차지하게 된다. 여기에다 이베리아 반도, 네덜란드, 벨기에 등 스페인의 유럽 영토, 중남미 대부분 식민지, 아시아의 필리핀 등을 보탠다면 영국의 최전성기인 빅토리아 시대 때 지배한 것보다 훨씬 더 광활한 면적을 스페인이 차지한 것이다. 이후 카를로스 5세는 아들 펠리페에게 스페인 제국을, 동생 페르난도에게 오스트리아를 물려주었다.

레판토 해전 승리로 지중해 장악, 이후 무적함대로 불리다

1556년에 왕위를 물려받은 펠리페 왕은 동방교역을 위해 지중해 해상권을 보호해야 했다. 그는 지중해 연안을 위협하는 오스만튀르크를 몰아내기 위해 교황 피오 5세, 말타, 베네치아와 신성동맹을 맺고 1571년 레판토 만에서 200여 척의 갤리선을 주축으로 오스만튀르크를 대파했다. 이것이 유명한 레판토 해전이다. 오직 노를 젓는 전함들만으로 치러진 이 중요

∗∗ 작가 미상의 레판토 해전 전투 그림

한 해상 전투는 이로써 튀르크인들을 지중해에서 영원히 몰아내고 지중해 교역에서 우위를 확보하게 되었다.

그 뒤 스페인의 강력한 해군에 무적함대란 별명이 붙었다. 이러한 스페인은 1580년에 펠리페 2세의 조카인 포르투갈의 세바스티앙이 후사를 남기지 못하고 죽자 포르투갈까지 통합하여 그 식민지까지 손에 넣었다. 이로써 남아메리카, 필리핀, 네덜란드, 밀라노 공국, 부르군디 공국(이상 카스티야 왕국령), 사르데냐 섬, 시칠리아 섬, 나폴리 왕국(이상 아라곤 왕국령), 아프리카 대륙의 남서부, 인도의 서해안, 말

라카, 보르네오 섬(이상 포르투갈 왕국령) 등 광대한 영토를 손아귀에 넣음으로써 스페인 역사상 최전성기를 맞았다. 명실공히 유럽 최강의 나라가 되었다.

무자비한 식민지 토벌:
병균에 희생된 원주민들

코르테스의 아스텍 정복

마젤란의 함대가 스페인을 떠난 해인 1519년 에르난 코르테스가 이끄는 군대는 베라크루스를 출발하여 멕시코 일대를 통치하던 아스텍 제국의 영역을 침략하였다. 군대라고 해봐야 보병 508명, 기병 16명, 대포 몇 대였다. 인디오들은 한 번도 백인이나 그들이 타고 있는 말을 본 적이 없었다. 대포는 그들에게 공포를 심어주기에 충분했다. 아스텍 사람들은 이들을 아스테카 문명 전설에 나오는 자신들의 창조주 깃털 달린 뱀으로 여겨 처음에는 환대했다. ("때가 이르면 나, 너희 기운데로 돌아가리라. 수염 달린 백인들과 더불어 그 동쪽 바닷가로…" 1000년경, 아스텍 전설에 신왕인 깃털 달린 뱀이 톨텍 백성에게 한 약속이다.)

∴ 코르테스

코르테스 군대가 멕시코 해안에 상륙하여 베라크루스라는 도시를 건설하자 전염병이 각 지역으로 퍼져나갔다. 원주민들은 유럽인들과 달리 면역성이 전혀 없었다. 그 때문에 전염병이 퍼지는 속도가 군대가 진군하는 속도보다 더 빨랐다. 스페인 군대는 병을 뒤따라 진격한 셈이었다. 유럽인들에 의해 아메리카로 건너간 각종 전염병은 엄청난 인명 피해를 가져왔다. 멕시코를 덮친 천연두는 1800만 명의 목숨을 앗아갔다. 살아남은 이들의 3분의 2가 또다시 홍역으로 죽었다. '전염병의 세계화'는 이렇게 시작됐다.

따라서 극심한 혼란 속에 빠진 아스텍 제국은 공격에 대해 효과적으로 저항할 수조차 없었다. 코르테스가 이끄는 스페인군이 수도인 테노치티틀란의 성벽을 넘었을 때 그들은 이미 병으로 죽은 사람들의 시체나, 죽어가고 있는 사람들을 피해가며 진군해야 할 정도였다. 또 스페인군이 들어가자 다른 종족들의 반란군이 이에 가세했다. 이 원주민 종족들과의 동맹은 수도를 포위할 때 20만 명을 동원할 수 있을 정도로 엄청난 힘을 발휘했다.

20만 명의 대병력은 당시 유럽에서는 쉽게 생각할 수 없는 숫자였다. 이런 동맹 세력을 만들었다는 점에서 코르테스는

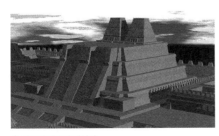
∴ 아스텍 제국의 대신전

탁월한 능력을 발휘했다. 이는 아스텍 제국이 이웃 종족들을 무력으로 복속시켜서 반감이 컸기 때문으로 보인다. 코르테스의 계략에 맞서 싸운 아스텍인들은 1521년 8월까지 저항하다가 정복당했다. 고작 600명 정도의 스페인 군대가 아스텍 제국을 멸망시킨 것이다.

피사로의 잉카 제국 정복

그로부터 11년 후인 1532년에는 중미를 석권한 스페인이 이제 남미의 잉카 문명으로 사냥 표적을 바꾼다. 잉카 제국은 안데스 산맥 서부 지역에 영토 길이만 남북으로 3500km에 달하는 아메리카 양대 제국 중 하나이다. 잉카인들은 3만 km가 넘는 도로와 발달된 행정기구를 통해 페루의 쿠스코 성을 중심으로 광대한 지역을 지배하였다. 특히 해발 2430m 높이에 건설된 종교도시 마추픽추가 유명하다. 거대한 돌들로 쌓아올린 성벽들은 면도날이 겨우 들어갈 정도로 정교한 건축술을 보여주고 있다.

1532년 11월 프란시스코 피사로는 코르테스가 써먹었던 수법을 모방해 수많은 적군에 둘러싸인 상태에서 국왕 아타우알파를 사로잡는다. 잉카 병사들은 국왕을 태양신의 화신으로 생각했기 때문에 그의 "투항하라!"는 말 한마디에 허

∴ 마추픽추

망하게도 무기를 내려놓는다. 이후 5개월 동안 잉카 제국의 온갖 아름다운 금은 장식물이 피사로에게 운반되고, 그것들의 예술성 따위에는 아무런 관심도 없는 피사로는 이를 모두 녹여 금괴로 만들어 나눠 가진다. 1533년 7월 더 이상 쓸모가 없게 된 국왕은 교수형에 처해진다.

피사로가 이끄는 180명의 군대가 잉카 제국을 붕괴시킨 근본적 원인은 총과 칼로 무장된 무력의 힘과 지략도 있었지만 그보다는 그들이 함께 갖고 들어간 천연두, 홍역, 티푸스 등의 병원균에 있었다. 아무 면역력도 갖고 있지 않은 원주민들은 무력이 아니라 병균에 의해 정복된 것이다. 피사로가 잉카 제국을 공격하러 갔을 때도 이미 전염병으로 거덜이 난 뒤였다. 당시 인구 3500만 가운데 3분의 2가 이미 죽었다. 사회·정치체제가 붕괴 상태에 있었던 것이다. 왕까지 병으로 죽자 후계 다툼이 일어나 적을 막을 수 없었다. 중남미의 토착 문명은 1550년경에 모두 붕괴되었다.

플랜테이션 경영과 은 광산 개발

스페인인들은 왕의 허락을 얻어 광대한 토지를 차지하여 대농장인 플랜테이션들을 건설했다. 그리고 원주민 강제노동으로 목축을 하거나 사탕수수, 담배 등을 경작했다. 그뿐만 아니라 아메리카 식민지는 공업제품, 특히 모직물의 수출시장이 되어 16세기 중엽에는 카스티야를 중심으로 모직물 산업이 번창했다. 그 뒤 코르테스는 멕시코를 지배하다 1540년 초콜릿 등을 가지고 스페인으로 돌아와 여생을 보냈는데, 이로써 유럽에 초콜릿이 전해졌다.

16세기 중반에는 큰 매장량을 가진 은 광산들을 개발했다. 여기에도 대량의 노동력이 필요해 많은 원주민 남자들이 징발되어 노예와 같은 강제노동에 시달렸다. 그 결과 16~17세기 내내 스페인의 세비야 항으로는 엄청난 양의 금과 은이 아메리카로부터 쏟아져 들어왔다. 아메리카에 대한 이런 엄청난 착취가 스페인을 16~17세기에 유럽 최대의 부국으로 만든 바탕이다.

콜럼버스가 신대륙을 발견한 1492년 아메리카 인구는 약 1억이 조금 넘었을 것으로 추산된다. 이는 당시 유럽 인구와 비슷한 숫자였다. 그 가운데 4분의 3이 16세기 단 한 세기 만에 사라졌다. 그 뒤 17세기 중반까지 무려 90%가 줄어들었다. 근 1억에 가까운 아메리카인이 유럽인이 가져온 전염병으로 죽었고 살아남은 사람들은 강제노동 그리고 억압과 굶주림에 시달려야 했다. 이는 아마도 세계사에서 가장 참혹한 인구 감소의 사례일 것이다. 그래서 어떤 이들은 이를 인류 최대의 홀로코스트라고 부르기도 한다.

유럽인이 아메리카로 들어간 것이 원주민에게는 참혹한 재앙이었다. 또 1300만 명이라는 엄청난 수의 아프리카 노예들이 신대륙으로 팔려가 농장과 광산에서 일생에 걸쳐 혹독하게 노동력을 수탈당했다. 그 결과 서양이 오늘날과 같은 번영과 부를 누리게 된 것이다. 말하자면 서양인들이 오늘날 누리는 부와 호사의 상당 부분은 아메리카와 아프리카 원주민들의 희생 위에 서 있는 것이다.❖

❖ 강철구, 〈강철구의 '세계사 다시 읽기'〉, 《프레시안》

팽창정책으로 인한 대규모 재정적자

스페인 제국은 외형적 팽창과 달리 내실은 곪아가고 있었다. 제국의 재정 충당을 위해, 신대륙 식민지에서 금은 채취를 하느라 현지 인디오들을 노예로 삼아 강제노역을 시켰다. 그렇게 하여 식민지 개척자들이 채굴한 금속의 5분의 1을 본국의 왕에게 바치도록 했다. 이를 오일조五一租라 한다. 스페인 정복자들은 중남미에서 약탈하거나 채취한 황금의 5분의 1만 스페인 왕에게 바치고 나머지는 자신이 가질 수 있었기에 수많은 사람이 신대륙으로 몰려갔다. 그리고 원주민 남성들이 대부분 죽은 결과 스페인 남성과 원주민 여성 간에 새로운 혼혈 인종인 메스티소가 출현했는데, 오늘날 라틴아메리카의 최대 인구층을 이룬다.

1503년부터 1660년 사이에 이들은 300톤 이상의 금과 페루에서 생산되는 2만 5000톤 이상의 은을 본국의 세비야 항구로 보냈다. 스페인은 16세기 중에 전 세계 금은 총생산량의 83%를 차지하는 최고의 부국으로 성장한다.

문제는 이렇게 식민지로부터 금은보화가 들어와도 스페인은 과도한 팽창주의와 방만한 재정으로 적자규모가 엄청나게 불어났다는 점이다. 유대인들이 떠난 뒤 상업 중심지였던 아라곤이 금융 서비스 제공을 제대로

⁂ 세비야 항구의 황금의 탑. 신대륙에서 오는 금은보화를 쌓아놓았던 탑이다.

못 하자 그 무렵 스페인과 교역량이 많았던 제노바의 금융가들이 자본을 제공하기 시작했다. 카를로스 5세 치세부터는 구조적인 면을 보이게 된다. 스페인 정부는 아메리카 식민지의 광산에서 채굴되는 금과 은을 담보로 제노바 금융가에게서 미리 돈을 빌려 프랑스의 부르봉 왕조와의 전쟁 자금을 대기도 하고, 네덜란드의 반란을 진압하기 위한 전비로도 사용했다.

막스 베버의 추정에 따르면 당시 스페인은 국가 수입의 70%를 전쟁 비용으로 썼다고 한다. 전쟁 비용 이외에도 제국이 워낙 크다 보니 국가재정에 필요한 돈이 엄청났다. 그러니 당연히 수입보다 지출이 훨씬 더 많아 대규모 재정적자가 계속되었다. 카를로스 5세의 재위 시인 1516~1556년의 40년 동안 부채만 4000만 두카트를 남겼다. 같은 기간 신대륙에서 들어온 금은보화 3500만 두카트보다도 더 많은 금액이었다. 두카트는 당시 기축통화격인 베네치아 금화다. 그 뒤 1568년부터 장장 80년간 네덜란드와 독립전쟁을 벌일 때에는 더 많은 적자가 났다.

이렇게 되자 스페인은 식민지의 은이 거쳐 가는 단순한 경유지로 전락하여 국내 산업이 침체하기 시작했다. 스페인은 이를 만회하기 위해 부가 집중되어 있는 네덜란드를 통제와 징세로 강화했으나 오히려 독립전쟁을 초래하게 되었다. 스페인 독주에 도전하는 영국이 네덜란드를 원조했기 때문이다.

유대인 추방 직후부터 손실이 나기 시작한 국고를 지탱하기 위해서는 외국으로부터 돈을 빌려 와야 했다. 주로 제노바, 독일, 플랑드르의 유대계 금융가로부터 신대륙에서 가져온 금과 은을 담보로 맡기고 돈을 빌렸다. 국가 부채가 눈덩이처럼 불어났다. 1543년의 경우

경상수입의 65%가 이미 발행된 정부 공채의 이자 상환에 지출되는 실정이었다. 1550년경 스페인은 외형상으로는 부국이었으나 경제적으로는 심각한 상황에 봉착했다. 유대인이 빠져버린 후유증으로 산업은 급속히 침몰하고 있었고 전쟁 속으로 돈이 무한정 빨려들어 갔다. 더구나 영국 해적선들이 스페인 배들을 공격해 스페인이 절실히 필요로 하는 금은보화들이 스페인에 도착하기도 전에 약탈당했다.

1557년 국가부도, 군사력보다 경제력이 먼저 깨지다

스페인 제국은 당시 독일 지방에서 일어난 종교개혁의 여파로 북부 독일 군주들과 전쟁을 하게 되었는데 이것이 발전하여 오스만 제국과 프랑스 등 사방의 적들과 싸우는 처지가 되었다. 카를로스 5세는 지나치게 광범한 영토가 사방에 적들로 둘러싸이자, 그것도 한곳에 모인 영토가 아니라 흩어진 영토를 가지고서는 하나의 왕조를 유지하기가 어렵다는 결론에 도달하였다. 그는 1555년 신성 로마 제국의 황제 자리를 동생 페르디난트 1세에게 양도했다. 그리고 1556년에는 스페인 왕의 자리를 아들에게 물려줬다.

1556년 카를로스 5세에 이어 왕위에 오른 아들 펠리페 2세는 오스트리아를 제외한 모든 영토와 더불어 막대한 빚까지 물려받았다. 그가 등극하여 보니 1561년까지의 국고 수입이 모두 저당 잡혀 있었다. 결국 등극 다음 해인 1557년에 최초의 파산 선언(디폴트)을 하기에 이른다. 현대적 의미의 첫 국가파산인 것이다. 이는 1588년 스페인 무적함대가 영국에 패하기 31년 전의 일이었다. 제국의 군사력보다 경제력이 먼저 깨진 것이다. 한때 네덜란드, 오스트리아, 독일, 이탈리아 지역까지 합병하고 4개 대륙에 걸쳐 식민지를 운영했던 스페인 제국이 사실상 파산한 것이다. 세계 최강의 군사력과 경제력을 뽐내던 스페인 제국은 종교 이데올로기에 갇혀 유대인을 추방함으로써 경제 기반이 무너졌다. 그로부터 얼마 지나지 않아 이렇게 허무하게 제국은 막을 내리기 시작하였다.

그럼에도 제국주의적 팽창정책은 멈출 줄 몰랐다. 그 역시 과도한 정치적 야망으로 전쟁을 계속 치르는 바람에 사태를 더욱 악화시켰다. 사실 전비 차입 방식이 문제였다. 한 번 데인 금융업자들은 스페인 장기채 '후로Juro'를 거들떠보지 않았다. 결국 차입은 대부분 '아시엔토Asiento'라는 단기채 방식이었다. 단기로 빌리니 만기가 빨리 돌아올 수밖에 없었다. 전쟁 중 만기가 되어도 갚을 수 없는 상황에 직면하자 계속 더 큰 돈을 빌리는 단기채 계약을 체결할 수밖에 없었다. 이 과정에서 많은 국유지와 광산이 부유한 상인의 수중으로 넘어갔다. 결국 펠리페 2세는 견디다 못해 1560년에 다시 파산선고를 하기에 이른다.

레판토 해전에서 승리한 직후이자 네덜란드 독립전쟁이 한창이던 1572년에는 군사비 지출이 재정수입의 2배 이상 많았다. 게다가 유대인을 주축으로 한 네덜란드인들이 그간 스페인의 주요 수입원이었던 이베리아 반도의 주요 소금 생산지를 봉쇄하자 펠리세 2세 통치하의 스페인은 또다시 파산지경에 이르렀다. 이렇게 되자 왕에게 돈을 대주던 채권자들도 위험을 감지하고 이자를 천정부지로 올리기 시작했다. 1573년에는 이자가 40%로 뛰었다. 결국 1575년에 또 파산선고를 할 수밖에 없었다.

1576년에 이르러서는 병사들에게 지불해야 할 급료가 국가 수입 액의 2.3배에 달했다. 이번에도 더는 막대한 부채를 해결할 길이 없었다. 이때 채무자들에 대한 지불 중단을 선언하면서 등장한 것이 스페인 공채(후로)이다. 채무를 장기융자로 전환한 것이다. 채무불이행 선언은 거의 20년을 주기로 5번이나 더 계속되었다. 메디치가보다도 돈이 많았다던 독일의 금융 가문인 푸거가와 제노바의 은행가들이 여기서 거덜 났다.

1581년 여전히 개신교 지역으로 남아 있던 네덜란드 북부는 펠리페 2세의 통치권을 부인했다. 이에 펠리페 2세는 1588년에 네덜란드 북부의 반란 세력을 지원하고 있던 잉글랜드 왕국을 정벌하기 위해 무적함대를 파병했으나, 칼레 해전에서 대패하였다. 이때부터 스페인에 쇠퇴의 징조가 보이기 시작했다. 귀족 작위나 영주권이 매매되었으며, 식민지로부터 엄청난 양의 귀금속을 들여왔음에도 군사비 증대로 인한 국고의 파탄은 막지 못했다. 결국 1596년에 또다시 대규모 파산선고를 하였다.

게다가 약 3년에 걸쳐 페스트까지 유행하게 된다. 스페인에 전성기를 가져온 펠리페 2세가 1598년 암으로 서거할 무렵에 이미 스페인의 시대는 끝나려 하고 있었다. 거의 모든 세입원이 저당 잡힌 상태였고 신대륙에서 얻을 것으로 예상되는 세입을 담보로 빌린 돈으로 국가재정을 꾸리는 처지가 되었다.

정부 수입 중 70%가 이자로 빠져나가다

이후 1648년에 네덜란드가 80년 전쟁 끝에 독립하였고, 1640~1668년에는 포르투갈이 독립전쟁을 일으켜 분리해 나갔다. 1659년에는 프랑스 남서부와 북부 일부를 프랑스에 내주었다. 그러는 동안 국가 채무는 더 늘어갔다. 1560년에 380만 두카트였던 국가 채무는 1667년에 900만 두카트로 늘어났다. 당연히 돈을 빌릴 때의 이자율도 높아져 정부 수입 중 70%가 이자로 빠져나갔다. 당시 차입금은 정부 소득 10년치였다.

그리고 1678년에는 동부를 프랑스에 내주었다. 또 스페인 왕위계승전쟁 직후인 1714년에는 시칠리와 나폴리 그리고 사르디냐와 네덜란드 남부 지방을 오스트리아에 할양했다. 그 뒤 스페인은 세계 강대국의 대열에서 영원히 사라지고 말았다.

유대인과 이슬람 박해에 대한 교황청의 사과

교황청의 유대인 박해와 종교재판은 계속되었다. 클레멘트 8세 교황은 유대인의 고리대금업을 맹비난하였다. "온 세상이 유대인의 독점과 기만과 고리대금에 신음하고 있다. 그들은 많은 수의 불운한 이들, 특히 농민과 장인들을 빈곤과 파탄에 빠뜨렸다. 팔레스타인과 아라비아의 사막을 등진 이후 유대인은 그들을 기꺼이 받아준 나라들에서 원주민들과 동등한 권리를 누렸으나 이들의 양심은 그들이 사는 그 어디에서건 원망의 대상이 되어왔다는 것을 유대인들은 직시

해야 한다."❖ 당시 종교재판에 부쳐지면 유대인의 재산은 영주나 왕의 재산이 되었다.

훗날 로마 교황청은 유대인 박해와 종교재판에 대해 정식으로 사과했다. 1983년의 일이다. 그 뒤 2000년도 가톨릭 용서의 해인 '대희년'에 교황 요한 바오로 2세는 그리스도 교회가 2000년 동안 지은 죄를 고백하고 용서를 구하는 사상 최초의 참회 미사를 3월 12일 로마 바실리카 성당에서 집전하였다.

또한 로마 교황청이 기독교 2000년 역사 동안 교회가 인류에게 범했던 각종 과오를 공식 인정한 〈교회의 과거 범죄〉라는 문건을 발표했다. 교황청은 40쪽 분량의 이 문건에서 중세 종교재판, 십자군 원정, 유대인 박해, 아메리카 인디언 학살 방조, 아랍 세계에 대한 약탈, 기독교들의 분파, 여성에 대한 억압 등 7가지의 과오를 털어놓았다.

이 문서에서 가톨릭은 1095년 교황 우르바누스 2세의 칙령으로 시작한 십자군 1차 전쟁으로 7만여 명의 유대인 및 이슬람교도들을 학살한 과거와 수차례에 걸친 원정기간 동안 콘스탄틴노플과 베이루트에서 약탈한 '교회의 부끄러운 과거 범죄'를 인정하며 반성하고 있다. 그뿐만 아니라 당시 유대인 학살을 하게 된 동기가 '성지 회복'이라는 종교적 명분 뒤에 베네치아 상인들의 이윤 축재, 교황의 영향력 확대 등이었음을 고백하고 있다. 2000년 5월에는 교황이 직접 이스라엘을 찾아가 예루살렘에서 미사를 집전하면서 다시 한 번 포괄적인 용서를 구했다.

❖ *Disputatio Contra Iudaeos*

II

후춧가루 쫓다
세계사를 바꾼 콜럼버스

JEWISH ECONOMIC HISTORY

∴ 신대륙을 발견한 콜럼버스 일행

후춧가루 등의 향신료는 경제사적으로 보았을 때 우리가 상상하는 것 이상의 중요성을 갖고 있다. 콜럼버스(1451~1506년)의 아메리카 대륙 발견, 바스코 다 가마(1469~1524년)의 인도 항로 개발, 마젤란(1480?~1521년)의 세계일주 목적이 모두 인도의 후춧가루를 구하기 위한 것이었다. 당시 동양의 향신료는 부의 원천이었고 이것을 계기로 대항해와 식민지전쟁이 시작되었다.

금가루보다 비쌌던 중세의 후춧가루

후추, 기원전 4세기 알렉산더 대왕 때 서구에 알려지다

향신료의 역사는 인류의 역사와 그 시작을 같이했다. 향신료가 언급된 5000년 전 수메르인의 두루마리가 발견된 것이다. 고대 이집트에서는 미라를 만들 때 방부 처리를 하기 위해 혼합 향신료를 사용했다고 한다.

∴ 갖가지 향신료

인도에서는 기원전 3000년경부터 이미 후추와 정향cloves 등 많은 향신료가 사용되었다. 후추와 정향은 살균력이 있어 재료 저장에 필수품이었다. 또한 부패를 방지하는 효능은 그 향기가 병마를 퇴치한다고 믿게 되어 향을 피워 사용하는 용도로 쓰는 경우도 많았다.

기원전 330년경 마케도니아의 알렉산

더 대왕이 그리스를 정복하고 이집트, 시리아, 터키, 페르시아, 아프가니스탄에서 파키스탄의 인더스 강 유역까지 정복하여 동양의 향료가 유럽에 전해지게 되었다. 특히 알렉산더 대왕의 원정 때 친구인 식물학자를 대동하여 점령지의 많은 향료를 수집하게 했다.

이후 후추를 유럽에 판매한 것은 아랍 상인들로 추정되는데, 이들은 다마스쿠스를 지나 홍해를 건너는 고대 향료길을 이용한 것 같다. 이렇게 해서 전래된 후추는 당시 그리스에서 요리용이 아닌 의료용, 그것도 대개 해독제로 쓰였다.

금가루보다 비쌌던 중세의 후춧가루, 로마 시대부터 애용

유럽인들이 인도산 후추와 계피 등 향신료를 본격적으로 사용하기 시작한 것은 로마가 이집트를 정복한 뒤부터다. 인도에서 무역풍을 타고 인도양을 건너 홍해를 북상하여 이집트에 달하는 항로가 개발되었기 때문이다. 당시 귀중하게 생각되었던 향신료는 인도산 후추와 계피였다. 1세기 유럽에 수입되는 물품의 반 이상은 향신료였는데 대부분은 인도에서 들여온 후추였다.

후추는 실크로드로, 혹은 해로로 상업 중심지인 호르무즈나 아덴에 옮겨진 후 그곳에서 알렉산드리아와 베네치아로 운송되었다. 귀중한 것의 대명사였다. 실제로 후추가 로마에 도착했을 때에는 같은 무게의 금과 가격이 같았다. 1세기 박물학자인 플리니우스가 "후추같이 영양도 아무것도 없는 것 때문에 매해 5000만 세스루티우스의 돈을 유출하고 있다"라고 개탄할 정도로 후추는 값비싼 인기 품목이었다.

중세 후추 교역, 유대인들이 주도하다

중세에 들어와 이슬람교도가 강력하게 팽창하였는데, 8세기경부터 지중해는 이슬람의 바다가 되었다. 이슬람이 서유럽과 동양을 잇는 실크로드와 해양길을 단절시킨 뒤부터는 향신료를 모두 아랍 상인의 손을 경유하지 않으면 구할 수 없게 되었다. 따라서 가격이 오르고 거기에다 술탄도 과대한 관세를 부가하여 더욱 비싸졌다. 이를 베네치아의 유대 상인들이 아랍 상인들로부터 사서 막대한 이윤을 붙여 유럽 각지에 판매하였다.

그러다 보니 후추의 최종 소비자 가격은 금가루보다 비쌌다. 귀하다 보니 은 대신 화폐로 통용된 때도 있었다. 이쯤 되자 후춧가루는 베네치아 공국을 제외하고 유럽 각국에서 고대의 소금과 같이 왕실의 전매품이 되었다.

후추 무역의 중심지, 베네치아

유대인들은 중세 시대 아시아와 교역할 때 바그다드를 지나 흑해의 남부 해안을 경유해 콘스탄티노플에 이르는 경로를 이용했다. 향신료는 콘스탄티노플에서 항구도시 베네치아로 운반되었다. 15세기 말 중세가 끝날 때까지 400년 동안 거의 모든 무역은 베네치아에서 이루어졌다.

6세기부터 베네치아는 인근 개펄에서 생산한 소금을 갖고 동방무역을 시작했다. 당시 소금 역시 귀하고 비쌌다. 이후 베네치아는 수 세기 동안 동방무역으로 번영을 누렸다. 베네치아 상인들은 11세기 후반에 시작해 근 200년간 진행된 십자군 원정 덕분에 세계 향료시장에서 제왕의 지위를 공고히 할 수 있었다. 동방무역을 독점할 수 있었기 때문이다. 게다가 베네치아 공국은 서유럽에서 온 십자군에게 수송선, 전함, 무기, 자금을 직접 공급해서 바로 이득을 챙길 수 있었다.

전 유럽의 무역업자들은 향신료, 특히 후추를 사기 위해 베네치아로 몰려들었다. 15세기 향료 무역은 베네치아 상인들의 독점으로 다른 나라 상인들이 비집고 들어갈 틈이 없었으며 베네치아 상인들이 챙긴 이윤은 어마어마했다.

대항해시대

그러자 다른 나라들은 인도에 갈 수 있는 새로운 길, 특히 아프리카를 빙 둘러 가는 바닷길의 개척 가능성을 진지하게 검토하기 시작했다. 포르투갈 왕 후앙 1세의 아들 엔리케(엔히크) 왕자는 해양학교를 설립해 운영하면서 크고 튼튼한 상선을 대규모로 만들어 선단을 조직했다. 바야흐로 대항해시대의 시작이었다.

15세기 중반 포르투갈 탐험가들은 아프리카 서해안의 베르데 곶까지 내려가 콩고 강 어귀까지 도달했다. 4년 뒤인 1487년 포르투갈 항해가 바르톨로뮤 디아스는 희망봉을 돌았다. 2년 뒤 1498년에는 포르투갈 탐험가 바스코 다 가마가 디아스가 개척한 항로를 따라 인도에 도착했다.

∴ 리스본 테주 강변에 있는 발견 기념비. 맨 앞이 엔리케 왕자

인도 남서 해안을 다스리고 있던 캘리컷 지역의 지배자는 후추 열매를 주고 금을 받기를 원했다. 세계 후추 무역을 지배할 꿈에 부풀어 있던 포르투갈인들은 후추를 사기 위해 금이 필요할 줄은 꿈에도 몰랐다. 5년 뒤 총과 군대로 무장한 바스코 다 가마는 캘리컷을 정복하여 후추 무역을 포르투갈의 지배 아래 두었다. 이것이 포르투갈 제국의 시작이었다. 이로써 후추 교역에서 포르투갈 시대가 전개된다. 이후 포르투갈 제국의 영토는 아프리카를 포함해 동쪽으로 인도와 인도네시아에 이르렀고, 서쪽으로 브라질에 이르렀다.

스페인도 향료 무역, 특히 후추에 관심을 두고 있었다. 1492년 크리스토퍼 콜럼버스는 서쪽으로 항해하면 인도에 도달하는 더 짧은 항로를 찾을 수 있을 거라 확신하고 스페인의 이사벨 여왕을 설득해서 탐사 여행의 재정지원을 받았다. 이후 콜럼버스는 신대륙을 발견한다.

이렇듯 후추는 베네치아를 거대한 도시국가로 만들었고 대항해 시대를 주도했으며 콜럼버스가 신대륙을 찾아 나서도록 했다.[*]

유럽인들이 비싼 후춧가루를 선호한 이유

유럽 사람들이 왜 비싼 향신료를 그토록 선호했는지 살펴보자. 그무렵은 냉장시설이 없었던 시대였기 때문에 빵과 소금에 절인 저장육이 주식이었고 생선을 절여 건조시킨 것 정도가 전부였다. 소금에 절인 염장식품에 신물이 난 귀족과 세도가들은 후춧가루를 친 신선한 스테이크를 선호했다. 또 짜고 맛없는 음식에 정향이나 육두구 nutmeg 같은 향료를 넣으면 맛있게 먹을 수 있었다. 그래서 동방의 향료는 유럽인에게 큰 인기를 끌었다. 그 뒤 고기 음식을 즐기는 서구인들은 고기 비린내를 제거하고 육류를 저장하는 데 향료를 사용했다. 이때 후춧가루가 가장 중요한 향신료로 자리 잡게 된다.

하지만 향료의 가치는 단지 음식의 맛과 풍미를 더하는 데 머물지 않았다. 향료는 성욕을 돋우는 강장제와 의약품으로 맹신되어 유럽 소비자의 수요를 더욱 부채질했

∴ 육두구

❖ 장 마리 펠트 지음, 김중현 옮김, 《향신료의 역사》, 좋은책만들기, 2005

다. 특히 전염병을 예방하는 살균 효과가 있다고 알려져 당시 귀족들과 부유층들이 후추를 선호하여 앞다투어 사고자 했다. 또 전염병이 창궐할 때에는 악취를 없애고 소독하는 약품으로도 사용되었다. 또한 서양인들은 육식할 경우 몸에서 나는 체취가 문제였다. 이것이 조미료의 강한 향기를 요구하는 요인이기도 했다.

후추 수입에 성공하면 100배 이상의 수익을 올리다

후추는 열대성 식물이기 때문에 그리스나 로마 등 유럽에서는 재배가 어려워 동서무역을 하는 대상들로부터 비싼 값에 사들일 수밖에 없었다. 대상들은 동양으로부터 후추를 사들여 비싼 값에 되파는 중개무역으로 큰 부를 쌓았다.

인도에서 실크로드를 따라 전해진 후추는 그리스·로마 시대부터 보석처럼 귀하게 여겨져 사람들은 이를 순은제 항아리에 넣어서 소중하게 다루었다. 인도 남부에서 생산되는 이 귀한 제품은 유럽 귀족의 입맛을 완전히 바꿔버렸다. 중세 북방 게르만 사회에서는 세금이나 관세의 지불이나 관료의 급료, 땅의 매매나 임대, 결혼 지참금 등에 후추가 쓰였다. 후추가 이처럼 귀하고 비싸지자 일확천금을 꿈꾸는 사람들은 목숨을 건 모험을 감행하였다.

당시 인도 현지에서 산 향신료를 싣고 배가 무사히 돌아오면 보통 100배 이상의 시세 차익을 볼 수 있었다. 선장과 선원들은 고향에서 영웅이 됐고, 항해에 자금을 댄 상인들은 떼돈을 벌었다.

역사를 바꾼 대항해가 시작되다

14세기 초 무역을 중시해 동서 교통로를 보호해주던 원元나라의 힘이 떨어진 틈을 타 중동의 오스만튀르크족들이 동서무역에 끼어들어 동방 무역로를 차단하자 향료를 비롯한 동방 상품의 가격은 폭등할 수밖에 없었다. 그에 유럽의 각국들은 동방 향료를 구하기 위해 혈안이 되었다.

게다가 1453년 콘스탄티노플 함락으로 이슬람 세계의 정치적 구도가 바뀌면서 후추 교역은 새로운 길로 접어든다. 점차 알렉산드리아와 베이루트에서 후추를 구입할 수 없게 된 기독교권 상인들에게는 인도로 가는 새로운 항로 개척이 시급해진 것이다.

이렇게 지리상의 발견이 시작된 것도 바로 후추를 구하기 위한 원양 탐험에서 비롯되었다. 향신료 무역을 이슬람을 통하지 않고 직접하려고 한 것이 15세기 말 스페인과 포르투갈에 의한 대항해의 시도

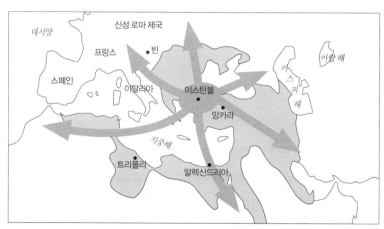

∴ 짙은 부분이 오스만 제국의 영역이다.

∴ 마르코 폴로

였다. 그 촉발제는 마르코 폴로의《동방견
문록》이었다. 이 책은 성서 다음의 베스트
셀러였다. 그만큼 당시 사람들의 동방에
대한 관심은 지대했다.

《동방견문록》에는 향신료 산지에 대한
기록이 자세히 적혀 있었다. 게다가 "중국
보다 동쪽에 황금의 나라가 있으며, 그곳
사람들은 후추를 물 쓰듯 한다"는 대목에
서 유럽인들의 눈은 휘둥그레졌다. 황금과 후추가 흔하다니 모험가
들의 몸이 달아오를 수밖에 없었다.

마르코 폴로는 항저우杭州시 하루 후춧가루 소비량이 4740kg이나
된다고 그 놀라움에 대해 적었다. 이 책에는 과장되거나 불확실한 부
분도 있으나, 그는 베네치아의 상인답게 향신료 산지에 대한 기록은
비교적 정확히 했다. 이렇게 되자 신항로 개척의 필요성은 한층 절실
해졌다.

스페인과 포르투갈의 향신료 획득전쟁에서 결국 항로를 동쪽으
로 향한 포르투갈이 서쪽으로 향한 스페인을 이기고 무역권을 독점
하게 된다. 1498년에 포르투갈의 바스코 다 가마가 희망봉을 돌아
인도양을 가로질러 인도로 가는 항로를 발견함으로써 후추 교역에
서 포르투갈 시대가 전개된다. 그들은 인도의 고아Goa에 식민기지를
마련하고 말라카 왕국을 무력으로 점령한 뒤 향료의 주산지인 몰루
카 제도에 원정대를 파견해 단번에 향료 무역을 독점했다.

남아프리카의 희망봉을 돌아 최초로 인도에 도착한 바스코 다 가
마와 달리 콜럼버스는 지구가 둥글다고 생각했기 때문에 서쪽으로

가도 인도에 도달할 수 있다고 믿었다. 길을 잘못 들어 아메리카 대륙을 발견하고 그곳 원주민에게 인도 사람이라는 뜻의 '인디언'이라는 이름을 붙여준 콜럼버스는 본인이 죽을 때까지도 그곳이 인도인 줄 알았다. 이들 모두 인도의 후춧가루를 찾아 나섰던 사람들이다.

포르투갈인들이 구한 향료는 인도 말라바르 해안의 후추와 스리랑카의 계피를 비롯해 몰루카 제도의 정향, 반다 섬의 육두구 등이었다. 포르투갈이 가져간 이 향료가 유럽에서 큰 인기를 끌고 엄청난 이윤을 내자 네덜란드, 영국 등도 앞을 다투어 동인도회사를 속속 설립해 향료 무역에 뛰어들었다. 유럽의 발전은 후추가 이끈 셈이다.[*]

향신료가 유럽을 깨어나게 하다

십자군 전쟁을 일으킨 교황 우르바노 2세는 검소한 편이었지만 육식을 즐겼다. 이슬람의 세력 확대로 지중해 동쪽이 이슬람에 넘어가자 후추 수입에도 큰 타격이 있어 품귀 현상이 일고 값도 엄청나게 올랐다. 교황이 십자군 전쟁을 일으킨 이유에는 종교적 성지 탈환뿐 아니라 후춧가루에도 그 원인이 있을지 모른다. 종교 이념이 지배하고 육체와 감각이 천시되었던 중세 유럽의 어둠을 향신료가 깨우기 시작했다.

중국의 정화 함대가 서양과 비교할 수 없는 대함대를 이끌고 먼저 세계를 누볐다. 하지만 당시 중국 왕조는 지방의 토호 세력들이 그

❖ 최영순 지음, 《성서 이후의 유대인》, 매일경제신문사, 2005

무렵 막강했던 해상 세력과 손잡고 반란을 일으킬 것을 우려하여 해금령海禁令을 내렸다. 바다 출입을 일절 금한 것이다. 게다가 모든 배를 파괴하고 불살라 버렸다. 조선도 해금령에 동참했다. 이로써 동양은 바다와 벽을 쌓고 동양의 시대는 막을 내렸다.

이를 계기로 서양의 대항해가 세계의 해상무역을 주도하게 되고 서양이 동양을 추월하는 계기가 된다. 세계사에서는 이를 기점으로 중세와 근대를 나눈다. 그만큼 세계사적인 대변혁기였다. 육류를 즐긴 서양의 향신료에 대한 욕구가 서서히 유럽을 깨우기 시작해 세계사의 운명을 바꾼 것이다.

그 뒤 유대인들이 포르투갈에서 네덜란드로 옮겨 가자 17세기 초부터는 네덜란드가 해상무역권을 장악하게 된다. 스페인이 남미에서 주도권을 행사하는 동안 네덜란드는 극동과 동남아시아에서 막대한 이익을 챙겼다. 그러나 독점이윤을 많이 붙였기 때문에 향신료의 가격은 싸지지 않았다.

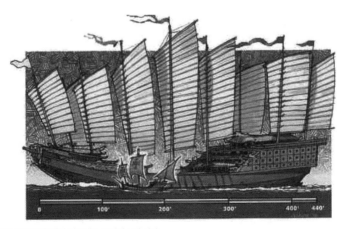

∴ 중국의 정화 함대와 비교되는 콜럼버스의 선박

향신료의 매매는 신대륙에서 고추 등 새로운 향신료가 발견된 1650년을 기점으로 경쟁이 완만해지고 가격이 내려갔다. 게다가 이 때부터 엽차, 커피, 코코아 같은 기호식품도 먹기 시작했기 때문이다. 오늘날의 감자나 토마토 등은 아메리카 대륙에서 건너간 것들이다. 서아시아산인 양파, 시금치, 마늘 그리고 동아시아산인 차, 생강 등은 모두가 중세 북유럽에는 없던 것들로 동서무역을 통해 유럽에 전파되었다.❖

❖ 최영순 지음,《성서 이후의 유대인》, 매일경제신문사, 2005

❖ 인도 남부가 원산지인 후추나무   ❖ 후추

후추나무 줄기는 다른 나무나 물체를 타고 6m 이상 자란다. 2~5년이면 붉은 열매를 맺기 시작하여 약 40년간 열매를 맺는다. 한 그루에서 매년 10kg의 향신료를 생산한다.

후추의 약 4분의 3은 검은 후추인데 아직 녹색을 띠고 있는 덜 익은 후추를 따서 균 발효로 얻는다. 흰 후추는 다 익은 열매의 껍질을 벗겨 건조시켜 얻는다.

후추의 향미 성분은 겉껍질에 많이 들어 있다. 그래서 겉껍질을 제거하고 건조시켜 만든 흰 후추보다는 껍데기째 말려 만든 검은 후추가 더 맵고 향이 강하다. 시각적으로 어울리지 않는 요리에 흰 후춧가루를 쓰는데 흔히 육류에는 검은 후춧가루를, 생선에는 흰 후춧가루를 쓴다. 일반적으로 가격은 흰 후춧가루가 더 비싸다.

유대인으로 추정되는 콜럼버스

1492년 10월 12일, 크리스토퍼 콜럼버스가 신대륙을 발견했다. 그러나 기실 신대륙의 첫 번째 발견자는 아메리카 원주민들이었다. 그들은 아시아에서 베링 해협 육로를 통해 2만 년 전에 아메리카로 건너온 것으로 추정된다. 그 뒤 두 번째 발견한 유럽인은 바이킹이었다. 그러나 1000년경에 일어난 이 사건은 세상에 별로 알려지지 않았다.

콜럼버스가 유대인이라는 설이 지금도 끊이지 않는다. 그는 제노바 근처 사보나에서 모직물 무역상을 하는 아버지 도미니코 콜론과 스페인계 유대인 어머니 수산나 폰타나로사 사이에서 태어났다. 그래서 법적으로는 제노바 사람이었으나 이탈리아어를 쓰지 않고 스페인어를 썼다. 그의 아버지도 스페인계 유대인으로 추정된다. 우선 중세에 상인이라 함은 유대인과 동의어였다. 그 무렵 장원제도 하에서 대부분이 농사짓고 살았는데 떠돌아다니며 장사하는 상인은 유대인이었기 때문이다. 게다가 모직물 무역상은 대대로 유대인 고유의 직업이었다.

∴ 신대륙을 발견한 콜럼버스 일행

그리고 콜럼버스는 영어식 성이고 그의 실제 성은 콜론 Colon이다. 당시 '콜론'은 이탈리아에 살고 있었던 유대인들의 성으로, 스스로도 다윗 왕과 관련 있다고 자랑하였다.

또 그는 개종 유대인인 '마라노'라는 설이 있다. 마라노는 종교재판을 피해 가톨릭으로 거짓 개종한 유대인을 부르는 경멸어이다. 최근 유대 연구가들에 따르면 콜럼버스는 1391~1492년 사이에 스페인에서 추방된 유대인이라는 주장이 제기되고 있다. 당시 스페인에서는 마녀사냥식 종교재판이 성행해 많은 유대인이 추방되거나 스스로 탈출했다.

마르코 폴로의 《동방견문록》에 심취하다

콜럼버스는 어릴 때부터 항해에 관심을 가져 10대 후반부터 모직물업자인 아버지를 도와 직물·포도주 매매를 위해 지중해와 아이슬란드까지 가는 항해를 하였다. 1474~1975년 에게 해의 키오스 섬에 유향을 사러 가는 항해에 참가했고, 20대 후반에는 마데이라 섬으로 설탕 매입을 위해 간 적도 있다. 이렇게 콜럼버스는 목숨을 건 신대륙 탐험 이전에 이미 아이슬란드, 마데이라, 영국, 아프리카의 가나를 오가며 해상무역을 하던 무역상이었다. 제노바의 상선대 선장이 된 이후로는 마르코 폴로와 프톨레마이오스 등의 책을 탐독하면서 지구가 둥글다는 믿음을 갖게 되었다.

그는 평소 마르코 폴로의 글을 접하고 읽으면서 흥미로운 대목이 있으면 그 옆에 특별히 메모를 남길 정도로 탐독했다. 마르코 폴로는 몽골의 대한大汗(대

∴ 중세 사람들은 지구가 평평해 먼 바다로 나가면 절벽 아래로 떨어진다고 생각했다.

칸)이 지배하는 영역이 대인도, 중인도, 소인도 등 '3개의 인도'로 되어 있다고 기록하였다. 그래서 콜럼버스는 페르디난드 국왕과 이사벨 여왕의 친서를 받아 1492년에 이 '인도'를 향해 출항한 것이다. 지금도 사람들은 대부분 콜럼버스의 '인도'가 우리가 아는 '인도'와는 완전히 다른 실체였다는 사실을 잘 모르고 있다. 아무튼 그가 휴대한 친서의 수신인은 '인도'를 지배하는 몽골의 '그랑 칸', 즉 '위대한 칸'이었다. 그는 자기가 기착한 곳 근처에 대칸이 통치하는 대륙에서 아주 가까운 섬이자 은이 풍부한 나라로 묘사된 '지팡구', 곧 일본이 있을 것이라고 믿어 의심치 않았다.

일찍이 어려서부터 선원생활로 잔뼈가 굵은 콜럼버스는 이를 계기로 지구가 둥글다는 확신을 하고 있었다. 서쪽 바다 저 멀리로 돌아가면 인도와 지팡구에 도달할 수 있다는 신념을 갖게 된 것이다. 지팡구란 '황금이 나는 땅'이라는 뜻인데, Japan이라고 부르는 일본 국명이 바로 여기서 유래되었다. 《동방견문록》에는 지팡구에 금으로 덮은 지붕이 많다고 나온다. 황금의 섬이라고 착각을 한 이유가 항해

중 지나가다가 봤는데 일반 서민의 집이 황금처럼 번쩍거렸기 때문이라고 한다. 그런데 그가 본 건 초가집 지붕에 있던 볏짚이었다. 또한 그는 동쪽으로 가면 후춧가루 등 향료와 금이 지천으로 있는, 마르코 폴로가 이야기한 인도에 도달할 수 있다고 확신했다.

콜럼버스는 1479년 결혼했는데, 장인이 마데이라 제도의 포르트 산드 섬의 초대 총독이자 선장이었기 때문에 그도 해도海圖 제작에 종사했다. 그 무렵 피렌체의 의사이자 지리학자이며 수학자인 파올로 토스카넬리는 대서양을 서쪽으로 항해하면 향료의 나라와 아시아에 도착할 수 있다는 자신의 생각과 세계지도를 함께 담은 항해계획서를 포르투갈의 교회지도자 마린스에게 전달한다. 마린스가 이 자료를 왕 알폰소 5세에게 전했으나 그리 큰 호응을 얻지 못하였다. 그런데 이 사실을 알게 된 콜럼버스가 1481년 포르투갈의 왕 후앙 2세에게 자신이 직접 도전해보고 싶다는 의지를 피력한 것이다.

이 무렵 그는 피렌체의 파올로 토스카넬리에게서 지도를 구해 연구한 결과 서쪽으로 항해해도 인도에 도달할 수 있다는 확신을 하게 되었다. 콜럼버스는 대항해의 꿈을 품고 제노바를 떠나 포르투갈에서 지도제작소를 운영하며 자신의 꿈을 펼칠 기회를 찾고 있었다. 나이가 들자 이러한 확신을 실천에 옮기기 위해 선원생활을 청산하고 더 넓은 세계를 보려고 당시 '지구의 끝'이라고 불리는 리스본으로

갔다. 실제 유럽 사람들은 리스본 위쪽에 자리한 '카보 다 호카Cabo da Roca'라는 곳을 지구의 끝이라고 생각했다. 지금도 그곳에 가면 지구의 끝에 다녀갔다는 증명서를 유려한 고어체로 발급하여 관광객들한테 팔고 있다.

콜럼버스가 리스본에 도착했을 때 이미 돈 많은 유대인이 대서양이 바라보이는 전망 좋은 곳에 지도제작소들을 빼곡히 차려놓고 있었다. 콜럼버스도 그 한편에 '콜럼버스 지도제작소'란 간판을 내걸었다. 당시 모험가들은 인도 항로 개척을 위해 희망봉을 돌아가는 방법을 시도했는데 번번이 자연 장애물에 부딪혀 성공하지 못했다. 하지만 콜럼버스의 계산은 달랐다. 대서양을 서쪽으로 가로질러 계속 항해하면 지구는 둥글기에 언젠가는 인도에 닿으리라는 판단이었다. 이후 대서양 횡단을 꿈꾸던 그는 포르투갈의 후앙 2세와 스페인의 가톨릭 왕들에게 지원을 요청했으나 그의 계획이 비현실적이라는 이유로 번번이 거부되었다.

어렵게 이사벨 여왕의 후원을 얻다

장장 17년간 돈줄을 찾아 헤매던 콜럼버스가 우여곡절 끝에 팔로스 항의 수도원장 마르티나 신부의 주선으로 86년 1월 이사벨 여왕을 처음 알현했다. 마르코 폴로의 《동방견문록》에 소개된 '대칸의 나라(원나라)'를 찾아가겠다며 탐험계획 수행을 위한 원조를 구하였다. 이 계획은 특별 심사위원회에 올려졌으나 쉽게 결론이 나지 않았다.

그 무렵 스페인은 이슬람과 10년 전쟁이 막 끝난 시기여서 국고가

∴ 콜럼버스의 이야기를 듣고 있는 이사벨 여왕과 페르난 도 왕

텅 비어 있었다. 더구나 남편 페르난도 왕의 관심은 온통 지중해에만 쏠려 있었다. 이사벨 여왕은 크리스토퍼 콜럼버스를 당시 야전사령부 겸 임시 궁전이던 코르도바의 알 카사르로 불렀다.

음양으로 도움 준 유대인들

당시 궁전에는 3인의 마리노, 곧 개종 유대인들이 있었다. 궁정 유대인 가브리엘 산체스, 시종 J. 가브레로, 왕실의 조세관리관 루이스 데 산탄겔이다. 그들은 이사벨 여왕에게 왕실 재산의 궁핍을 설명하고 만일 콜럼버스가 성공하기만 한다면 거대한 부를 거둘 수 있다고 간하였다. 당시 유럽에는 왕실 내에 '궁정 유대인Court Jew'이란 특이한 직종이 만들어지기 시작할 무렵이었다. 유대인들이 워낙 재정관리와 금융 섭외에 유능했기 때문이다. 궁정 유대인은 오늘날의 재무장관격이었다. 그들의 역할은 군대의 보급, 왕족의 재정대리, 조폐소 책임, 새로운 재원 확보, 차관 교섭, 채권 발행, 새로운 세제 고안 등이었다. 즉 당시 궁정 유대인들이 근대적 재정수단을 동원하여 통치자를 영주나 귀족들의 올가미에서 해방시키는 제도를 만든 것이다.

여왕은 콜럼버스의 요구가 많아 처음에는 부정적이었다. 그러나 왕실의 유대인 조세관리관 루이스 데 산탄겔이 자신이 탐험 비용을 부담해도 좋다고 발언한 것에 자극을 받아 협상 끝에 결국 그를 전폭 지원해주기로 결정하였다. 드디어 1492년 콜럼버스는 스페인 여왕과 산타페 협약을 체결했다. 그는 이 조약에서 세습권을 가진 제독이 되었고, 그가 개척할 식민지의 총독이 되었으며, 개척한 땅에서 얻는 수입의 10분의 1을 독점적으로 소유할 자격을 갖게 되었다.

산탄겔이 항해 비용에 충분한 1만 7000달란트를 콜럼버스에게 마련해주었다. 이사벨은 자금을 제공하는 것 외에도 팔로스 시로 하여금 선박 2척(핀타 호와 니냐 호)을 내주게 하고, 과거의 모든 죄를 면해준다는 조건으로 승무원 모집에도 협력해주었다. 또한 팔로스 항에 사는 핀손이라는 부유하고 유능한 선장이 자기 소유의 선박인 산타마리아 호와 함께 참가했다. 그는 드디어 1492년 8월 3일 산타마리아 호를 중심으로 한 3척의 배에 120명의 선원을 태우고 스페인 남부 팔로스 항을 떠나 인도로 출발했다.

당시 콜럼버스의 항해를 적극 지지했던 여왕의 재정담당관도 기독교로 개종한 유대인이었다. 궁정에 있는 그의 후원자들은 주로 이러한 새 기독교도였다. 그리고 그와 같이 일했던 사람들, 선원은 물론 통역관, 지도 작성자, 항해 기구 제작자 등도 대부분이 유대인이었다. 유대인 천문학자 아브라함 자쿠토가 작성한 항해 지도를 봤고, 요세프 베치뇨가 개발해 놓은 도구를 사용했다. 특히 통역관이었던 루이스 데 토레스도 랍비 출신으로 4개 국어에 능통

❖ 산타마리아 호

한 유대인이었다. 비록 아메리카를 향해 출범하기 직전 세례를 받기
는 했지만….

　콜럼버스의 대항해에는 음양으로 유대인 과학자들과 선원들의 도
움이 있었다. 당시 유대인 수학자나 과학자는 남들보다 먼저 지도와
나침반을 만들어 먼바다를 항해하는 데 필요한 준비를 했다. 마르코
폴로의 글이 유럽인의 지리 지식과 세계관을 어떻게 바꾸어놓았는
지를 잘 보여주는 것이 1375년 스페인의 마요르카라는 섬에서 제작
된 카탈란 지도Catalan Atlas로, 이것은 유럽 최초의 근대적 지도로 유명
하다.

　이 지도에는《동방견문록》에 의해 처음 알려지게 된 지명들이 세
밀하게 기록되어 있으며, 지도의 원래 제목이 라틴어로 '세계의 지도
Mapa Mondi'라 붙여진 것도《동방견문록》의 원제목인 '세계의 서술'과
절대 무관하지 않다. 모두 8장으로 이루어진 이 지도는 동방 세계에
4장을 할애하였다. 동방 세계에 대한 유럽인의 지리 지식이 얼마나
풍부해지고 사실적이 되었는가 하는 것은 이제까지 기독교적 세계
관에 근거한 중세적 지도와 비교해보면 단적으로 드러난다. 마요르
카의 지도 제작자로 '지도와 나침반의 스승'으로 불린 유대인 아브라
함 크레스쿠가 바로 이 지도를
만들었다.

.∴. 1375년 제작된 아브라함 크레스쿠의 지도

　이후 이 지도는 항해자가 바
다를 건너는 데 유용하게 사용
되었다. 그의 아들 자코모 드 마
죠르카 또한 '지도의 유대인'이
라고 불리며 사그레 섬의 해상

관측소 소장으로 일했다.

남반구 항해를 가능케 한 유대인의 〈천측력〉

콜럼버스가 항해를 떠나던 해 3월에 이사벨 여왕은 유대인 추방 칙령을 내리고 만다. 당시 이렇게 추방당한 사람 중에는 유대인 천문학자 아브라함 자쿠토도 포함되어 있었다. 그 무렵 항해가들은 아프리카 서해안을 따라 탐험했는데 북반구에서는 북극성의 고도를 측정하면 대략의 위도를 구할 수 있었다. 경도는 연안을 따라 항해했기 때문에 큰 문제가 아니었다. 그러나 남반구로 내려가면 북극성을 관측할 수 없어 위도를 구할 수 없었다. 이를 해결한 사람이 바로 자쿠토였다. 그는 해의 고도를 측정하는 방법을 고안해 위도와 태양의 적위를 계산해놓은 〈천측력〉을 유대어로 간행했다. 이로써 위도를 구할 수 있게 되어 남반구 항해가 가능해졌다.

그는 스페인에서 추방당하자 포르투갈로 건너가 포르투갈 왕 후앙 2세의 왕실 천문학자가 되었다. 바스코 다 가마는 인도를 탐험하기 위해 떠날 때 자쿠토에게 의견을 구했다. 콜럼버스가 대항해를 결심하게 된 배경에도 자쿠토의 영향이 컸다. 그의 멘토였던 자쿠토는 지구가 둥글다는 사실을 콜럼버스에게 확실하게 각인시킨 인물이었다. 이런 일련의 사실을 본 프랑스의 학자 샤르르 드 라 롱시에르는 "이들 중세 유대인 과학자, 지도 제작자, 천문학자는 아프리카를 도는 항해에서 신세계 발견에 이르기까지의 위대한 발견의 토대가 되었다"고 주장했다.

마지막 난관은 선원 모집이었다. 저 넓은 바다 끝에 가면 한정 없는 벼랑 아래로 떨어져 죽고 말 것이라는 공포감 때문에 배를 타겠다는 사람이 없었다. 콜럼버스의 끈질긴 노력으로 선원들이 채워졌다. 어른 선원의 4분의 1은 승선을 조건으로 사면받은 죄수들이었다.

콜럼버스의 첫 항해에 탑승한 선원 중에서도 우수한 뱃사람, 독도사, 통역사, 외과의사 등 중요 스태프들은 유대인들이었다. 콜럼버스가 이런 유대인 선원들을 만났다는 것은 행운 중에서도 큰 행운이었다. 어쨌든 콜럼버스와 선원들이 한 팀이 되어 거친 대서양을 횡단하여 아메리카 신대륙 발견의 위업을 이룩할 수 있었다.

콜럼버스, 서인도 제도에 도착하다

마침내 1492년 10월 12일 콜럼버스는 신대륙을 발견했다. 출발한 지 70일 만이었다. 거대한 아메리카 대륙이 스페인의 품 안에 들어오는 순간이었다. 이로써 스페인 황금시대의 조건은 모두 이루어졌다.

콜럼버스는 바하마 제도의 구아나아니 섬에 도착했다. 콜럼버스는 자신이 인도의 한 부분에 도착한 것으로 확신하고 신에 대한 감사의 뜻을 표시하기 위해 이 섬을 산살바도르라고 명명했다. '구원자' 또는 '구세주'라는 의미다. 그는 진정으로 자기가 도착한 곳이 인도인 줄 알았다. 그래서 그곳 사람들을 '인디언'이라고 불렀다.

후세 사람들도 아메리카 원주민들이 인도 사람이 아닌 줄 뻔히 알면서도 콜럼버스를 따라 계속 인디언이라고 불렀다. 콜럼버스는 죽는 날까지 자기가 인도를 찾아냈다고 믿었다. 그의 이러한 슬픈 신념을 애도하기 위해 후세 사람들은 그가 찾아낸 카리브 해 섬들을, 인도와는 전혀 상관이 없지만 서쪽의 인도라는 의미로 '서인도 제도'라고 불러주었다.

콜럼버스가 서인도 제도에 도착해서 한 가장 중요한 일은 동방물산같이 돈이 될 만한 토산품을 찾는 것이었다. 그러나 여러 섬을 돌아다녀 보아도 어디에서도 후추 같은 돈이 될 만한 것들은 찾을 수 없었다. 그런 가운데 어느 섬에서 사금이 나는 것을 발견하였다.

콜럼버스는 첫 귀환길에 앵무새와 아메리카 원주민을 대동하여 사람들을 놀라게 했다. 그 뒤에도 사람들은 아메리카의 신기한 동식물들을 많이 갖고 들어왔다. 콜럼버스의 위대한 업적 가운데 하나가 그가 1차 항해에서 돌아올 때 가지고 온 감자와 옥수수 씨앗, 고추, 고구마, 토마토 등 남미산 곡물이었다. 훗날 바로 이 감자와 옥수수가 유럽을 기근에서 구해주었다.

고추의 발견과 전파

콜럼버스는 두 번째 항해 때 서인도 제도의 아이티에서 매운맛이

나는 새로운 향신료, 고추를 발견했다. 고추의 원산지가 바로 중남미 열대지방으로, 인류는 9000년 전부터 고추를 먹어왔다. 고추는 자신이 알고 있던 후추와 전혀 다른 향신료였지만 콜럼버스는 개의치 않았다.

그 뒤 고추는 당시 동양과의 무역을 독점했던 포르투갈인을 따라 동쪽으로 전파되어 인도 너머 일본까지 건너갔다. 이렇게 고추는 50년 만에 세계로 퍼져나가 지역 요리와 빠르게 결합했다. 그리고 1592년 임진왜란 때 일본을 통해 우리나라에 들어와 우리 민족의 입맛을 바꾸어놓았다. 매운 것 좋아하는 사람들은 콜럼버스에게 감사해야 한다.

사탕수수의 중남미 전파

완전한 성공이라고 판단된 첫 번째 항해 덕분에 1493년 9월 25일 출발한 두 번째 항해 때는 17척의 배에 1500명에 달하는 승무원이 경쟁적으로 승선했다. 그는 이때 이베리아 반도 남쪽이자 북아프리카 서쪽 바다에 있는 카나리아 제도의 사탕수수를 카리브 해의 아이티 섬으로 가져간다. 이로써 설탕의 역사는 아랍과 지중해에서 아메리카로 넘어간다.

1509년에 이르러 사탕수수 농장이 이윤을 내기 시작하면서 쿠바, 자메이카 등 카리브 해 전역에 사탕수수가 심어졌다. 그리고 이어 중남미로 퍼져나갔다. 1600년 무렵에는 아메리카 대륙의 설탕 생산이 세계에서 가장 큰 산업인 동시에 부가가치가 높아 엄청난 돈벌이가 되는 산업이 되었다.

그는 두 번째 원정부터는 섬사람들에게 사금을 바치도록 강요했다. 또 이들 원주민을 노예화하여 강제노동을 시켰다. 그 뒤 콜럼버스는 신대륙의 노획물과 함께 원주민들을 노예로 삼아 스페인으로 보내왔다. 여왕은 즉각 그들을 석방하라고 명령하고 신대륙 원주민들을 스페인 신민이라고 선언했다. 그들에게 복음을 전파하고 정의로운 통치를 하는 것이 여왕의 뜻이었다. 그러나 그 뒤 실제 식민지에서는 이러한 여왕의 뜻이 잘 지켜지지 않았다.

근대를 여는 최초의 토르데시야스 조약

한편 스페인은 1493년 콜럼버스가 돌아오자 즉시 로마 교황에게 새로 발견한 지역이 모두 스페인 영토임을 인정받고자 했다. 포르투갈이 반발하자 교황 알렉산드르 6세는 마치 수박을 반으로 자르듯 세계를 나눠 서경 38도를 기준으로 그 서쪽은 스페인, 동쪽은 포르투갈 영토로 나눠 주는 칙서를 내린다. 이 분할에 불만이 있던 포르투갈이 이듬해인 1494년, 이 경계를 약 1300km 서쪽으로 이동시켜 서경 48도를 기준으로 하는 청원에 성공한다. 이에 기초하여 스페인과 포르투갈 간에 근대를 여는 최초의 조약, 곧 토르데시야스 조약이 1494년 6월 체결된다.

교황 자신이 스페인 출신이었다. 무엇보다 스페인 부부 왕의 도움

태평양

태평양　　　대서양　　　인도양

✲✲ 옅은 부분이 포르투갈 세력권, 짙은 부분이 스페인 세력권이다.

으로 교황에 올랐던 처지였기에 그는 콜럼버스의 신대륙 발견 사실을 감안하여 스페인에 일방적으로 유리하게 경계선을 설정한 것이다. 교황은 앞서 말한 것처럼 남북으로 선을 그어 서쪽의 발견지는 스페인이, 동쪽의 발견지는 포르투갈이 차지한다고 선언하였다. 이로써 브라질부터 대서양, 아프리카, 인도양, 인도네시아는 포르투갈 영토가 되었으며 나머지, 곧 아메리카 대륙, 태평양, 필리핀은 스페인의 영토가 되었다. 오늘날 보면 어처구니없는 결정처럼 보이지만 당시에는 교황의 권한이 절대적이었기 때문에 유럽인들에게는 당연한 것으로 받아들여졌다. 물론 종교개혁 이후 다른 유럽 국가들이 이 조약을 무시하고 영토 쟁탈전에 뛰어들었다.

아메리고 베스푸치의 '신세계'

콜럼버스가 카리브 해 연안에 도착한 뒤 자신이 인도에 도착했다

고 주장했으나, 몇 년이 지나도록 카타이나 지팡구라고 생각할 만한
문명 세계가 발견되지 않았다. 그러자 야심적인 항해가들이 각국의
왕실과 계약을 맺고 아시아로 향하는 항로를 찾아 나섰다. 콜럼버스
의 2차 탐험에 동참한 바 있던 알론소 오예다와 후앙 코사도 바로 이
런 탐험가들이었다.

피렌체 출신 아메리고 베스푸치는 1499년 오예다와 코사가 이끄
는 탐사대의 일원으로 항해에 참가하였다. 이즈음에는 바스코 다 가
마가 인도의 캘리컷에 도착한 뒤 귀항하고 있었기 때문에 아직 아시
아로 가는 항로는 알려지지 않고 있었다.

1499년 5월 카디스 항을 출항한 탐험대는 대서양을 가로질러 기
아나 부근에 도착하였다. 여기에서 오예다가 이끄는 탐사대는 북쪽
으로 향했고, 베스푸치가 속한 탐험대는 오늘날 브라질 해안을 따라
남쪽으로 항해했다. 베스푸치는 브라질 북부 해안을 세인트 암브로
스, 아마존 강을 '리오 데 포코 세초Rio de Foco Cecho(숨겨진 불의 강)'라고
명명하면서 계속 남하했으나, 카티가라라고 생각할 만한 인도의 남
단이 발견되지 않았다.

베스푸치는 중간에 회항하여 남미 대
륙을 북상하던 도중 베네수엘라 인근의
보네르 섬에 브라질우드가 많이 식생하
고 있는 것을 보고 이 섬을 '브라질우드
섬'이라고 명명했고, 아루바 섬에서는 집
들이 물 위에 지어져 있는 것을 보고 베
니스를 연상하여 '작은 베니스'라는 뜻
으로 '베네수엘라'라고 명명했다. 오늘날

❖ 아메리고 베스푸치

우리가 사용하고 있는 브라질과 베네수엘라는 모두 베스푸치가 명명한 이름이다.

베스푸치는 1450년 6월 중순 카디스로 귀항하였다. 그는 후견인인 로렌초 메디치에게 쓴 편지에 해안을 따라 400리그를 항해한 결과 이곳이 새로운 대륙이라는 결론을 내리게 되었다고 적고 있다. 길게 뻗은 해안선과 풍향을 점검한 뒤 이곳이 신대륙임을 알았던 것이다. 그는 아메리카 대륙이 아시아의 일부가 아닌 독립적인 대륙임을 알았고, 유럽인으로서는 최초로 브라질 해안에 상륙했으며, 적도 해류의 존재를 인식한 최초의 항해가였다. 그뿐만 아니라 대서양 서반구에서 적도 이남을 항해한 최초의 항해가이기도 했다.

'신세계Mundus Novus'는 아메리고 베스푸치가 1503년 펴낸 소책자의 제목이다. 소책자는 유럽 전역에서 날개 돋친 듯이 팔려나갔다. 아메리고의 항해 경험담은 신대륙 붐을 일으켰다. 그리고 독일의 지리학자이자 지도 제작자인 발트제뮐러는 1507년 신대륙을 아메리카로 표기한 지도를 발간했다. 그는 아메리고 베스푸치의 여행 기록에 근거해 지도를 제작한 후 그 대륙을 그의 이름을 기려 '아메리카'라고 명명했다. 이렇게 신대륙을 '아메리카'로 부르자는 독일 지리학자의 제안으로 소책자가 나온 지 4년 뒤부터 신대륙은 아메리카로 불리기 시작했다.

그가 첫 항해에 나설 때 나이가 40세였다. 불혹의 나이에도 모험에 뛰어든 그를 보고 유럽인들은 앞다퉈 배에 올랐다. 아메리고는 경제사에도 영향을 미쳤다. 18세기 계몽적 사회주의의 원형인 토머스 모어의 소설《유토피아》의 재료가 아메리고 베스푸치와 함께 배를 탔던 선원들에게서 들은 이야기다.

신대륙 남미 유대인들의 신산업, 피어나기도 전에 지다

유대인의 신세계 이주는 포르투갈의 마누엘 왕과 페르난도 드 로론하라는 한 유대인 마라노 사이에 맺어진 약속이 발단이 되었다. 드 로론하는 브라질에 정주할 권리를 얻기 위해 브라질 연안을 매년 약 7000km²씩 탐험하고 그와 함께 항해한 사람들이 살게 될 장소에는 요새를 쌓는다고 약속했다.

1502년 로론하의 5척의 배는 종교재판을 피하려는 유대인 마라노들을 가득 태우고 브라질로 출발했다. 몇 사람 안 되는 승무원 가운데 아메리고 베스푸치도 있었다.

1503년 로론하와 함께 간 마라노들은 브라질에 최초의 요새를 쌓는다. 이들이 신대륙에 자리 잡자 그 후 서유럽에서 추방된 유대인의 행렬이 계속되었다. 유대인의 수는 급격하게 증가했다.

서유럽에서 온 유대인들은 카리브 해의 세인트 토마스에 플랜테이션plantation이라 불리는 최초의 식민지 농장을 세웠다. 또한 브라질에서 담배와 사탕수수를 재배하여 유럽으로 수출했으며 신대륙에서 나는 보석류의 생산과 판매를 연결하는 유통을 장악하고 독점무역을 하였다.

그들은 신대륙에서 귀중한 자유를 찾았다. 한곳에 정착해 농사도 짓고 수출도 하였다. 종교적 자유와 함께 신대륙 남미 경제권이 형성되어 갔다. 16세기 후반에는 그들이 담배와 사탕수수 농장을 여러 곳 소유하게 되어 원료를 수출하고 제품을 수입하는 상인, 재정가들의 두꺼운 층이 이루어졌다.

17세기가 되자 남미에는 서유럽에서 유대인들을 박해했던 스페인

인과 포르투갈인이 대거 몰려왔다. 경작과 무역을 하기 위해 온 유대인들과 달리 그들은 약탈과 강탈을 위해 달려온 것이었다. 그러자 신대륙에도 곧 이단 심문과 종교재판이 닥쳐왔다. 그뿐만이 아니다. 신세계에서의 스페인과 포르투갈의 식민 독점은 오래가지 않았다. 스페인과 포르투갈 사람들이 신대륙에서 가져온 상자에 금은이 가득 찬 것을 안 영국과 프랑스, 네덜란드는 각각 '황금의 나라Eldorados'를 찾아 함대를 보냈다. 이들이 가세하여 치열한 식민지 쟁탈전이 벌어졌다. 해안선에선 함포 사격으로 인한 화약 연기와 노예로 붙들린 원주민들의 비명 소리로 가득하였다. 침략자들의 횡포와 그들이 퍼뜨린 전염병으로 원주민 사회는 급격히 무너져 내렸다.

종교적 자유와 일을 찾아온 유대인들은 더는 그곳에 머무를 수가 없었다. 서유럽인의 박해도 박해려니와 원주민 사회 붕괴로 농장 노동력도 모자랐다. 그들은 살길을 찾아 북아메리카로 다시 이주하였다. 남미 경제가 피어나기도 전에 싹이 짓밟힌 셈이다. 만일 이단 심문과 종교재판이 없었다면 지배적인 문명은 북미가 아니라 남미에서 육성되었을지도 모르는 일이었다.

인간보다 빠르게 신대륙을 접수한 생태계 식물들

이후 대륙 간 인구 이동이 활발해졌다. 많은 유럽인이 신대륙으로 이주해 갔다. 또 1000만 명이 넘는 아프리카인들이 신대륙 플랜테이션에 끌려가 일했다. 다양한 동식물과 심지어 병원균이 인간과 함께 먼 곳으로 이주해 갔다.

그 가운데 특기할 사항이 잡초의 세계적 확산이다. 구대륙에서 신대륙으로 많은 잡초와 식물들이 이주해 갔다. 놀라운 점은 그 반대 방향으로는 그런 일이 거의 일어나지 않았다는 것이다. 이런 점을 두고 한 식물학자는 "식물들이 서쪽으로 이동하는 것은 허용하지만 동쪽으로 이동하는 것은 막는, 보이지 않는 장벽이 존재하는 것 같다"고 말했다. 그 이유는 생태계의 규모 때문이다. 유라시아 구대륙은 신대륙보다 생태계 자체가 엄청나게 크다. 따라서 수억 년 동안 생물들이 치열한 경쟁을 하며 진화했고 그 결과 뛰어난 능력을 갖춘 종만 살아남았다. 이에 비해 생태계 규모가 훨씬 작은 신대륙에서는 상대적으로 덜 치열한 경쟁을 겪으며 동물이든 식물이든 모두 '유순한' 성격이 된 것이다.

　세계 각지의 생물들은 15세기 이후 인간의 급속한 해양 능력의 발전으로 갑자기 조우하게 됐다. 그 결과 구대륙의 강자가 신대륙에 들어가 약자들을 누르며 퍼져나간 것이다. 구대륙의 식물들조차 신대륙에서는 '잡초'처럼 퍼져나갔다. 심지어 나무가 잡초 역할을 했다. 서인도 제도에는 유럽의 오렌지가 들어와서 거대한 숲을 이루었다. 복숭아가 미국 남부 지방에 들어갔을 때에도 마찬가지 일이 일어났다. 영국인 탐험가들이 캐롤라이나로 처음 들어갔을 때 이미 그곳에 유럽인보다 복숭아가 먼저 퍼져서 원주민들이 복숭아를 겨울 양식으로 이용하고 있었다.

　신대륙에 외래종 잡초가 급격하게 퍼져나갔다. 어떤 식물은 초경량 씨앗을 만들어 미세한 공기 흐름으로도 멀리 날아갔다. 이런 풀들은 정말로 근절하기 어려운 잡초로 자리 잡았다. 그런데 왜 이런 풀들이 온 세상을 뒤덮는 일이 일어나지 않을까. 잡초는 살아남을 수는 있지만 온 세상을 뒤덮지는 못한다. 이들은 불안정한 땅을 장악하면 그 토양을 안정시키고, 태양의 뜨거운 광선을 차단해 다른 식물들이 살기 좋은 장소로 만든다. 그러고는 느리지만 더 크고 억세게 자라는 식물들에 점차 자리를 내준다. 말하자면 잡초는 생물계의 적십자 같은 역할을 하는 셈이다. 불안정한 곳에서 응급조치를 취하지만 생태계가 안정된 상태가 되면 오히려 살아남기 어렵다. 사실 잡초는 인간이 생각하는 것처럼 흉악한 존재가 아니라 오히려 생태계가 건강하게 살아가는 데 결정적 역할을 한다.

근대사는 인간의 이주와 정복 그리고 전쟁의 역사라고 생각하기 쉽다. 하지만 사실 그것은 생태계의 교환이라는 더 큰 흐름의 일부분이었다. 가축과 작물, 그보다 훨씬 더 많은 수의 야생 동식물들, 거기에 더해 각종 세균들이 배를 타고 전 세계로 퍼져갔다. 이것이 인간의 세계화보다 더 중요한 생태계의 세계화였다.❖

감자가 유럽을 기아에서 건지다

아메리카 대륙의 발견은 인류 경제사에 또 하나의 큰 획을 긋는다. 1520년경 콜럼버스가 남미에서 가져온 감자와 옥수수가 유럽을 기아에서 구해준 것이다. 처음에는 감자가 그리 환영받지 못했다. 기독교적 전통에서 땅속의 뿌리식물이 악마와 관련된다고 믿었기 때문이다. 게다가 감자의 씨눈에는 솔라닌이라는 독성분이 있는데 이 독

❖ 주경철 서울대학교 교수, 〈경제사 뒤집어 읽기〉, 《한국경제》

소는 감자의 전파 이후 야생에서 식용으로 옮겨질 무렵에 별나게 강했다고 한다. 그래서 17세기까지만 해도 감자를 날로 먹거나 싹이 난 씨감자를 먹으면 식중독에 걸리고 심하면 죽는 사람도 생겼다. 농민들은 감자를 먹지 못할 천한 것으로 여겼다.

그런데 18세기 중엽 독일에 잇달아 흉년이 들었다. 식량 때문에 국가가 흔들리자 왕은 아무 데서나 잘 자라고 가꾸기도 쉬우며 단위면적당 소출량도 많은 감자의 재배와 먹기를 국책으로 장려하였다. 프랑스에서도 흉년이 오자 독일의 사례를 보고 감자 장려정책을 썼다. 감자는 일조량이 부족한 지역에서도 잘 자라기 때문에 이후 기후가 좋지 않은 유럽의 가장 중요한 식량자원의 하나가 되었다. 감자는 미국, 인도, 중국으로도 퍼져나갔다. 감자와 같이 들여온 옥수수, 콩, 토마토, 고구마, 호박, 고추 등은 유럽과 아시아의 식량난 해결에 결정적 역할을 하였다.

또한 서양인의 식사를 풍요하게 만드는 옥수수를 발견한 사람도 유대인 토레스였고 유럽에 담배를 가져온 사람 역시 토레스와 그의 친구 드 제레즈였다. 이미 18세기 전반에 옥수수는 이탈리아의 가장 중요한 작물이 될 정도였고 프랑스에서도 많이 심어졌다.

17세기 후반까지 유럽이 기아에 허덕일 때 프랑스 군인의 평균 키는 162cm 정노었다 한다. 감자와 옥수수가 보급된 후 12년 만에 평균 키가 4cm나 더 커졌다. 어느 정도 영양 부실이 심했는지 짐작하게 한다. 사실 18세기 이후 유럽 인구 급증에서 가장 중요한 역할을 한 것은 이들 새로

운 작물들이었다. 18세기 이후 이것들을 재배하여 진전된 농업 발전은 인류에게 풍부한 먹거리를 제공하였다. 이는 아사餓死를 막아내어 유아사망률 감소로 이어졌고 이로써 세계 인구가 크게 증가하였다.

우리나라에 감자가 도입된 것은 조선 시대 순조 24년인 1824년으로, 만주에서 두만강을 건너 도입되었다고 한다. 이보다 앞서 우리나라에 들어온 것이 고추이다. 콜럼버스가 1493년 멕시코에서 스페인으로 가져온 고추는 붉은 후추red pepper라는 이름으로 유럽에 전파되었다. 이 고추를 포르투갈인이 16세기에 일본에 전파했으며 임진왜란 이후로 우리나라에 들어왔다. 이렇게 전파된 고추는 보온성 작물로서 한반도 전역에 쉽게 퍼져나가 고추장과 김치 등 우리의 전통적인 음식으로 자리 잡았다. 다른 어느 나라보다도 우리 민족이 콜럼버스에게 감사해야 할 일이다.

14세기 시작 즈음 유럽을 크게 놀라게 한 책이 있었다. 바로 마르코 폴로(1254~1324년)의 《동방견문록》이었다. 이 책은 성서 다음으로 많이 읽힌 베스트셀러가 되어 미지의 동방 세계 이야기들을 전해주었다. 한국을 코리아라고 유럽에 처음 소개한 사람도 마르코 폴로였다. 당시 《동방견문록》의 등장은 엄청난 사건이었다.

✤ 마르코 폴로

《동방견문록》의 탄생 배경

13세기만 해도 유럽인 가운데 중국이나 인도에 가본 사람은 거의 없었다. 중국 비단이나 향료도 유럽인들이 직접 가서 가져온 게 아니라 실크로드를 건너온 상품들이 아랍인들에 의해 유럽에 공급된 것이었다. 당시 지중해를 장악했던 이탈리아 상인들도 중국이나 인도에 가서 상품을 사 오고 싶었지만 서아시아를 점령하고 있던 터키를 비롯한 이슬람들이 철벽같이 길을 막고 있어 갈 수 없었다.

그 무렵 아시아 상품을 수입하려면 반드시 육로(실크로드)나 해로(아라비아 해~인도양)를 통해야 했다. 하지만 두 길 모두 이슬람들이 장악하고 엄청난 통관세를 요구하는 등 횡포를 부렸다. 그래서 동서양 간의 물류가 먹통이 되었다.

이 철벽은 13세기 몽골이 서아시아를 지배하면서 잠시(1250~1350년)

열린 듯했으나 그 뒤 티무르 제국과 오스만 제국에 의해 다시 막히고 말았다. 철벽이 무너졌던 약 100년 동안 로마 교황의 명을 받은 존과 베네딕트 수도사 그리고 프랑스 왕 루이 9세의 명을 받은 앤드류 수도사, 윌리엄 수도사가 몽골을 다녀왔다. 당시 수도사들의 동방 방문은 주목적이 전도였기 때문에 크게 조명받지 못했다.

마르코 폴로 일행의 동방 여행기

그러나 당시 베네치아 상인이었던 폴로Polo 일가는 몽골을 방문해 세계 역사의 흐름을 바꿔놓았다. 마르코 폴로의 아버지 니콜로 폴로와 숙부 마페오 폴로는 1260년 콘스탄티노플을 출발해 몽골 원나라에 갔다가 9년 뒤인 1269년 베네치아로 돌아왔다. 당시 몽골은 쿠빌라이 칸이 다스리고 있었다. 그는 칭기즈 칸의 손자로 몽골의 5대 칸이자 원나라의 초대 황제였다. 경교도 신자였던 어머니의 영향으로 기독교에 관심이 매우 많았다.

이들이 귀국할 때 몽골 쿠빌라이 칸 황제의 요청을 가지고 왔다. 그 요청인즉슨 '귀국의 교황에게 부탁해 과학과 천문, 음악 등에 능통한 학자 100명을 원나라로 보내달라'는 것이었다.

폴로 형제는 그레고리우스 10세 교황에게 쿠빌라이 칸의 요구사항을 전달했으나, 왕은 달랑 수도사 2명만 보내주었다. 어쩔 수 없이 폴로 형제는 수도사 2명과 당시 17세의 마르코 폴로를 데리고 원나라로 출발했다. 그들이 어린 마르코를 데리고 간 이유는 중국과의 상거래가 매우 유망하다는 사실을 알고 아들에게 현장을 직접 보여주고 싶어서였다. 그들이 지중해 동쪽에 이르자 수도사 2명은 겁에 질려 돌아가고 말았다. 결국

♣ 마르코 폴로의 여행 경로(1271~1295년)

폴로 가족 셋만 남게 되었다.

이들은 뱃길보다 육로인 실크로드를 통해 동방으로 가기로 했다. 이 길을 통한 여정은 험준한 사막, 이리 떼의 습격, 폭풍우와 눈사태, 모래바람, 도적들, 악령의 소리 등 죽을 고비를 수도 없이 넘긴 고행길이었다. 그렇게 이란 고원과 파미르 고원을 지나서 간쑤성을 통과해 몽골에 이르렀다. 그렇게 폴로 일가 셋은 베네치아를 떠난 지 3년 반 만에 쿠빌라이 칸의 여름 별장에 도착했다. 당시 마르코의 나이는 21세였다.

마르코 폴로, 상인의 눈으로 물건들을 관찰하다

쿠빌라이 황제는 항상 마르코를 옆에 두고 그에게서 서양의 신기한 풍

❖ 원나라의 쿠빌라이 칸

습이나 문화에 대해 이야기 듣는 걸 좋아했다. 마르코는 어학에 뛰어난 재능이 있어 몽골어, 중국어, 위구르어, 티베트어 등을 금방 통달했다. 그의 재능은 쿠빌라이 칸을 만족시켰고 황제의 특사가 되어 여러 지역으로 파견되는 행운으로도 이어졌다. 게다가 그는 여행 중 항상 상인의 눈으로 상품들을 관찰했으며, 진귀한 물건들을 많이 수집했다. 그리고 수집한 진귀한 물건조차 황제에게 진상하여 늘 칸의 마음을 흡족하게 만들었다.

황제는 마르코를 총애했다. 마르코는 17년 동안 황제를 모셨다. 꿈만 같은 시절이었다. 차츰 중국 문물에 익숙해지면서 황제의 명으로 양저우揚州 지방을 3년 동안 다스리기도 했고, 미얀마와 티베트, 인도를 다녀오기도 했다.

하지만 나이가 점점 들면서 마르코는 고향이 그리워졌다. 그는 여러 차례 고향에 돌아가게 해달라고 황제에게 요청했지만 황제는 그를 놓아줄 마음이 없었다. 그렇게 세월을 보내던 중 마침내 기회가 생겼다. 1292년 원나라 공주 코카친이 페르시아 지역일 한국汗國으로 시집을 가게 된 것이다. 공주를 모시러 온 사신들이 험준한 실크로드보다 바다를 통해 가기를 원했는데, 마침 마르코 일행이 바닷길

❖ 쿠빌라이 황제를 만난 폴로 일행

을 잘 알고 있었다. 그래서 마르코는 황제에게 공주를 안내할 수 있도록 부탁했지만 거절당하고 만다. 그럼에도 끈질긴 설득과 부탁을 거듭해 황제의 마음을 돌려 간신히 허락을 받아냈다.

그렇게 마르코 일행은 공주의 여행 안내자로 선발되어 14척의 배를 이끌고 자바, 말레이, 스리랑카, 말라바르 등을 경유하여 18개월 만에 이란의 호르무즈 항에 도착했다. 수행원 600명 중 고작 18명만 살아남는 험난한 여행길이었다. 마르코는 공주와 헤어져 1295년 겨울 24년 만에 고향 베네치아로 돌아왔다.

그러나 고향에 온 마르코는 몇 년 후 베네치아와 제노바의 전쟁에 해군 함장의 고문으로 참전했다가 당시 베네치아 해군 7000명과 함께 포로로 잡혔다. 그는 감옥에서 피사 출신 작가 루스티켈로를 만났는데 이는 그에게 행운이었다. 옥중에서 마르코는 그에게 자신이 여행하면서 겪었던 일과 동방의 신비한 이야기를 들려주고 루스티켈로는 이를 받아 적었다. 그렇게 감옥에서 만난 루스티켈로의 도움으로 《동방견문록》이 탄생했다.

루스티켈로는 마르코의 이야기를 프랑스어로 받아 적었다. 그는 책머리에 "황제나 왕, 공작, 후작, 백작, 기사, 도시민, 그 밖에 이 세상의 여러 인종과 여러 곳의 특이한 풍습을 알고자 하는 사람들은 모두 이 책을 읽어라"라고 적었다. 훗날 이 책은 여러 언어로 번역되어 빠르게 퍼져나갔다.

그뿐만 아니라 15세기 말 콜럼버스를 비롯한 초기 탐험가들도 이 책을 읽고 바다로 멀리 나가도 지구 밖으로 떨어지지 않는다는 것을 알게 되었을지 모른다. 마르코는 1324년 세상을 떠날 때 "나는 아직도 내가 본 것들의 절반도 이야기하지 못했다…"라는 말을 남겼다고 하니 그가

하고 싶었던 말이 얼마나 많았을까.

《동방견문록》은 어떻게 구성되었나

《동방견문록》 내용은 크게 여덟 부분으로 구분된다. '서편'은 마르코 폴로가 여행을 떠나게 된 연유와 여정, 귀국한 뒤 제노바 감옥에 갇혔을 때 루스티첼로라는 작가를 만나 그에게 책을 구술하게 된 내용 등 배경적 설명이다.

나머지 편들은 세계 각지에 대한 설명으로, 먼저 제1편은 현재 소아시아 반도에 해당하는 대·소 아르메니아와 투르크메니아에서 시작해 이라크와 페르시아 지방을 포함하는 서아시아에 대한 기술이다. 제2편은 아프가니스탄에서 파미르를 넘어 타림 분지를 경유하는 중앙아시아 이야기다.

제3편은 몽골 제국의 황제가 사는 수도 상도上都와 대도大都의 모습과 그의 통치에 대해 다루고 있다. 제4편에서는 마르코 폴로가 몽골에 체류하는 동안 체험했던, 당시 '키타이'라고 불리던 중국의 북부와 쓰촨성, 윈난성을 거쳐 미얀마에 이르는 지역을 설명하였다. 제5편은 '만지'라고 불리던 중국 남부를 다루었다.

제6편은 폴로 일가가 중국을 떠나 돌아오는 길에 보고 들은 인도양 각지에 관한 이야기다. 마지막 제7편에서는 중앙아시아 대초원을 중심으로 러시아와 북극 지방까지 다루고 있다. 이렇게 마르코가 설명하는 지역의 범위는 북으로는 '암흑의 지방'이라 부르는 극지대부터 남으로는 자바와 수마트라, 잔지바르, 모가디슈에까지 이르고, 서쪽으로는 아나톨리아 고원부터 동쪽으로는 일본까지 이르고 있으니 사실상 유럽을 제

외하고 당시에 알려진 모든 세계를 포괄한 것이었다.

마르코는 이렇게 광범위한 지역을 대체로 자신의 여행 경로에 맞추어 서술하고 있다. 하지만 전체적으로 하나의 체계를 갖추기 위해 경로에 얽매이지는 않았다. 예를 들어 그는 중앙아시아의 하미에서 중국 서북부의 간쑤 지방을 거쳐 쿠빌라이가 있는 상도로 가는 여행로를 따랐지만, 책에서는 조금 다르게 서술했다. 그는 에치나를 지난 뒤 거기서 북상하여 과거 몽골인들의 수도였던 카라코룸을 설명하고 이어 북으로 올라가 바이칼 호 부근의 바르구 지방에 대해 기록한 뒤, 비로소 자신의 여정으로 돌아와 다시 내몽골 '상도' 지방을 설명했다. 그가 에치나를 서술한 직후 직접 가보지도 않은 카라코룸과 바르구 등지를 삽입시킨 이유는 에치나 부근에서 그것에 관한 이야기를 들어서가 아니라, 여러 지역을 순서에 따라 체계적으로 설명하고 싶었기 때문이다.

이러한 사실은 그가 각 도시와 지역에 대해 서술한 내용을 통해서도 확인된다. 마르코의 글에는 어느 도시에 대한 설명이든 거의 빼놓지 않고 들어가는 몇 가지 항목이 있다. 바로 방위와 거리다. 한 도시에서 다음 도시까지 '어느 방향으로 며칠 거리'에 있는가를 반드시 밝혔다. 그는 해가 있는 동안 말을 타고 갈 수 있는 거리(30km 정도)를 '하루 거리'로 잡고, 방위는 동·서·남·북과 동북·동남·서남·서북의 8방위를 사용했다. 경우에 따라 '동쪽과 동북쪽 사이' 등으로 표현하여 더욱 구체적인 방향을 명시했다.

다음으로 마르코가 빼놓지 않은 항목은 주민들의 특징에 대한 설명이었다. 종교적으로 기독교·이슬람·불교 중 어디에 속하는가, 그들의 주식과 생업은 무엇인가, 어떤 언어를 쓰는가, 정치적으로 누구에 예속되어 있는가 등의 사항들이다. 마지막으로 해당 지방에서 특기할 만한 물산과 동식물을 적었다.

그렇게 쓰다 보니 마르코의 글 가운데 어떤 부분들은 무미건조하고 기계적이라 마치 편람을 보는 듯한 느낌이었다. 그럼에도 이 책이 고전처럼 자리 잡을 수 있었던 이유는 아마도 서구인들 가운데 누구도 일찍이 밟아본 적이 없는, 또는 밟아보았더라도 구체적이고 자세하게 전달하지 못했던 세계를 마르코가 보여주었기 때문이다. 《동방견문록》은 다양한 지역과 주민들의 모습을 마치 파노라마를 펼치듯 생생하게 그려냈다.

특히 그의 글은 마르코의 눈을 통해 여과되고 변색된 것이 아니라 그 자체로 드러나는 세계의 모습들로 채워지면서 독자들을 압도했다. 그의 대화식 표현들은 읽는 이로 하여금 생생한 현장감을 느끼게 했다. "그것을 보지 않고도 믿을 사람은 아무도 없을 것이다" 또는 "들어도 믿기 힘들 정도", "여러분에게 말하건대" 등의 표현은 독자의 의심을 사전 차단하며 자신이 묘사하는 경이로운 것들이 허구와 상상에 의해 날조된 것이 아님을 강조했다.

이 책에는 당시 유럽 사람들이 믿기 어려운 중국의 화폐와 화약 그리고 도자기에 관한 내용이 들어 있다. 마르코의 글은 그가 직접 본 것이든, 들은 것이든 당시 유럽 사람들로선 믿기 어려울 정도로 경이로운 이야기들로 가득했다. 이는 마르코가 "보지도 알지도 못하는 다른 사람들이 이 책을 통해 알 수 있도록 하지 않으면, 그것은 너무나 커다란 죄악이 될 것"이라 단언했던 확신에서 비롯되었다.

그러나 당대에도 마르코의 이야기를 믿었던 사람은 그리 많지 않았다. 그가 허풍으로 꾸며낸 이야기라고 생각했다. 심지어 임종 자리에서 친구들이 마르코에게 글에서 기술한 거짓들을 모두 물리라고 다그치자 그는 웃으며 "아직 나는 내가 본 것의 반도 다 말하지 못했다"고 말했다.

원래 제목은 《동방견문록》이 아니다

우리에게는 흔히 《동방견문록東方見聞錄》으로 알려진 이 책을 서구에서는 《마르코 폴로의 여행기Travels of Marco Polo》라 한다. 중국에서는 《마가파라유기馬可波羅游記》 또는 《마가파라행기馬可波羅行記》라고 부른다. 우리에게 친숙한 《동방견문록》이라는 제목은 일본 용례를 그대로 차용한 것이다. 사실 이 책 어디에서도 《동방견문록》이라는 제목을 찾을 수 없다. 이는 후대 사람들이 붙인 이름에 불과하다. 이 책의 원제목은 《Divisament dou Monde》로, 《Description of the World》, 곧 우리말로는 《세계의 서술》이다.

이 《동방견문록》과 《세계의 서술》이라는 표현은 크게 2가지가 다르다. 하나는 내용이 지닌 특성의 문제이고, 다른 하나는 글이 다루는 범위의 문제이다. 곧 《동방견문록》이란 제목은 서구인이 '동방'을 여행하고 얻은 체험과 견문을 적은 여행기를 의미하지만, 《세계의 서술》은 동방과 서방을 막론하고 세계 전체에 대한 체계적인 설명임을 나타낸다. 하지만 막상 책을 상세히 읽어보면 후자의 제목이 책의 내용에 훨씬 더 어울린다는 것을 알 수 있다.

실제 《동방견문록》에는 오늘날 우리가 사용하는 동양과 서양 또는 동방과 서방이라는 이분법적 개념이 보이지 않는다. 마르코 폴로 당시에는 우리가 지리적으로 아시아라고 부르는 지역을 통칭하는 지리적 개념이나 용어조차 존재하지 않았다. 비서구 사회를 통칭하여 동양이라고 부르

∴ 마르코 폴로의 《동방견문록》

는 사고방식은 서구의 자본주의가 발달하고 여타 지역에 대한 식민지 지배가 확대되면서 생겨난 것이다.

《동방견문록》이라는 제목은 마치 서구인이 동양을 방문하고 기록한 여행기라는 인상을 주지만, 내용을 보면 아시아는 물론 아프리카와 러시아까지도 포함하고 있다. 결국 다루는 범위는 서구를 제외한 나머지 세계 전역이다.

또한 '견문록'이라고 하면 보통 어느 지역을 다니며 보고 듣고 느낀 점들을 정리하고 기술한 일종의 여행기 같은 의미다. 그런데 여기에는 그러한 여행기에서나 볼 수 있는 개인의 감상이나 흥취가 극도로 억제되어 있다. 어디서 누구와 무슨 이야기를 했고 어떤 느낌을 받았는지 같은 개인적인 서술은 거의 찾아보기 어렵다. 이는 마르코가 이 책을 쓴 목적이 자신의 경험담을 이야기식으로 늘어놓으려는 것이 아니었기 때문이다. 오히려 그는 당시 유럽 사람들에게 낯선 세계의 여러 지역을 소개하고 체계적으로 설명하려고 노력했다.

《동방견문록》을 둘러싼 많은 주장들

세계 4대 기행서의 하나로 손꼽히는 《동방견문록》의 가치는 크다. 이 책은 당시 전성기를 맞이했던 몽골 제국을 구석구석 체험하면서 중국이 이룩해온 문화를 제대로 소개하고 있다는 점에서 상당한 의미가 있다. 그 시절 중국 문화는 세계에서 가장 뛰어나고 빛나는 것이었다.

무엇보다 유럽인의 시각과 몽골 관리로서의 시각이 복합적으로 들어가 일반적인 여행서가 가지기 쉬운 자기중심적 편견으로부터 벗어나 있다. 그리고 17년 동안 중국에 체류한 덕분에 중국에 대한 기본적인 이해가 바탕에 깔려 있다는 점에서 뛰어나다.

그래서 뿌리 깊은 중국의 중화사상과 유럽 중심주의에서도 벗어날 수 있었다. 특히 유일신 신앙인 기독교를 토대로 한 유럽은 자기들 외에도 또 다른 위대한 문화를 보유하고 있는 존재들이 있다는 걸 아는 계기가 되었다.

∴ 마르코 폴로의 허풍을 주장하는 책 《밀리오네》의 일부

하지만 중국 중화사상과 마찬가지로 유럽도 자문화 중심주의가 뿌리 깊게 박혀 있었다. 《동방견문록》이 세상에 처음 빛을 본 당시에 마르코의 가까운 친구들조차 책의 내용이 거짓말이라 단정하며 그에게 회개할 것을 권유했다는 일화가 있다.

당시 유일신을 믿으며 자기들만이 뛰어난 문명인이라고 자부하던 유럽인들은 자신들 외에 다른 뛰어난 문화가 있다는 사실을 받아들일 수가 없었다. 옛날 지동설이나 진화론에 대한 당시 유럽 사람들의 반응을 떠올려보면 《동방견문록》이 유럽에 던진 충격을 짐작해볼 수 있다. 이 책은 지동설이나 진화론보다도 훨씬 이전 시대의 것이었으니 얼마나 더했겠는가.

그래서 《동방견문록》은 많은 오해를 낳았고 여러 차례 변형을 거쳤다.

🔹 콜럼버스가 메모하며 읽은 《동방견문록》

오늘날 루스티첼로가 마르코 폴로의 말을 받아 적은 《동방견문록》의 원본은 남아 있지 않고 140여 종의 서로 다른 판본만 전해지고 있다. 원본이 무색할 정도로 엄청난 판본들만 존재하는 셈이다.

그리고 여기서 여러 주장이 엇갈린다. 루스티첼로가 작가였다는 점에 주목해 책의 상당 부분이 과장되고 미화되었다는 주장에서부터 마르코 폴로가 중국에 가본 적이 없다는 주장까지 다양하다.

작가 루스티첼로의 글에 대한 과장이나 미화는 충분히 가능한 일이지만 마르코가 중국에 가본 일이 없다는 주장은 《동방견문록》의 엄청난 인기에 비해 매우 충격적인 주장이다.

어쨌든 간에 《동방견문록》은 최고의 역사적인 사료임에 틀림없다. 유럽에 중국이라는 거대한 문명국을 소개하고, 유럽인들에게 동방에 대한 환상과 모험 정신을 불어넣어 주었으며, 문화적인 충격 또한 안겨주었다. 훗날 콜럼버스가 자극을 받아 《동방견문록》을 품에 안고 대항해에 나선 것도 당연한 일이었다.🌣

🌣 마르코 폴로 지음, 권미영 옮김, 《동방견문록》, 일신서적, 1991; 김호동, 《서양의 고전을 읽는다》, 휴머니스트, 2006; 이경덕, '동방견문록 서평', http://ch.yes24.com/Article/View/28648; 윤경철, 《대단한 지구 여행》, 푸른길, 2001

III

그 무렵 동양은

JEWISH ECONOMIC HISTORY

13세기 칭기즈 칸은 중국 대륙과 중앙아시아 그리고 러시아와 유럽 일대의 땅 777만 km²를 정복했다. 이는 알렉산더 대왕과 나폴레옹 그리고 히틀러, 세 정복자가 차지한 땅을 합친 것보다 더 넓다. 칭기즈 칸이 이끄는 몽골군이 이 넓은 대륙을 순식간에 정복한 힘은 무엇이었을까? 바로 사거리가 긴 복합궁과 신출귀몰한 기동력 덕분이었다. 몽골 기병이 쏘는 활, 복합궁은 사거리가 300m를 넘었다. 그 무렵 유럽이나 러시아군은 주로 칼과 창에 의지했고 그들 궁병이 쏘는 활의 사거리는 100m 남짓이었다. 더구나 유럽 궁병이 화살 한 발을 쏠 때 몽골 기병은 어깨에 메고 다니는 짧은 활로 다섯 발을 쏠 수 있었다.

결정적인 차이는 기동력이었다. 몽골 기병은 한 명이 서너 마리의 말을 끌고 다니면서 바꾸어 타는데 하루 이동거리가 200km에 달해 당시로서는 상상할 수 없이 빠른 속도였다.

대규모 부대가 움직일 때는 보통 그 뒤를 따라가는 보급부대가 있었다. 식량과 보급품들을 지원해줘야 하기 때문이다. 보급부대와 같이 움직이는 부대는 기동력이 빠를 수가 없는데 몽골군은 이러한 보급부대를 끌고 다닐 필요가 없었다. 몽골군은 장병 스스로 자기가 먹을 걸 안장 밑에 갖고 다니며 식사를 해결했다. 그 안장 밑 음식이 바로 육포다.

몽골군은 겨울에 소를 잡아 살코기 부분만을 두께 2~3cm, 폭 5~7cm 정도로 잘라 줄에 매달아 바싹 말렸다. 건조한 기후 덕분에 고기의 수분이 완전히 제거되어 무게와 부피가 크게 줄어들었다. 이것을 돌멩이로 두들겨서 가루로 만들기도 했다. 주로 쇠고기로 만들지만 양고기, 말고기, 물고기로도 만들었다. 이렇게 만든 걸 '보르챠'라 불렀는데, 부피가 작고 가벼워 운반이 쉬웠다. 몽골군은 이를 소의 방광에 넣어 보관했는데 2~3년 동안 장기간 보관해도 변질되지 않았다. 냉장고가 없던 시절, 보관이 용이한 최상의 단백질 공급원이었다.

몽골군은 보르차를 미숫가루처럼 뜨거운 물에 타서 불려 먹었다. 바짝 말랐던 육포가루가 서서히 부풀어서 한 끼 식사로 충분했다. 육포 한 봉지가 일주일치 비상식량이었다. 특히 전쟁 중에 불을 피워 조리할 필요도 없어 적에게 쉽게 노출되지 않아 신출귀몰한 기습작전이 가능했다.

01

광활한 제국을 건설한 몽골

역사상 가장 컸던 몽골 제국의 출현

13세기에 발생한 한 역사적 사건이 유럽 전역을 발칵 뒤집어놓았다. 다름 아닌 칭기즈 칸(1162~1227년)이 이끄는 몽골의 출현이다. 몽골Mongol이란 본래 '용감한'이란 뜻을 지닌, 칭기즈 칸이 태어난 부족 이름이다. 13세의 어린 소년이 족장 자리를 물려받았을 때 부친은 그에게 태무진이라는 이름밖에는 물려준 것이 없었다. 태무진은 허약한 자기 부족을 위해 싸워야만 했다. 그 뒤 태무진이 이끄는 일개 부족이 몽골 전체를 통일하고 그는 1206년 몽골족의 의사결정 회의체인 쿠릴타이에서 칭기즈 칸의 칭호를 받고 초원의 패자가 된다. 그것은 땅에

∗∗ 칭기즈 칸

서 신을 대표하는 '최고 통치자'라는 뜻이다.

1206년 칭기즈 칸이 몽골 초원을 통일하고 대집회(쿠릴타이)를 열어 '몽골국'의 탄생을 선포했다. 이때 휘하에 들어온 유목민을 모두 천호千戶로 편성했는데 총수는 95개였다. 9만 5000호란 이야기다. 만약 1호를 평균 5명으로 계산한다면 당시 칭기즈 칸이 지휘한 몽골인은 남녀노소 다 합해봐야 50만 명 정도밖에 되지 않는다. 같은 시기 중국의 인구는 북쪽의 금나라와 남쪽의 송나라를 모두 합해서 이미 1억 명을 넘고 있었다. 그렇다면 단순한 산술적 계산으로도 1 대 200이라는 비율이 나오는데, 1당 200의 기적은 도대체 어떻게 가능했던 것일까. 이들이 세계 역사를 바꾸었다.

1206년 그는 드디어 눈길을 초원 밖으로 돌렸다. 남쪽으로는 조상 대대로 주군 노릇을 해온 여진족의 금나라가 있었고, 서쪽으로는 이슬람권의 신흥 강국 호라즘이 버티고 있었다. 그러나 칭기즈 칸은 이들과 전쟁할 생각이 전혀 없었다. 그는 초원의 맹주로 만족할 수 있었다. 다만 이제 막 건설된 몽골국의 원활한 경영을 위해서는 이들 나라와 교역 관계를 유지하고 초원에서 생산되지 않는 물자를 지속적이고 안정적으로 공급받을 필요가 있었다.

후일 칭기즈 칸이 금나라를 치고 호라즘을 원정한 것은 사실이지만, 그것은 그런 나라들을 정복하여 멸망시키고 지배하려던 것이 아니다. 오히려 그들이 상호 체결한 조약을 무시하거나 교역을 위해 파견한 상인단을 살해했기 때문이다. 전쟁은 그것을 응징하기 위해서 시작된 것이었다. 그가 처음부터 정복하고 통치할 의도를 가진 것은 아니었던 것이다. 그러나 적국들이 패배를 인정하지 않고 저항을 계속하자 응징과 보복의 강도는 더욱 높아갈 수밖에 없었다.

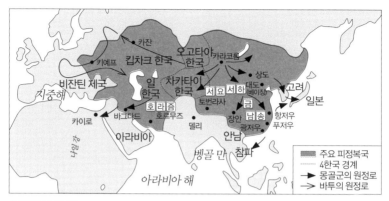

∴ 몽골군의 원정로

    이후 응징전쟁에서 정복전쟁으로 본격적 전환이 이루어졌다. 먼저 그는 1211년 대군을 이끌고 남하하여 금나라를 공격했다. 1215년에 몽골군은 중두中都를 점령하고 요서에서 금의 수비군을 궤멸시키고 베이징北京을 점령했다. 이 통에 금나라는 수도를 베이징에서 카이펑開封으로 옮겼으나 1234년 몽골에 의해 멸망했다. 그리고 칭기즈칸은 1218년에 서요마저 멸망시키고 이듬해에는 20만 대군을 이끌고 서방원정을 시작하여 1219~1226년 8년 사이에 중앙아시아 전체를 평정했다.

    우리는 가끔 그들을 몽고라고 부르는데 몽고蒙古라는 이름은 지난 수천 년 동안 북방 민족으로부터 시달려온 중국인들이 몽골을 비하하기 위해 '우매할 몽蒙'과 '옛 고古'를 사용한 데서 비롯된 것이다. 오늘날 그들의 정식 명칭은 '몽골리아 공화국'이다.

    중앙아시아를 정복한 칭기즈 칸은 1223년 제베와 수베데이로 하여금 코카서스 산맥을 넘어 러시아를 공략하도록 했다. 몽골군은 2만 명, 러시아군은 8만 명, 그리고 당시 러시아군들은 갑옷과 투구

로 완벽하게 무장한 기사들이
었다. 몽골군은 러시아군과 교
전하다가 힘이 부치듯 달아나기
시작했다. 잡힐 듯하면 달아나
고 잡힐 듯하면 달아나고, 무려
일주일간 달아나기만 했다. 러시

아군의 추격은 계속되고 행렬은 길게 늘어지기 시작했다. 장병과 말
이 지칠 대로 지쳤다.

이때 갑자기 몽골군이 일제히 멈추더니 모두 새로운 말로 갈아탔
다. 공격의 선봉은 경기병으로 일급 궁수들이었다. 이들은 일제히 활
을 쏘며 길게 늘어진 러시아군 대열을 휘젓고 돌아다녔고 러시아 진
영은 눈 깜짝할 사이에 흐트러졌다. 그들이 혼란에 빠졌을 때 경기병
들은 사라지고 순식간에 중무장한 기마대가 나타났다. 중기병들은
가볍게 무장한 경기병과 달리 쇠미늘 갑옷에 흉갑을 두르고 전투용
도끼와 활 2개를 갖고 다녔다. 3.6m에 달하는 긴 창을 자유자재로
내질렀다.

러시아군 선봉대가 무너지자 잠시 사라졌던 경기병들이 다시 나
타나 러시아군 본진에 비 오듯 화살을 쏘아댔다. 러시아군이 우왕좌
왕하자 경기병들은 다시 중기병들에게 전투를 넘기고 러시아군 후
방을 차단하기 시작했다. 퇴로마저 차단당한 러시아군은 추풍낙엽
으로 몽골군의 창칼에 맥없이 쓰러져 갔다.

아무도 모르는 칭기즈 칸의 무덤

칭기즈 칸은 생애 마지막 원정인 탕구트 정복을 끝낸 뒤 숨을 거두었다. 1227년 8월이었다. 로마 교황청에 대한 대대적인 원정도 계획되었으나 그의 돌연한 죽음으로 무산되었다. 그가 죽자 몽골 지도부는 남은 원정 계획을 취소하고 즉각 귀국을 결정했다. 죽음을 비밀로 하라는 그의 유언 때문에 몽골로 돌아가는 길에 장례 행렬을 목격한 사람들은 모두 그 자리에서 처형되었다. 따라서 그의 시신은 그가 등극한 장소인 몽골의 오논 강 근처에 매장되었을 것으로 추정되나 아무도 그 위치를 모른다.

칭기즈 칸은 큰아들에게는 킵차크 한국, 둘째 아들에게는 차카타이 한국, 셋째 아들에게는 오고타이 한국, 그리고 손자에게는 일 한

국을 물려주었다.

그 뒤 1234년 바투를 총사령관으로 하는 몽골군은 서방원정을 단행했다. 각 집안의 큰아들만 징발해서 편성했다고 하여 '장자원정군'으로 알려진 이 군대의 총사령관은 칭기즈 칸의 큰아들인 주치의 장자 바투였다.

원정군은 유라시아 초원을 가로질러 볼가 강에 이르렀다. 몽골군의 첫 희생자는 볼가 강변에 사는 불가르인이었다. 튀르크계가 7세기에 세운 불가르는 강을 이용한 교역이 발달한 나라였다. 몽골군은 첫 상대인 이 불가르를 쉽게 제압했다. 저항하거나 달아나는 킵차크인들을 손쉽게 제압하고 그들 대부분을 자신들의 기마단으로 흡수했다. 전쟁을 하면서 군사가 늘어나고 힘이 더 강해지는 몽골군의 특성이 여기서도 그대로 적용된 것이다. 원정 출발 당시 5만 명 남짓하던 몽골군은 순식간에 15만 명으로 3배나 늘어났다.

불가르와 킵차크를 정복한 몽골 군대는 1237년 코카서스 산맥을 넘어 러시아를 공략했다. 당시 러시아는 여러 공국으로 나누어져 서로 유기적인 협력체제가 결여되어 있었기 때문에 그 뒤부터는 몽골군의 침공에 대해 속수무책이었다. 콜롬나, 모스크바, 블라디미르 등의 도시가 차례로 유린되었고, 1240년 겨울에는 수도 키예프가 함락되었다. 도시 전체가 잿더미로 바뀌었다. 남부 러시아는 대부분 몽골의 지배 아래 들어갔다.

몽골군은 다음 해에 카르파티아 산맥을 넘어 헝가리를 공격했고, 폴란드로 들어간 선봉대는 리그니츠 벌판에서 2만 명의 폴란드와 독일 기사단을 괴멸시켰다. 이렇게 해서 동구권을 휩쓴 몽골군은 전군을 집결하여 서유럽으로 진입할 준비가 되어 있었으며 이를 저지할

∴ 몽골 제국의 최대 영토

세력은 어디에도 없었다. 유럽의 운명은 그야말로 풍전등화와 같았다.

유목민, 노마드Nomad. 정주민족은 절대로 이들을 이길 수 없다. 정착사회에서 곱게 태어나 편하게 자란 민족이 사막과 황야의 시련에 단련되고 초원을 내달리는 기상을 지닌 유목민을 이길 수는 없는 법이다. 역사가 이를 증명하고 있다. 이것이 이치다.

불과 8만으로 시작한 군대로 몽골은 반세기 만에 인류 역사상 가장 큰 제국을 건설했다. 실로 대단한 속도전이었다. 그들이 정복한 땅은 동쪽으로 태평양, 서쪽으로 폴란드와 헝가리, 남부 독일과 오스트리아에까지 이르렀다. 머지않아 유럽 전체가 몽골의 말발굽 아래 놓일 신세였다.

그러나 1242년 여름 몽골군은 모든 작전을 중지하고 철군을 시작했다. 동쪽 멀리 몽골 고원에서 칭기즈 칸의 아들 우구데이가 사망했다는 소식이 전해졌기 때문이다. 자신이 다음 후계자가 되느냐 마느냐 하는 초미의 관심사를 두고 전쟁을 계속할 수는 없었던 것이다. 역사에 가정법은 없다지만 만약 그때 바투가 본국으로 돌아가지 않았다면…?

기마전술에 능한 몽골군

몽골군은 다섯 살 때부터 말을 타 달리는 말 위에서 활을 쏘는 등 갖가지 기마전술에 능했다. 특히 달리는 말에서 뒤돌아 활을 쏠 수 있어서 철수하면서까지 적에게 큰 타격을 입혔다. 유럽 병사들은 그들이 공격할 때도 두렵지만 철수할 때도 두렵기는 매한가지였다. 애초 쫓아갈 엄두를 못 냈다.

게다가 철로 된 갑옷을 입고 중무장을 한 유럽 병사들은 가죽옷 밑에 비단으로 짠 가벼운 갑옷과 무릎 아래를 단추로 채우는 바지를 입은 날쌘 몽골 기마병들한테 애당초 적수가 되지 못하였다. 이는 화살이 가죽옷에 튕겨 나가거나 몸에 꽂힐 경우라도 비단이 같이 딸려 들어가 깊이 박히지 않았다. 또 설사 박히더라도 쉽게 화살을 빼낼

수 있을 뿐만 아니라 가볍고 질겨서 기마병들의 신속함과 방어를 동시에 만족시킬 수 있었다.

유럽 기사들이 입었던 중기갑은 70kg에 달했지만 칭기즈 칸의 경기갑은 겨우 7kg도 안 되

었다. 몽골 기마병들은 몸이 가벼워 치고 빠지는 기습공격에 능했다. 유럽군은 일부만 기병이나 몽골군은 태반이 기병이었다. 당시 몽골군은 약 12만 명이었는데 그 가운데 8만이 기병이었다. 게다가 그들은 한 사람이 여러 필의 말을 끌고 다니면서 말이 지치면 바꾸어 탔다. 유사시 잠깐의 휴식으로 하루에도 120~200km씩 이동할 수 있었다. 기동력에서 상대가 안 되었다.

몽골군들은 안장에 소의 방광을 말린 신축성 있는 가죽으로 만든 방수 주머니를 싣고 다니다가 깊은 강을 만나면 이 주머니를 부풀려 강을 건넜다. 이 주머니에는 보통 옷, 바늘, 실, 낚시와 줄, 손도끼, 철제 냄비 등 일상용품과 물과 말 젖을 넣은 가죽포대 2개가 들어 있었다. 휴대식량 역시 소의 방광을 말린 신축성 있는 포대에 소 한 마리분의 육포를 가루로 만들어 넣고 다녔다. 병사의 1년치 식량이 간단하게 해결되어 뒤에 따라오는 병참이 필요치 않았고 최고의 기동성을 낼 수 있었다. 그 밖에 훈제고기와 수수 그리고 요구르트가 있었다. 대부대의 난제 중의 난제인 병참이 이처럼 인스턴트 식품으로 간단히 해결되었다.

더구나 몽골의 말은 유럽의 말과 달랐다. 말은 태어난 지 1~2년 동안 초원에서 달리는 법을 배우고 3년이 되어야 사람을 태웠다. 4년째에 거세한 말은 유순해져 말을 잘 들으며 거친 날씨에 잘 견딘다. 거세를 안 하면 잘 울부짖어 매복 작전 시 불리했다. 몽골 말은 서양 말보다 지구력과 급회전 능력이 뛰어나고 쉽게 놀라지 않아 전투 시에 다양한 전술을 구사할 수 있었다. 서양 말은 몽골 말보다 관절이 약하고 발굽에 쇠 편자를 신고 달려 급회전이나 급제동력이 몽골 말보다 현저히 뒤떨어졌다.

두 종류의 화살로 연사 능력을 높이다

경기병들은 짧은 활과 화살 30개를 담은 화살 통 2개를 휴대했는데 여기서 주목할 만한 것은 그들의 활이다. 동물의 뼈와 힘줄로 만든 복합 활은 레커를 칠해서 방수가 되었고 엄청난 힘으로 사거리도 320m까지 쏠 수 있었다. 화살은 멀리 쏘기 위한 길고 가벼운 비전飛箭과 끝이 무거워 갑옷을 뚫을 수 있는 근접 전투용 두 종류로, 한 사람이 한 통에 각각 30개씩 가지고 다녔다. 게다가 화약통을 화살촉에 단 불화살까지 이용하였다. 더구나 몽골군은 연사 능력이 뛰어나 유럽군이 1분에 2발 정도의 화살을 쏠 때 10발을 연속하여 쏠 수 있었다.

더욱 결정적이었던 것으로 당시에 벌써 철화포鐵火砲라고 하는 폭탄을 사용하였다. 철화포는 요새의 수류탄과 비슷한 화약 무기였다. 이것이 발달하여 나중에 대포와 총이 되었다. 유럽인들은 이 폭탄에 혼비백산하였다. 이는 화약과 화기가 유럽에 전파되는 계기가 되었다.

뛰어난 조직력과 정보력

몽골군은 무기뿐만 아니라 조직력과 정보력 그리고 정보전을 이용한 전술·전략에도 능했다. 군제 및 조직은 살던 부락을 그대로 유지하였다. 단결력과 협동심이 높을 수밖에 없었다. 조직은 초기에 십진법을 채택하고 십이나 백은 대개 씨족으로 이루어졌다. 천은 씨족 또는 연합이 대표하고, 만은 사회적으로 다른 여러 단위를 포함하였다.

연락체계, 즉 통신부문은 칭기즈 칸이 가장 중시한 것으로 5km 마다 참을 두어 중국의 역참제도를 이용하였다. 전속력으로 달리는 말이 참에 도착하면 다음 파발이 릴레이하듯 받아 최고 속도로 달린다. 그 광활한 4000km의 횡단을 불과 10일 만에 주파해 유럽인이 엄두도 낼 수 없는 가공할 속도를 보였다. 보고는 대개 구두로 이루어졌는데 보고 내용은 가곡을 편곡하여 노래로 불러 잊어버리지 않게 하였다.

칭기즈 칸의 기병대는 제대로 글을 읽지 못했음에도 알렉산더 대왕이 정복한 땅보다 4배나 큰 제국을 건설했다. 공유하고자 하는 목표가 최고 위치의 칭기즈 칸부터 말단 사병에게까지 이른 시간에 전달될 수 있었던 것은 상하 간에 의사소통이 원활하게 이루어졌기 때문이다. 보급은 빈 말떼를 이용했는데 기본 원칙이 전쟁 중 빼앗은 전리품으로 충당하는 것이었다. 당시 전통 몽골문자는 글자 수가 많고 현실 발음과 차이가 나며 무엇보다 글자가 어려워 문맹률이 높을 수밖에 없었다. 따라서 1940년대 이후 러시아의 키릴문자를 차용해서 러시아 글자보다 두 글자가 더 많은 몽골문자가 생기게 되었다.

마르코 폴로가 《동방견문록》에서 묘사한 역참

마르코 폴로는 《동방견문록》에서 역참에 대해 이렇게 묘사한다.

"각 지방으로 가는 주요 도로변에 25마일이나 30마일마다 이 역참이 설치되어 있다. 이 역참에서 전령은 명령을 기다리며 대기 중인 300~400마리의 말을 볼 수 있다. (…) 이러한 방식으로 대군주의 전령은 온 사방으로 파견되며, 그들은 하루 거리마다 숙박소와 말을 찾을 수 있다. 이것은 정말로 지상의 어떤 사람, 어떤 국왕, 어떤 황제도 느낄 수 없는 최대의 자부심과 최상의 웅장함이라고 할 수 있다. 여러분은 그가 이들 역참에 특별히 자신의 전령이 쓸 수 있도록 20만 마리 이상의 말을 배치해놓았다는 사실을 알아야 할 것이다. 또한 내가 말했듯이 멋진 가구들이 갖추어진 숙사도 1만 곳 이상에 이른다."

유대인 상인조직과의 공조가 성공 요인

특히 칭기즈 칸은 당시 실크로드를 오가며 무역을 하던 유대인과 아랍 상인들에게 그들의 활동을 장려하고 안전을 약속함으로써 그들의 지지를 얻는 데 성공하였다. 몽골군의 승리만이 상업의 번영을 가져올 수 있다고 판단한 그들이 각 민족의 국내 정세에 관한 상세한 정보를 칭기즈 칸에게 알려주었다. 칭기즈 칸은 또 그들을 통해 몽골군에 대한 과장된 소문을 유포시킴으로써 싸우기도 전에 적을 공포 속에 몰아넣었다.

이렇게 당시 유대 국제 상인조직의 뒷받침이 결합되어 전무후무한 정복 드라마가 펼쳐질 수 있었다. 오늘날로 말하자면 네트워크를 만들어나갔는데, 뜻만 같이할 수 있다면 출신 성분을 가리지 않고 평생 동지로 받아들이는 개방성을 보였다. 이후 실크로드를 몽골군이 장악한 뒤에는 황금을 머리 위에 이고 다녀도 아무 염려가 없을 정도로 안전한 상로로 탈바꿈하였다. 이로써 베네치아 등 이탈리아 도시국가의 유대인들에게 아랍인의 중계 없이 동방에 더 안전하게

다가갈 길이 열린 것이다.

중세의 가장 위대한 여행가 유대인 이븐 바투타(1304~1368년)는 30년 동안 해상로와 육로를 통해 세계를 두루 돌아다니고 그 견문담을 실은 여행기를 남겼다. 그는 중국을 전부 돌아다니지 않았음에도 중국의 여러 가지 풍습에 관해 이야기하고 있다.

"여행가와 상인에게 중국은 지구상의 모든 나라 중에 가장 좋은 나라임에 분명하다. 이 나라에서는 보물을 잔뜩 지니고도 혼자서 도보로 9달 동안을 아무런 걱정 없이 다닐 수가 있다. 그 이유는 각 숙박지마다 그 지역에 배치되어 있는 기병대와 보병대의 지휘관이 감시해주는 여행객 숙소가 있기 때문이다. 해가 진 후 이슥한 밤이면 그 지역 지휘관은 부관을 대동하고 여행객 숙소에 들러 그곳에서 밤을 보내는 여행객들의 이름을 적어 명단을 봉한 다음 여행객들의 외출을 금지시킨다.

다음 날 아침 부관과 함께 숙소에 다시 나타난 그는 명단에 적힌 모든 사람의 이름을 확인하고 그들의 신상에 관해 상세히 기록한다. 그런 후 부하 한 사람을 시켜 다음 숙박지까지 여행객들을 안내해주고 그곳의 지휘관에게서 모든 여행객의 무사한 도착을 확인하는 편지를 받아 오는 임무를 맡겨 여행객들에게 딸려 보낸다. 만약 여행객들의 신상에 이상이 발생하면 전 숙박지의 부대장이 책임진다. 바로 그러한 제도가 이 나라의 모든 여행자 휴게소에서 실행되고 있다.

그리고 이 휴게소에는 여행객에게 필요한 식량이 충분히 구비되어 있는데, 닭과 거위가 많고 양은 거의 찾아보기 어렵다. 이제 우리의 여행에 대해 구체적으로 얘기하도록 하겠다. 우리가 해상 여정을 마치고 배에서 내려선 중국의 첫 도시는 제이툰이란 곳이었다. 그곳은 대단히 웅장하고 번화한 도시이며, 그 지명을 본떠 제이투니아라는 무늬 있는 비로드와 자수 천을 생산한다. 제이툰의 항구는 세계에서 가장 큰 항구 가운데 하나이다. 그곳에서 나는 100여 척의 대형 선박을 보았고, 소형 선박은 수도 없이 많이 보았다."

유대 국제 상인의 왕래가 빈번해지자 중국으로 오가는 길목에 이탈리아 도시국가의 화폐가 통용될 정도로 아시아 교역은 활기를 띠었다. 개방은 이뿐만이 아니다. 정복한 뒤에 제일 먼저 챙기는 것이 기술자였다. 그들로부터 신속하게 신기술을 배워 다음 전쟁에서는 그 새로운 기술을 사용하여 예상을 뛰어넘는 승리를 거두곤 하였다. 내 것만을 고집하는 사고 속에서는 얻기 어려운 개방성으로, 신기술을 받아들여 발전하는 학습의 틀이 가능했던 것이다.

유럽인들의 황인종에 대한 공포, 황화

몽골은 유럽으로 진격하여 질풍노도와 같이 러시아와 헝가리를 점령하였다. 1241년 폴란드와 게르만의 기사들은 리그니츠에서 바투가 지휘하는 몽골 군대와 일전을 벌였으나 무참하게 대패하였다.

이는 유럽인들의 황인종에 대한 공포, 곧 황화黃禍, yellow peril의 원인이 되었다. 이후 삽시간에 유럽 대륙은 몽골군에 의해 유린되었다. 황화는 황색인종은 서구에 화를 입힐 수 있어 늘 경계해야 한다는 뜻이다. 청일전쟁 말기인 1895년 독일의 빌헬름 2세가 주창한 인종차별적 정치 논리다.

종교적 관용이 세계화의 길을 열다

칭기즈 칸과 그 후예들은 동쪽 끝에서 유럽의 빈까지 로마 제국보다 더 광활한 몽골 제국을 건설했다. 항복하고 세금을 내면 자비를 베풀었으나 불복하면 모두 도륙했다. 그러나 불교, 도교, 유교, 기독교, 이슬람을 가리지 않고 모든 종교에 대해 절대적인 신앙의 자유를 허용했다. 종교적 관용은 피정복 민족의 지식과 재능을 기반으로 문화적 융성을 일구어냈다. 또한 인류 최초로 세계화의 길을 열어 문화의 전달자가 되었다. 그즈음 유럽에서는 기독교의 광풍이 일어 이교도를 화형에 처했다.

몽골, 서구와 활발한 교역

그 뒤 칭기즈 칸의 손자이자 위대한 몽골의 정복자로 원나라를 세운 쿠빌라이 칸은 서구와의 교역을 적극 권장하였다. 이후 서구와 중국의 왕래가 잦아지고 교역이 활성화되었다. 그는 중앙아시아 출신의 상인 아흐마드를 재무장관에 발탁하여 증세를 꾀해 국부를 키웠을 정도로 외국인들을 중용하였다.

마르코 폴로의 《동방견문록》에 의하면 당시 중국에는 상업이 대단히 발달해 있었다. "큰 건물의 지하는 상점으로 각종 제품을 갖추고 있는데 향료, 약재 그리고 진주를 비롯한 장식품 등 거의 모든 물건을 판매한다. 어떤 상점은 술 이외에 다른 물건은 팔지 않는다. (…) 수많은 길과 시장은 서로 통하는데 그중 어떤 길에는 냉욕 목욕탕이 있다. 그곳에는 손님들을 위해 몸을 닦아주는 남녀 일꾼이 고용되어 있다. (…) 시장이 열리는 날마다 물건을 팔러 온 상인들과 시민들이 어깨를 부딪치며 인산인해를 이루고 온갖 물건들이 실려 나간다. 예를 들어 콩으로 킨사이 주민의 식품 소비량을 가늠해볼 수 있는데 하루 콩 판매량이 중량 90kg짜리 자루로 43자루에 달한다." 이는 마르코 폴로가 대칸의 관리로 있었기 때문에 충분히 알 수 있는 내용이었다.

몽골 수도에 유럽과 중앙아시아, 이슬람 지역에서 온 학자와 기술자, 선교사, 상인들이 모여들었다. 동서 문물이 교류하는 '13세기적 세계화'가 이루어졌다. 이 시기에 유대인과 이슬람은 물론 베네치아 상인과 제노바 상인들도 중국과 교역 관계를 맺었다.

쿠빌라이 칸, 원나라를 건국하다

중국 대륙을 정복하기 시작한 것은 칭기즈 칸의 아들이자 후계자인 우구데이(재위 1229~1241년) 시대부터다. 금나라가 몽골과 맺은 조약 이행을 거부하고 수도를 옮겨서 황하라는 물의 장벽을 이용해 항전을 결정하자 몽골도 별다른 선택의 여지가 없었다. 우구데이는 1230년 군대를 삼분하여 북중국으로 밀고 내려갔고, 남송과 연합하여 산시陝西, 허난河南 등지를 공략한 뒤 1233년에는 카이펑을 함락하였다. 금의 마지막 황제는 다음 해 스스로 목숨을 끊고 말았다. 이로써 금은 건국 120년 만에 멸망하였다. 그러나 몽골과 연합한 남송이 대가를 요구하며 카이펑과 뤄양洛陽을 점령하자 몽골은 다시 남송과 전쟁에 휘말리게 되었다.

고려의 끈질긴 저항

.·. 몽골군을 격퇴시킨 구주대첩 기록화. 전쟁기념관

몽골은 1231년 고려를 침공했다. 몽골군은 고려를 침입해 4개월이 넘도록 맹렬히 공격했으나 구주성 함락에 실패하고 말았다. 고려가 장기간 몽골의 침공에 맞서 싸울 수 있었던 것도 수성 능력 덕분이었다. 고려는 이미 태조와 광종대에 청천강을 주방어선으로 삼아 적의 주요 침공로에 성곽을 쌓아 방어선을 구축했다. 이 때문에 거란이 고려를 침입했을 때 거란군은 성곽을 우회해 진격했고 퇴로를 차단당한 채 전후방에서 고려군의 협공을 당해 무너졌다.

이듬해 고려는 수도를 개성에서 강화도로 천도하여 장기 항쟁에 돌입하였다. 그로부터 1260년까지 30년간 몽골은 고려를 7차례나 침공하였다. 손쉽게 정복하던 다른 나라들과 달리 고려의 저항은 끈질겼다. 마침내 30년 만에 고려를 어렵게 복속시켰다.

원은 고려를 정벌한 후 72명의 다루가치를 두어 이후 100년간 고려 내정에 간섭하였다. 그리고 고려와 부마국의 관계를 맺으려고 그의 친딸을 볼모로 잡혀간 고려 왕실의 태자에게 시집보냈다. 한때 고려와 연합해 일본을 정복하려 했으나 두 차례 모두 태풍으로 실패하고 만다.

드디어 남송을 제압하다

몽골의 세계 정복은 제4대 칸인 뭉케(재위 1251~1259년)의 즉위와 함께 본격적으로 재개되었다. 그는 먼저 이슬람권의 압바스조를 치고 마침내 1258년에는 바그다드를 함락하고 서아시아에 몽골 정권을 수립하였다. 그런데 당시 가장 난적은 남송이었다.

왜냐하면 강과 운하와 호수가 많은 회하淮河 이남에서 강력한 수군을 보유한 남송을 굴복시키려면 몽골의 기마병력만으로는 역부족이었기 때문이다. 고려 왕실이 강화도로 피신했을 때 몽골군이 그것을 어쩌지 못하고 30년을 허비한 것을 생각한다면 '바다같이' 넓은 양자강의 저지효과는 유목민족에게 대단한 것이다.

1257년 뭉케는 군대를 나누어 자신이 직접 중앙군을 지휘하고 쓰촨四川 방면으로 들어갔고, 동생 쿠빌라이에게 좌익군을 맡겨 회하를 건너서 양자강 연안의 웨저우岳州에 가도록 했다. 그러나 여름에도 쉬지 않고 공격을 강행하던 뭉케는 1259년 여름 쓰촨에서 전염병으로 급사하고 말았다.

이렇게 해서 남송 공략의 대업은 바로 그의 계승자인 쿠빌라이(재위 1260~1294년)의 몫이 되었다. 그의 시대에 몽골군은 일대 변신을 보였다. 초원의 기마군대가 견고한 성채를 함락하는 공성술을 결합하게 된 것이다. 양자강의 지류인 한수漢水 유역의 쌍둥이 도시인 번성과 양양을 포위하던 몽골군은 1273년 새로운 병기를 도입했다. '회회포回回砲'라고도 불리는 이것은 중동의 무슬림이 만든 거대한 투석기였다. 바윗덩어리가 700~800m를 날아 한수를 건너 성벽을 내리치면서 부수어 나갔고 결국 항복을 받아낸 것이다. 그러나 몽골군의 변신은 이것으로 끝나지 않았다. 양양의 함락과 함께 투항한 남송의 수군을 흡수하면서 점차 양자강을 제압하게 되었다.

쿠빌라이 칸은 1271년에 국호를 원나라로 바꾸고 원래 서하, 금, 송, 대리 제국에 속했던 토지와 몽골 본토를 원나라로 합쳤다. 중국 역사에서는 이를 원 왕조라 부르며 대칸이 황제를 겸했다. 쿠빌라이가 원나라를 수립하면서 몽골 제국은 유목민과 농경도시민이 공존할 수 있는 거대한 건조농업지대를 지배하는 새로운 형태의 정복왕조로 변모했다.

마침내 1279년에 남송을 무너뜨렸다. 이로써 중국은 원나라에 의해 150년 만에 남북통일을 이룩한 것이다. 쿠빌라이가 보낸 원정군이 남송의 수도 항저우를 함락할 때에는 문자 그대로 무혈입성이었다. 점령한 뒤 아무런 파괴도 살육도 일어나지 않았다. 절대로 주민을 죽이지 말고 도시의 건물을 파괴하지도 말라는 쿠빌라이의 엄격한 명령이 있었기 때문이다. 몽골인도 드디어 인간과 도시의 가치를 알게 되었고, 그것이 자신들이 건설하고 있는 제국에 중요한 자산임을 깨닫게 된 것이다.

남송이 무너진 뒤에는 거기에 있던 해군을 받아들였다. 비록 성공을 거두지는 못했지만 일본과 남중국해 지역에 대한 원정은 해군으로서의 몽골 군대의 면모를 보여준다. 이렇게 해서 '대몽골 울루스', 즉 몽골 제국은 초원의 유목국가에서 출발해 유라시아 대륙의 거의 대부분과 해상까지 장악하는 세계 제국으로 변신하게 된 것이다. 이렇게 유라시아 대륙의 대부분을 지배하게 된 몽골 제국은 문명의 파괴자가 아니라 보호자로 역할을 선회하기 시작했다. 이로써 소위 학자들이 말하는 팍스 몽골리카Pax Mongolica가 도래하게 된 것이다.

몽골 지배하의 중국에서 역참제는 더욱 발전하게 된다. 수도 대도 大都(현 베이징)를 중심으로 사통팔달의 역도가 전국을 연결했고, 동으로는 고려와 만주, 서로는 중앙아시아를 거쳐 이란과 러시아에 이르는 교통로상에 역참을 두었으며, 남쪽으로는 베트남(안남)과 버마로까지 연결되었다. 당시 중국에 있던 역참만 1500군데라고 하니 그 규모를 짐작할 수 있다. 역참은 내륙의 교통로에만 설치된 것이 아니었다. 중국의 강남 지방이나 해안 지방에는 수참水站과 해참海站을 둬 말이나 수레가 아니라 선박을 비치했으며, 북방의 추운 지방에는 구참狗站을 설치해 눈썰매와 그것을 끄는 개가 준비되었다.

몽골, 외국인들로 하여금 중화민족을 다스리게 하다

원나라는 자국인 제일주의 이념을 가지고 있었다. 그 때문에 '몽골인, 색목인, 화북인, 남송인'의 계급 순서로 구성된 신분제도를 시행했다. 이때 중국인들은 3~4등급의 피지배층으로 분류되어 노예생활을 하였다. 색목인色目人, 즉 눈에 색깔을 갖고 있는 사람이라는 뜻으로 원나라 때 몽골 정권에 귀의한 서구 민족의 총칭이다. 원나라는 중국을 지배하는 수단의 하나로 색목인에게 몽골인에 버금가는 준지배자로서 특권을 주었고, 그들을 문무 각 방면에서 중용하였다. 이들은 몽골 전체 인구의 5%나 차지할 정도로 많았다.

당시 지배 계층인 몽골족은 원나라 전체 인구의 약 0.5% 정도인 50만 명 정도에 불과했다. 반면 남송인이 인구의 90% 이상을 차지했다. 여진, 거란 등 화북인은 하급관리와 군인이 될 수 있었다. 한마디로 이러한 계급체제는 몽골이 외국인들로 하여금 중화민족을 다스리게 한 것이나 다름없었다.

10가구의 중국인은 한 명의 몽골 병사 시중을 들어야 했다. 몽골족은 이들의 반란이 두려워서 여러 사람이 만나거나 모이는 것을 금지시키고 야간 통행금지 제도를 실시하였다. 심지어 10가구에 오직하나의 부엌칼만 가질 수 있게 하는 등 민족 차별정책이 극심했다.

또한 새로 결혼하는 한족 여성의 초야권은 몽골 병사의 몫이었다. 원래 초야권이란 중세 서구에서 여자 노예가 결혼할 때 영주가 먼저 여자와 동침하는 권리를 의미한다. 원나라의 100년에 걸친 중국의 지배 기간 동안 한족 여성이 몽골 병사에게 처녀성을 바쳤기 때문에 한족의 유전자가 몽골족으로 상당히 대체되었다고도 한다. 몽골에서는 라마승에게 처녀성을 바친 다음에라야 다른 남자와 혼인을 할 수 있는 습속이 있었는데, 몽골에 지배당한 중국 사람들도 예외가 될 수는 없었다.

물 만난 유대인들

이런 계급체계에서 또 하나 눈에 띄는 변화가 상인에 대한 대우였다. 몽골 제국은 상인의 지위를 모든 종교와 직업보다 높은 자리로 격상시켰다. 상인보다 높은 지위는 정부 관리밖에 없을 정도였다. 상인의 지위가 이처럼 높아지자 자연스럽게 상업이 활발해졌다. 당연히 국제적인 무역도 활성화되었다.

게다가 몽골에서는 종교의 자유가 허용되었다. 역사적으로 종교적 관용이 있는 곳에서 경제와 문화의 꽃이 필 수 있었다. 유대인들은 그들의 경제적 역량을 충분히 발휘할 수 있는 여건이 마련되자 물 만난 고기처럼 생기 있게 교역과 경제 활동에 종사했다. 또한 이에 힘입어 그들의 지적 역량으로 과학과 기술 교류도 활발히 이루며 눈부시게 발전했다.

9세기 말 황소의 난 때 4만 명 학살당한 유대인

중국에 유대인들이 드나든 것은 기원전부터다. 이후 3세기와 6세기경에 일부 유대인 커뮤니티가 형성되었고 수 개소의 시너고그도 지어졌다. 그 뒤 본격적으로 몰려와 살기 시작한 것은 당나라 때인 8세기경으로 알려진다. 투르키탄스키 유대 무역상들과 페르시아 유대인 난민 70여 가족이 실크로드를 따라 이주해 와 황제에게 무명 예복을 공물로 바치고 허난 성 카이펑 시에 정착하여 종교의 자유를 보장받았다는 기록이 있다.

이들은 중국에 정착하여 상업과 농업, 비단 직조업에 종사하였다. 결혼과 토지거래, 취업의 자유를 한족과 똑같이 누리면서 상업석 재능을 발휘하여 경제적 부를 쌓아갔다. 이후 9세기 들어 도시의 상업화와 국제교역이 늘어나면서 외국인 숫자는 급격하게 증가했다. 특히 아라비아 상인들과 유대인이 많이 늘어났다. 9세기 말에 엄청나게 늘어난 외국인들이 관리들과 협잡하여 위세를 부리다 황소의 난을 자초하여 궤멸하고 만다. 이때 광둥廣東 지역의 외국인 12만 명이 몰살당했는데 유대인도 4만 명이나 학살당했다. 특히 이때 대도시를 점령한 반란군이 기독교 신도를 모두 죽여버리는 잔혹한 행위를 저지른다. 이 재난이 중국의 기독교에 얼마나 큰 타격을 주었는지, 그로부터 100년 뒤에 쓰인 한 아랍인의 책에는 중국 본토에 기독교도는 '한 사람'도 남아 있지 않으며 교회는 모두 폐허가 되었다고 할 정도였다.

1163년 카이펑 시에 지어진 시너고그

비록 노예무역이 감소하는 10세기를 전후해 유대인의 중국 방문이 줄어들기는 했지만 당나라가 붕괴되고 나라가 바뀌면서 유대인 숫자는 다시 늘어나기 시작했다. 1163년 카이펑 시에 시너고그가 지어졌다.

그 뒤 유대인의 중국 유입이 가장 많았던 시기는 1230년경으로 수많은 유대인이 육로를 통해 수도인 베이징까지 진출했다. 원나라는 유라시아 규모로 상업을 중시하여 보호하고 자유무역을 우대하였다. 따라서 경제활동이 왕성했고 문화활동도 발전하였다. 당시 베이징이나 항저우에는 100만 명 정도의 인구가 살았다. 도시를 중심으로 경제가 발달하고 예능과 오락이 왕성하고 색목인이 지배 계급으로 우대받던 시기였다. 원나라에 수백만 명의 외국인이 거주하고 세계 각지에서 수많은 상인과 여행객과 방문했기 때문에 다양한 문화와 외국어가 난무하는 국제사회가 형성되었다.

이 시기는 몽골이 동서양에 걸쳐 대제국을 건설한 시기로 역사상 동서양이 본격적으로 만나는 시기였다. 전 세계의 상인, 공예가, 천문학자, 수학자들이 모여들던 '몽골의 평화기(1250~1350년)'에는 다시금 유대 상인들이 중국에서 맹활약하기 시작했다. 마르코 폴로도 "13세기 말 중국의 유대인이 상업적·정치적으로 매우 큰 영향력을 갖고 있다"고 적고 있다. 당시에는 몽골과 화친을 바라는 교황과 왕들의 사절단이 오가고 동서 문물이 교류하는 13세기적 세계화가 진행되었다.

몽골 왕조인 원나라의 부흥은 유대인들에게는 좋은 기회가 되었다. 마르코 폴로가 쓴《동방견문록》에도 대칸(몽골의 황제)은 왕위계승이 아닌 무력정복으로 중국을 지배했다고 쓰고 있다. 따라서 중국인들에게서 거의 신뢰를 받지 못했기 때문에 이민족인 돌궐(튀르크)이나 사라센 또는 유대인들 가운데 그들에게 충성을 맹세하는 외국인들을 동원하여 중국인들을 다스릴 수 있는 모든 권력을 주었다.

특히 유대인들은 국가재정이나 각 지방정부의 세금관리나 조세처리 등 주로 재정관리를 맡았다. 마르코 폴로의 견문록은 양자강 이남의 벽지에 이르기까지 상당한 지역의 지방재정을 유대인 관리들이 맡았음을 밝히고 있다. 마르코 폴로는 그들과 히브리말로 대화하는 데 조금도 어려움을 겪지 않았다. 마르코 폴로 자신도 대칸의 신임을 얻어 각 지방정부의 조세처리 감사관으로서 5년 동안 중국 각지를 여행했다.

당시 몽골 제국의 총리 또한 1354년 난으로 살해되기까지 18년 동안 몽골 황실의 유대인 관리책임자였다. 당시 원나라는 유대인들의 뛰어난 장사 능력과 행정·재정 능력으로 오랫동안 제국의 요직을 그들에게 맡겼다. 이슬람의 법관이자 학자로서 30년간 세계 방방곡곡을 누빈 이븐바투타(1304~1368년)는 1346년에 숫자는 확실치 않으나 상당히 많은 유대인이 항저우에 들어와 살았다고 기록하고 있다. 특히 외몽골 왕조의 실록에서는 당시 제국 내 유대인의 상황을 알 수 있는 자료를 적지 않게 찾아볼 수 있다.

몽골 사람들은 특히 유대인들을 좋아했던 것으로 보인다. 유내인들은 같은 유목민으로서 생활풍습이 비슷했고 이재에 밝아 돈이 많고 몽골 관리인들에게 잘했다. 몽골인은 지략 있고 수완이 좋은 유대인들을 동원하여 중국 대륙뿐 아니라 인도, 페르시아, 중동, 유럽 등의 주요 식민지를 다스리는 데 크게 이용하였다. 그들은 오랫동안 중국에 정착해 있었기 때문에 특히 중국어 등의 언어에 밝았고 몽골어에도 특출한 솜씨가 있었다. 그뿐만 아니라 중국 사람과 동화되어 거의 중국인화되고 있었다.

이러한 유대인의 전성시대는 또 다른 화를 자초하였다. 북쪽 오랑캐인 몽골인에 붙어 큰 세력을 얻고 그것도 세금을 매기는 일에 주로 종사했기 때문에 유대인들은 중국인들의 원망과 질투의 대상이 되었다. 몽골 관리들의 폭정과 이에 편승하는 유대인들의 과도한 세금징수와 고리대금으로 각 곳에서 많은 중국인이 반란을 일으키게 되었다.

실제로 1354년에는 수도에서 큰 폭동이 일어나 유대인 재상 아부레스를 살해하기에 이른다. 이때 반란을 진압하기 위해 회교도와 함께 유대인들이 베이징에 소집된 기록이 있는데 그 가운데 유대인의 수가 얼마인지는 확실하지 않지만 소집된 장졸이 4만 명에 가까웠다고 기록하고 있다. 물론 이 반란은 진압되어 많은 중국인 주모자들과 백성들이 피살되었고 변방으로의 추방과 함께 약 20만 명 이상이 죽거나 부상을 당했다. 이로 말미암아 중국의 외국인들, 특히 유대인에 대한 원한은 대단해졌다.

몽골 멸망 뒤 유대인 대학살

이것이 화근이 되어 몽골이 멸망한 뒤 중국 대륙 곳곳에서 유대인 대학살이 자행되었다. 유대인의 숫자는 격감했고 일부는 외몽골과 만주로 쫓겨 갔다. 몽골 세력에 극도로 시달렸던 중원 지역 출신 주원장朱元璋이 명나라를 세우고 왕이 되었을 때는 오직 중국 민족, 곧 한족만에 의한 중국 지배를 부르짖었고 몽골을 비롯한 외국인의 추방과 철저한 탄압이 시작되었다. 명나라 초기 100년은 유대인의 대수난 시기였다. 이후 유대인들이 중국에서 거의 전멸했다. 그나마 살아남은 유대인들은 이때부터 철저히 중국인으로서 살아남기 위한 위장술로 중국에 동화되었다.

20세기 들어 중국은 다시 유대인들을 받아들였다. 독일의 유대인 학살을 피해 이주하는 유대인들에게 피난처를 제공한 상하이는 유대인 인구가 3만 명이 넘는 극동 지역 최대의 유대인 도시가 되었다. 가정과 교육을 중시하는 중국의 유교적 가치관과 유대인의 가치관이 유사하다는 점을 기반으로 중국이 유대인을 포용한 것으로 보인다. 디아스포라의 역사 가운데 박해가 없었던 유일한 지역이다.

몽골 제국의 흥망성쇠는 많은 걸 생각하게 한다. 팍스 몽골리카의 성공 비결은 세계를 빠른 속도로 연결하는 정보체계인 역참제, 하루에 200~300km를 이동하는 기동력, 귀족 중심의 봉건제를 부순 능력 위주의 조직 운영, 사냥을 통해 다진 전술과 협동심, 가벼운 군장과 비상식량, 법률의 엄격한 적용, 유목민 연합체의 조직을 체계적으로 통솔하는 강력한 중앙집권체제, 만장일치의 합의통치, 민족·인종·종교를 초월한 포용정책, 비단길 조직, 평등한 교육, 활발한 문화

교류 등등 헤아릴 수 없이 많다.

하지만 그들이 무엇보다 중요히 생각한 것은 안주하지 않고 끊임없이 미래를 개척해나가는 유목민 정신이다. "내 자손들이 비단옷을 입고 벽돌집에서 사는 날, 내 제국은 망할 것이다." 칭기즈 칸이 자손에게 유목민의 기질을 잃지 말 것을 당부했던 이 정신을 지키기 위해 쿠빌라이 칸은 궁궐 안에 몽골인의 이동주택인 게르를 설치해놓고 그 속에서 잠을 잤지만, 몽골인들이 정주민 사회의 안락한 생활을 배워나가면서 결국 세계 제국은 무너졌다.※

몽골이 무너진 또 다른 이유는 페스트 때문이라는 학설도 있다. 당시 몽골 제국이 성숙기에 있을 때 창궐하기 시작한 페스트는 1억 2000만 명이었던 중국 인구를 절반으로 줄일 정도로 타격이 심대했다. 허베이河北 성의 인구는 90%가 줄었다는 기록이 있다. 이때 페스트가 교역로를 따라 서구로 퍼져나갔다. 유럽 인구도 7500만 명에서 5000만 명으로 줄어들었다. 이 때문에 교역로가 닫히면서 국제교역이 위축되었다. 먼 거리 교역은 물론 몽골 내 교역조차 중단되었다. 이로써 몽골은 빠르게 붕괴되었다.

※ 배석규 지음, 《칭기스칸 천년의 제국》, 굿모닝미디어, 2009

동양에서 유래한 화약
그리고 대포와 총

몽골의 영향으로 유럽에 화약과 화기가 전해졌다. 인류사에 큰 영향을 준 화약은 원래 7세기 중국 당나라에서 발명되었다. 그러나 화약에 관한 기록이 처음 나타난 것은 1044년 북송 때 발간된 군사기술서인 《무경총요》이다. 당시에 유행했던 금이나 은 등 금속을 갖고 불로장생약을 만드는 이른바 '연단술'을 연구하다가 만들어진 것이 화약이다.

연금술사들은 오래 살 수 있는 약을 찾으려고 여러 원소를 서로 혼합하곤 했다. 그러다가 우연히 숯가루, 유황, 초석(질산칼륨)을 서로 섞어 화약을 발견하게 되었다. 오래 살고 싶은 마음이 반대로 죽음의 무기를 만든 것이다. 현대의 화약 제조법이 벌써 당시에 개발된 것이다. 이후 금나라 때 화기의 사용 기록이 있다.

수류탄의 출현

현대적인 대포와 총의 유래는 몽골의 철화포가 그 시초이다. 일종의 수류탄이었다. 처음에는 질그릇으로 외피를 만든 진천뢰가 개발되었고 이것의 외피를 철로 바꾼 것이 철화포다. 이후 죽통 화기가 만들어졌다. 대나무에 화약과 큰 화살을 집어넣고 쏘는 무기였다. 거리가 1000m 이상 나갔다. 13세기경 중국에서 종이통紙筒으로 된 화기가 만들어졌고, 원대에는 그것을 개량한 금속제의 통형 화기가 출현하였다.

이와 같은 중국제 화기는 14세기 아라비아 상인들이 목통 화기를 북유럽에 유출시킴으로써 유럽에 알려졌다. 그 뒤 14~15세기에 아라비아에서는 많은 새로운 기술이 만들어졌다. 14세기 말에는 청동을 주형에 흘려 넣어 대포를 만들 수 있게 되었다. 1435년에는 수류탄 제조기술이 발명되었다. 그 뒤 유럽에서는 원시적 화기인 손으로 조작하는 장총이 출현하였다. 이것을 소형화한 것이 최초의 총이라고 할 수 있는 수총手銃이다. 그 후 1450년부터 1470년 사이에 용수철과 방아쇠를 사용한 화승총이 완성되었다.

유럽의 봉건제도를 무너뜨린 대포의 출현

유럽에서 대포가 처음 등장한 것은 14세기 말 오스만튀르크에 의해서였다. 이들은 대포로 콘스탄티노플의 성을 부수고 점령할 수 있었다. 당시 중세의 장원제도는 성을 중심으로 이루어져 있었는데 대포 공격에 성문과 성벽이 힘없이 무너져 내렸다. 유럽의 봉건주의가 무너진 이유의 하나가 바로 이 대포의 출현이다. 15세기 후반에 스페인과 포르투갈에서도 총보다 만들기 쉬운 대포가 먼저 실용화되었다. 그 뒤 대포가 배에 장착되어 해상 전투에 사용되었다. 세계 최초의 해상 함포전투였던 고려 최무선의 진포대첩보다 200년 후의 일이다.

그 뒤 장총이 개발되었다. 대포와 장총이 스페인 왕국에 의해 이슬람과의 전쟁에 등장하여 국토회복전쟁에 큰 몫을 담당했다. 이후 스페인의 신대륙 식민지 찬탈에도 사용되었다. 그 뒤 장총은 포르투갈에 의해 일본에 전래되었다. 동양의 발명품이 서양으로 건너가 실용화되어 다시 동양으로 돌아온 것이다. 콜럼버스의 아메리카 발견 꼭 100년 뒤인 1592년에 임진왜란이 발생하였다. 이때 이 화기는 왜군의 조총이 되어 우리 앞에 나타났다.

명나라를 창건한 주원장의 해금령

1368년 여름, 지난 1세기 동안 중국을 지배하던 몽골 제국은 마침내 그 최후를 맞이하였다. 주원장이 이끄는 25만 명의 반란군이 곧 수도로 진입할 것이라는 소식이 전해지자 마지막 황제 테무르는 급하게 북쪽으로 피란길에 올랐다. 그 뒤 수도인 대도(베이징)를 점령한 주원장이 명나라를 세웠다. 다시 한족이 중국을 되찾은 것이다. 송대에도 상공업이 발전했으나 더 중요한 변화가 나타난 것은 명나라 때다. 이 시기에 곡물이나 면, 견 등 상업 교역이 활성화되며 전국적인 시장이 형성되었기 때문이다. 따라서 도시들도 상품의 생산과 분배의 거점으로서 주변 지역과 밀접하게 연결되었다.

그러나 명 왕조를 창건한 주원장은 송·원 때와는 달리 '중농억상重農抑商'을 기본 정책으로 정했다. 주원장은 상업을 힘들이지 않고 수익을 올리는 정당하지 못한 활동으로 보아 상인의 지위를 낮추었다.

특히 그는 원나라 때 상업을 주도했던 외국인들과 그 주변 중국인들에 대한 악감정과 원한이 컸다. 따라서 농민들의 도시 유입을 막아 상인이 되는 것을 철저히 금했다. 상인에게 높은 세금을 부과하여 제도적으로 상업활동을 억제했을 뿐 아니라 관원들이 상인을 약탈하는 것을 눈감아주어 근본적으로 상업 발전을 막았다.

그리고 1371년에 소위 해금령을 내려 외국과의 교역도 억제하였다. 물론 엄격한 해금령은 아니었다. 연해 주민을 전부 철수시키는 천개령은 내려지지 않은 가운데 어업 등 생업에는 종사케 하였다.

명대에 조공은 국가 간의 외교활동인 동시에 무역활동이기도 했다. 그간 명나라 정부는 조공을 바친 국가를 후하게 대접하는 것을 기본 원칙으로 삼아왔었다. 그러나 명나라의 이러한 해금 방침은 조공무역조차 막아 경제적으로 큰 손실을 가져왔다. 이로써 송·원대에 활발했던 중국의 해상무역 시대는 사실상 막을 내렸다. 송나라와 원나라가 대외교역으로 실리를 중시하며 적극적 개방정책을 폈다면, 명나라는 농본주의의 폐쇄정책으로 선회해버린 것이다. 역사가 후퇴하였다.

왜구의 역사

당시 해금령의 주된 원인은 왜구의 창궐이었다. '왜인倭人들이 노략질했다'는 뜻인 왜구倭寇는 일본인 해적집단을 총칭하는 말이다. 왜구의 역사는 일본의 역사보다도 길다. 왜구는 그들의 국호를 '왜'에서 '일본'으로 바꾼 서기 670년 이후에도 계속해서 왜구로 불렸다. 그 무렵 왜구는 중국과 고려 해안에 수시로 출몰하여 약탈을 일삼았다.

고려 측 사료에 보면 왜구의 노략질이 본격적으로 시작된 것은 1350년(충정왕 2년)으로, 뒤이은 공민왕 때에는 115회, 우왕 때 (1375~1388년)에는 278회의 침입 기록이 전해지고 있다. 14세기 후반에는 왜구가 자주 침입했을 뿐 아니라 때로는 500척의 함대를 이끌고 몰려오는 등 그 규모도 커졌고, 노략질하는 지역도 남부 해안 지역에 그치지 않고 평안도·함경도 등 전국에 걸쳤으며, 내륙 깊숙한 지역까지 횡행하는가 하면 개경을 위협하기도 했다.

이 시기 13세기에 두 차례에 걸쳐 고려와 원의 연합군이 정벌한 바 있는 왜구의 본거지인 규슈와 쓰시마 섬 주민들의 생활이 가장 곤궁하였다. 고려와 중국 해안 지역을 노략질한 해적 무리는 거의 이 지역 출신이었다. 명나라는 지속적으로 출몰하는 왜구를 막고 공무역과 사무역은 물론 밀무역 등 모든 해상무역 자체를 원천 차단하기 위해 외국 상인과 중국 상인들의 접촉을 금지시켰다. 여기에는 정치적 고려도 있었다. 당시 난징南京에 수도를 두고 있던 명나라는 강남 토호 세력의 상업적 기반을 억누르기 위한 것이기도 했다.

그 무렵 중국의 인구를 살펴보면, 상업과 대외교역이 활발하고 과학기술이 두드러졌던 송대에는 인구가 증가하여 7600만에 이르렀지만 원대에는 전쟁이 비교적 잦아서 인구가 감소했다. 그 뒤 명대에 이르러 다시 6000만으로 증가했다.

정화 선단의 항해 대장정

다행히 1400년대에 이르러 명나라 3대 황제 영락제는 스케일이 큰 황제였다. 세계 최대의 궁성인 자금성을 축조하는 한편 만리장성을 개축하고 대운하를 확충했다. 그 자신은 친히 말에 올라 북쪽의 초원과 사막을 원정했다. 이를 '삼려오출三黎五出'이라고 하는데, 5차례 북벌을 하여 3번 적의 본거지를 공격했다는 뜻이다. 만주 여진족과 일본 왜구 역시 정벌의 대상이었다.

더 나아가 그는 주변국들에게 조공을 받기 위해 다시 바다 건너 일본과 인도네시아, 필리핀 등과 조공무역을 시작했다. 이때에도 상인들의 사무역은 철저히 금지되었다. 그럼에도 대항해시대 이전의 항해술은 역시 중국이 서양을 압도하고 있었다. 그는 조공무역의 확대를 위해 환관 정화鄭和로 하여금 항해 대장정을 하게 하였다.

조상이 터키계의 이슬람교도인 정화는 어렸을

∴ 명나라 해상왕 정화의 초상화

✦ 정화가 사용했던 나침반

때 살던 윈난雲南 지방이 명나라에 정복되면서 베이징으로 끌려와 나중에는 정씨 성을 하사받고 환관의 최고 지위에까지 오른 사람이었다. 영락제는 무려 150m 길이의 3000톤 규모의 거대 모함을 포함해 62척의 선박에 승무원 2만 7000명으로 구성된 대함대를 정화로 하여금 이끌게 하였다. 1405년부터 28년간, 7차례에 걸쳐 인도양과 아프리카 동해안까지 원정을 감행하였다. 서구보다 100년 앞서 이미 600년 전에 장대한 바닷길을 연 것이다. 28년간 이렇게 장대한 항해를 계속할 수 있었다는 것은 나침반 등 앞선 과학에 토대한 항해술과 조선기술이 월등했었다는 이야기다.

정화의 남해원정은 명나라의 해금정책으로 잃어버린 정크Junk 교역권에 명나라의 힘을 과시하여 조공체제를 부활시키려는 시도였다. 이를 위해 정화의 배에는 《영락대전》과 이를 설명해줄 각국 사람들이 타고 있었다고 한다. '거대한 것'에 대한 영락제의 취향은 학문 분

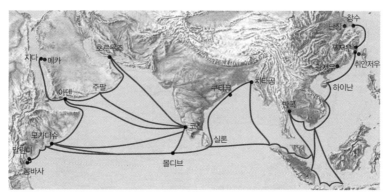

✦ 7차에 걸친 정화의 대항해

야에도 나타났다. 2000명 이상
의 학자들을 동원해 마치 장성
이나 대운하를 건설하듯 몰아
붙여 2000년간 축적된 중국의
모든 지식을 7000개 이상의 제
목과 2만 2937개의 구절로 엮어

사상 최대의 백과사전인 《영락대전》을 1421년 지어냈다. 《영락대전》
에는 지리학과 지도 제작술, 농업, 토목공학과 공병학, 전쟁, 건강, 의
료, 건축과 도시계획, 철강과 제강법, 도자기 제작과 도예, 생화학, 양
조법, 비단 짜기, 화약 제조법, 조선술, 암호 작성법 등 엄청난 정보가
담겨 있었다.

"모든 것이 번창하고 새로워졌으나 바다 건너 저 먼 나라들에는
아직 이 소식이 전해지지 않았다. 그리하여 대환관 정화와 왕경홍 등
을 저 먼 곳에 특별히 보내어 짐의 말을 전하게 하노니 그들에게 존경
과 복종을 가르치도록 하라…"는 황제의 명이 떨어졌다. 정화 일행은
기함 간판의 3분의 1에 해당하는 곳에 《영락대전》을 싣고 이후 가는
곳마다 그 가운데 필요한 내용을 통역사들을 통해 가르쳐주었다고
한다.[*]

정화 선단은 인도와 실론(스리랑카의 옛 명칭)을 거쳐 페르시아 만과
홍해에서 아프리카의 동부 해안까지 장장 1만 5000마일의 뱃길을 원
정하면서 가는 곳마다 복속시키고 조공 관계를 맺었다. 7차례에 걸
친 총 대항해의 길이는 18만 5000km에 달하는 장대한 것이었다.

❖ 개빈 멘지스, 박수철 옮김, 《1434: 중국의 정화 대함대, 이탈리아 르네상스의 불을 지피다》,
  21세기북스, 2010

콜럼버스보다 앞선 이슬람과 중국의 대항해

일반적으로 '대항해시대'라면 15~16세기 스페인과 포르투갈의 '발견의 시대'를 떠올리게 마련이다. 그러나 세계 해양 무역권의 발달사를 개관하면 이는 3차 대항해시대에 불과하다. 그에 앞서 이슬람 상인들이 특유의 삼각형의 세로돛을 단 범선인 '다우선'으로 페르시아 만에서 아프리카 동해안, 인도, 동남아시아, 중국까지 항로를 개척한 제1차 대항해시대가 있었다. 다우선은 작지만 조종하기가 매우 편리한 배로 아프리카와 아시아 등 대양을 연결했다. 1차 대항해는 8세기 후반부터 시작됐다. 이때 이슬람 상인들의 항로는 중국 광저우廣州를 지나 양자강 하구의 양저우揚州에까지 이르러 그곳에 거류지가 형성되면서 신라와 이슬람 세계의 교류도 이뤄졌다. 이른바 새로운 해상 실크로드가 조성된 것이다.

∴ 이슬람 다우선

∴ 중국의 정크선

이어 10세기 후반 중국 상인들이 여러 개의 사다리꼴 세로돛을 단 원양 범선인 '정크선'과 나침반 등 새로운 항해술을 이용해 남중국해와 인도양으로 진출하였다. 이렇게 되면서 '다우 교역권'과 '정크 교역권'이 공존하는 제2차 대항해시대가 열렸다. 2차 대항해는 대개 10~11세기를 기점으로 13~14세기에 정점을 이룬다. 그리고 명나라 정화의 대항해가 이 시대의 대미를 장식한다.

정화 대항해에 동원된 배는 함대의 중심으로 보선寶船(보물을 가지러 가는 배)이라 불린 대형 함선만 60여 척이었다. 보선의 크기는 비록 과장설이 있긴 하나 가장 큰 것은 길이 151.8m, 폭 61.6m에 무게 약 3000톤이었다 한다. 당시 이 같은 함대의 규모와 배의 크기가 얼마나 놀라운 것이었는가는 1492년 콜럼버스의 1차 항해 때 참가한 인원이 120명, 함선은 3척에 불과했고 기함 산타마리아 호도 230톤밖에 되지 않았던 사실과 비교하면 쉽게 알 수 있다.

아메리카 신대륙을 발견한 포르투갈의 콜럼버스가 길이 20m 안팎의 함선 3척으로 인도를 찾아 나선 것은 1492년으로 정화보다 거의 1세기가 늦다. 정화의 대원정은 함대나 병력규모, 실제 항해거리 면에서 당시 유럽인들로서는 엄두도 내지 못하는 초대형 프로젝트였다. 그만큼 항해를 받쳐줄 만한 나침반 등 항해술과 화약, 대포 등 과학기술이 발달해 있었기 때문이다. 제1차 세계대전까지 정화의 남해 원정대에 필적할 만한 함대는 지구상에 존재하지 않았다는 주장도 있다.

정화의 원정에서 보듯이 그 당시 중국 등 동양권이 인구, 생산력, 무역규모 등 경제적으로는 물론 군사력, 학문, 과학, 문화 등 모든 면에서 서구 문명을 압도하고 있었다. 정화의 대원정으로 동남아 곳곳에 화교 공동체가 만들어졌다. 지금도 인도양 각국에서는 정화의 초상을 모신 도교풍의 사원을 볼 수 있다. 중국인 '디아스포라'의 시작인 셈이다.

그런데 개빈 멘지스라는 영국의 퇴역 해군장교가 출판한 책을 보면 정화 함대의 활약 범위가 기존의 상식을 뛰어넘는 것

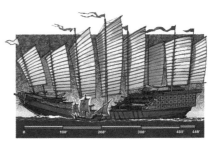

** 가운데 콜럼버스의 배와 비교된 정화 선단의 배 크기

으로 설정되어 있다. 그에 따르면 정화는 아메리카와 호주 일대를 탐사했으며 남극과 북극 지역까지 항해했다고 한다. 그의 주장이 맞다면 중국인들은 콜럼버스보다 72년 먼저 아메리카에 도달했으며 쿡 함장보다 350여 년이나 앞서 호주에 갔다는 이야기가 된다.

대운하 개통 및 수도의 천도

1415년에는 난징에서 베이징을 잇는 대운하가 개통되었다. 1420년대에 이르러 북방으로부터는 몽골의 침략 압력을 받게 되고, 또 바다로부터는 왜구의 노략질이 극성을 부렸다. 명나라는 1421년에 수도를 양자강 하구의 난징에서 베이징으로 옮겼다.

전통적으로 중국의 수도는 북쪽에 있었을 뿐 아니라 수도를 북으로 옮겨 아직도 강력한 힘을 갖고 있는 몽골족을 견제할 필요가 있었기 때문이다. 또한 외국과 교역으로 잘사는 남쪽 지방과 오랫동안 오랑캐에 시달려 못사는 북쪽 지방의 교류를 활성화시키기 위해서이기도 하다. 또 한편으로는 강대해진 남쪽 해상 세력과도 거리를 두고 견제하기 위한 뜻도 있었다.

명나라의 쇄국정책, 항해선을 모조리 파괴하다

영락제가 죽은 뒤인 1433년 명나라 선덕제는 다시 해금정책을 취했다. 국경을 봉쇄하고 외국으로의 모든 여행과 교역을 금했다. 당시 일본 무로마치 막부는 왜구에 대한 통제권을 상실하여 왜구가 극성을 부렸다. 더구나 명나라도 수도를 베이징으로 옮기고 난 후 해상 장악력이 현저히 떨어진 상태였다. 한편 해군력이 떨어지자 그간 관세 업무를 맡아오던 시박사를 중심으로 한 관세수입이 유명무실해졌다. 중앙정부로서는 실익이 없어진 것이다.

선덕제의 해금령은 왜구를 봉쇄할 목적도 있었지만 중화사상에 매몰된 외국인, 곧 오랑캐 혐오증이 주원인이었다. 한술 더 떠 명나라는 대양을 항해할 수 있는 배는 모조리 파괴하였다. 상식으로는 도저히 이해할 수 없는 일이었다. 이러한 파괴 행위가 명나라 관리의 감독 아래 중국 전역에서 일제히 자행되었다. 항해 탐사 기록마저 모두 없애버렸다. 한마디로 닫힌 사회의 광기 어린 행동이었다.

이러한 어처구니없는 움직임은 정치적으로는 혹시 발호할지 모르는 남쪽 토호 세력과 해상 세력의 기반을 무너뜨리고, 사상적으로는 유교 관료주의의 득세와 중화사상에서 비롯되었다. 유교 관료주의의 발흥은 글 읽는 선비를 숭상하고 농본주의를 기본으로 하는 전형적인 사농공상 사회를 지향하여 공업과 상업을 천시하였다. 유교 문명은 상업이 인간의 심성을 해친다고 여기며 상업을 낮춰 보았다. 우리나라도 옛날에는 농자천하지대본農者天下之大本, 곧 농업이 천하의 근본이라고 믿었다.

게다가 중화사상은 중국이 세계의 중심이고 다른 나라들은 모두 오랑캐라는 사상이다. 이들 사상이 반상업주의와 함께 외부 오랑캐와의 접촉을 금지한 것이다. 외부 오랑캐들과의 교역이 서민들의 농본주의 숭상 정신과 미풍양속을 해칠지 모른다는 우려 때문이었다. 또한 정권에 위협이 되는 양자강 이남의 해양 세력이 왜구 등 외국 세력과 결탁하여 정권에 도전할지 몰라 이들 관계를 사전에 단절케 하기 위한 극단적인 조치였다.

게다가 서양보다 앞서 은본위제로 지폐 등을 사용하여 대규모로 전개한 몽골 시대의 통화체계와 시장경제는 지금도 자본주의의 뿌리를 이루는 중요한 제도이다. 하지만 명나라는 이것을 포기하고 물물교환의 자연경제로 되돌아갔다. '농업이 천하지대본'이라 하여 서민들의 상업과 교역 활동도 억압하여 시장경제를 쇠퇴시켰다. 몽골제국 시대에 이미 500톤급, 정화의 대항해 때 무려 3000톤급의 배까지도 건조했던 대형선박의 건조를 모두 금지시키고, 있는 선박마저도 모조리 파괴하였다. 해양에 관한 지식, 기술, 전통, 시야는 물론 의욕과 미래까지 싹을 남겨두지 않고 꺾어버렸다. 이때부터 수 세기에 걸쳐 중국은 고립과 쇠퇴의 길을 자초하였다.

막스 베버는 자신의 저서인 《경제의 역사》에서 자본주의가 합리적이기 위한 5가지 조건을 제시하고 있다. 첫째 사기업의 생산수단 소유, 둘째 시장의 자유, 셋째 합리적 기술, 넷째 자유로운 노동이라는 4가지 조건은 중국에서 그런대로 실현될 수 있었을 것이다. 그러나 베버는 여기에다 가장 결정적인 다섯 번째 조건을 제시하였다. 즉 예측 가능한 합리적인 법의 존재가 그것이다. 그러나 중국에서는 최고 지배자의 변덕 또는 봉건군주 사이의 역학 관계가 곧 법이었다. 오랜 자본주의의 역사를 갖고 있었던 중국이 군주의 오판으로 역사의 뒤편으로 사라져가는 순간이었다.

조선의 쇄국정책

불행하게도 이러한 쇄국정책은 명나라에 그치지 않았다. 중국과 긴밀한 관계를 유지해온 조선 역시 같은 이유로 쇄국정책을 폈다. 고려 말부터 왜구들의 침입이 잦아지자 도적의 은신처를 없애기 위해 아예 섬에는 사람들이 살지 못하게 했다. 조선조에 와서도 이러한 섬을 비워두는 공도空島정책을 계속하였다. 여기에 더해 명나라와 같이 민간인의 항해를 금지시키는 해금정책을 폈다. 해상무역, 해상교통뿐 아니라 어업까지도 규제하는 해양 통제였다.

아예 바다에 나가는 것을 금지한 것이다. 걸리면 곤장 100대였다. 잘못하면 목숨을 부지하기 어려운 형벌이었다. 이 때문에 장보고의 해양강국 정신은 고사하고 조선 500년 역사에서 '바다'는 없었다. 조선의 쇄국정책은 이렇게 시작되었다. 안 배워도 될 걸 배운 것이다. 조선 시대 왜구 침탈의 원인도 여기에 있었다. 주인 없는 바다에 왜구가 주인이었다. 명과 조선은 해양을 버림으로써 개방에 빗장을 걸고 자주自主로 미화된 고립주의를 택했다. 어느 역사나 해양 지향일 때는 번성하고 대륙 지향일 때는 쇠퇴했다.

중국의 쇄국정책 이후 동양의 성장은 한동안 멈췄다. 역사의 흐름을 외면하고 쇠락의 길로 접어든 것이다. 명明나라는 이름과는 달리 실은 '어둠의 나라'였다. 바깥세계와 담을 쌓고 안으로 빗장을 건 바람에 몽골 제국이 형성했던 동서 교류의 흐름이 끊어지고 동양은 쇠락의 길을 걷게 되었다. 결국 중농억상 정책은 세계 경제의 중심이 중국에서 유럽으로 넘어가게 된 직접적인 계기가 됐다. 이 시기에 유럽 국가들은 무역을 통해 비약적으로 발전한 반면 명나라는 쇄국과 해금을 고집해 국제무역에서 스스로 탈퇴하였다. 오랜 기간 세계 일류 국가였던 중국은 17세기에 들어 서방 국가들에 뒤처지기 시작하였다. 이로써 명나라의 정책상의 오류가 동서양의 역학적 관계를 바꾸어놓았다.

반면 이 시기에 일본은 개방정책을 폈다. 네덜란드와 교류하며 은을 팔아 경제부국의 기틀을 마련하고 그 돈으로 서양 문물을 받아들이면서 성장의 토대를 구축하였다. 이러한 정책의 차이가 후에 두 나라의 운명을 극명하게 갈라놓는 결과를 가져온다.

1492년 콜럼버스가 아메리카를 발견하고, 1498년 바스코 다 가마가 아프리카의 남단을 돌아 동양으로 향하는 항로를 발견한 이후 점차 서양이 동양을 추월하게 되었다. 대영제국으로 대표되는 식민제국주의 시대에 이르러서는 서양이 동양을 압도하기에 이르렀다. 서양의 열강들이 몰려들어 동양을 점거한다는 서세동점西勢東占이 시작되었다. 서구에 추월당한 중국은 결국 아편전쟁을 통해 자신의 허약함을 세계 만방에 드러냈다. 조선 역시 해양 문화를 먼저 받아들인 일본의 속국이 되는 치욕을 맛보아야 했다.

역사의 교훈: 폐쇄와 개방

역사는 우리에게 쇄국은 쇠퇴와 나락의 길이며 개방은 성장과 진보의 지름길임을 다시 한 번 냉혹하게 일깨워주고 있다. 폐쇄는 정체를 낳고 정체는 극단을 낳는다. 극단은 다시 경직을 낳고 경직은 결국 퇴보와 사멸을 부르기 쉽다는 사실을 역사는 교훈으로 남겨주었다. 이는 국가뿐 아니라 사회와 개인에게도 그대로 적용되지 않을까 싶다. 개인의 경우 배움에 대한 숭상과 욕구는 열린 마음, 즉 개방적인 자세와 배움을 받아들이는 겸허함을 낳는다. 국가도 마찬가지다. 개방은 배움과 경쟁과 활력을 낳고 활력은 다양성을 낳는다. 다양성은 다시 유연함을 낳고 유연함은 결국 진보와 발전으로 이어질 가능성이 높다는 점을 역사는 가르쳐주고 있다. 몽골족 이후 세계 최대의 제국을 건설하고 세계 교역을 이끌었던 중국이 스스로 봉쇄를 자청하고 쇠퇴의 길로 들어선 것이다. 믿기 힘든 역사적 사실이자 역사의 아이러니다.❖

❖ 임형두 편집위원, '정화 선단과 해금정책', 〈연합컬럼〉, 2006년 9월 28일

IV

포르투갈의 대항해

JEWISH ECONOMIC HISTORY

대항해가 세계사의 분기점이었다. 역사적으로 바다를 장악한 세력이 세계를 지배했다. 신대륙 발견과 활발한 해상교역이 암흑의 중세를 걷어내고 근대의 시작을 알렸다. 이를 계기로 서양은 비로소 동양을 추월하기 시작했다.

기실 그 이전까지는 동양의 시대였다. 중세 때 이슬람이 군사·문화적으로 서양을 압도할 수 있었던 힘은 화약과 나침반 그리고 종이와 인쇄술로부터 나왔다. 그들은 대포로 콘스탄티노플을 함락시켰고 나침반으로 지중해를 장악했으며 종이와 인쇄술로 서양보다 앞선 문화와 학문을 이룩할 수 있었다. 그런데 그 기술들은 모두 동양이 가르쳐준 것들이었다.

그 무렵 정화 선단 등 동양의 해상 세력은 규모나 활동 면에서 서양보다 훨씬 앞서 있었다. 그런데 어떻게 바다에서 서양 세력이 그렇게 순식간에 동양을 추월할 수 있었을까?

그 해답은 의외로 간단하다. 동양이 스스로 바다에서 철수하고 폐쇄정책을 쓴 것이다. 중국은 명나라 초기인 1374년 해금령을 내려 모든 국민의 바다 출입을 엄격히 금지하였을 뿐 아니라 배를 모조리 파괴하였다. 게다가 청나라 때는 섬에 사는 자국민들을 모두 본토로 불러들이고 섬들을 모두 무인도로 만들어버렸다. 왜 그랬을까?

지방 토호 세력들이 당시 막강했던 해상 세력과 손잡고 중앙정부에 대한 쿠데타를 일으킬까 봐 염려한 것이다. 당시 중국을 쫓아 조선도 해금령에 동참했다. 이후 세계사는 바다를 장악한 서양 세력이 지배하며 근대화를 무기로 서세동점의 시대를 열었다.

대항해시대의 개막

　스페인에서와 같이 중세 포르투갈에서도 유대인들이 상업과 대부업, 의료, 관리 등 경제활동에서 중요한 위치를 차지하고 있었다. 특히 1492년 스페인에서 추방을 피해 대략 9만 명의 유대인들이 이주해 오면서 포르투갈은 스페인에 이어 세파르딤 경제와 문화를 이어가는 곳으로 부각했다.

　하지만 이곳도 영원한 안식처는 아니었다. 4년 뒤 포르투갈도 유대인 추방령을 내렸다. 절대국가를 지향하는 마누엘 왕이 반유대 정책을 고수하는 스페인 왕국과의 정략결혼을 위해 유대인 추방을 결행

한 것이다. 1496년 12월 칙령에 의하면 다음 해 10월까지 모든 유대인이 추방되어야 했다. 스페인보다는 그래도 시간을 많이 준 편이다.

　하지만 이곳에서도 많은 유대인이 개종을 통해 가톨릭교도가 되어 적은 수의 유

대인들만 추방되었다. 부유한 유대인들은 재산을 갑작스럽게 처분할 수 없어 임시방편으로 영세를 받아 개종을 택했다. 포르투갈은 스페인과는 달리 유대인들에게 그렇게 모질게 굴지는 않았다.

그 뒤 80여 년 후 포르투갈이 스페인에 합병당한 1580년을 전후로 하여 유대인들은 종교적 자유를 찾아 새로운 경제 중심지로 떠오르는 안트워프와 암스테르담 그리고 함부르크 등으로 대거 떠났다. 포르투갈로서는 유대인들이 거주했던 시기가 대항해와 경제적 번영기를 함께하는 전성기였다.

포르투갈, 세우타 점령: 서구 최초의 해외 식민지

신항로를 개척하며 해외 원정에 나선 최초의 유럽인은 포르투갈 사람들이었다. 그들은 전통적으로 해양민족이었다. 특히 이슬람이 이베리아 반도를 지배하고 있을 때 그들로부터 많은 해양기술을 습득하였다. 이슬람에 의해 범선이 갤리선을 대체했으며, 돛만으로도 바람을 거슬러 항해할 수 있게 되었다. 15세기 중반에는 회전하는 수차를 가진 배가 만들어져 하천을 거슬러 올라가기 쉽게 되었다. 이슬람의 지배를 받는 동안 아라비아에서 농사, 모직물 제조, 항해, 천문, 지리, 지도 제작, 조선기술, 행정·사법·군대 제도 등이 포르투갈과 스페인에 도입되어 개량되었다. 그 무렵 포르투갈은 동양과의 교역에서 지리적인 불리함으로 베네치아 상인들에게 밀리는 데다 오스만튀르크 제국이 지중해 동쪽에 내린 봉쇄 조치로 수익성 높은 동양과의 향료 교역에서 제외되었다. 그래서 포르투갈 사람들이 맨 먼저

∴ 유럽 대륙에서도 보이는 북아프리카의 세우타

대서양과 인도양으로 신항로 개척을 감행했다.

포르투갈은 해상 팽창의 뇌관 구실을 했다. 지브롤터 해협 북부 아프리카의 세우타가 10세기부터 순도 높은 금화를 주조한 금의 산지라는 점이 포르투갈의 정복 의욕을 부추겼다. 당시는 금 소유량이 곧 국부의 지표였다.

1415년 8월 15일 지브롤터 해협의 아프리카 쪽 이슬람 항구도시 세우타 앞바다에 238척의 포르투갈 군함이 나타났다. 이곳에 상륙한 4만 5000여 포르투갈 군인들은 우왕좌왕하는 무어인들을 백병전으로 격파시키고 일주일 만에 세우타를 함락시켰다. 탐험의 시대를 여는 중요한 사건이었다. 이슬람권의 중요한 교역도시인 세우타 점령은 유럽이 처음으로 자기 대륙 바깥에 건설한 최초의 '해외' 식민지였다. 이는 1492년에 콜럼버스가 아메리카 대륙에 도착하기 70여 년 전의 일이다.

세우타는 지브롤터 해협을 사이에 두고 스페인 남단의 지브롤터와 마주하고 있다. 카르타고인들이 건설한 항구로, 지중해 출입구를 지키는 전략적인 요충지인 관계로 로마·반달·비잔틴의 지배를 번갈아 받았고, 771년부터는 아랍령, 1415년부터는 포르투갈령, 1580년부터는 스페인령으로 바뀌었다. 지금도 스페인의 관할 지역이다.

한마디로 포르투갈의 세우타 침략은 해상무역 확대를 위해 전략적 요충지를 선점한 의미도 있지만 그보다 더 큰 이유는 금 약탈을 위한 것이었다. 점령 직후부터 포르투갈은 세우타 금화를 그대로 본

떠 포르투갈 금화를 찍어냈다. 아프리카의 금이 포르투갈에 쏟아지고 있다는 소식은 유럽 각국을 바다에 주목하게 만들었다. 특히 포르투갈이 금화를 찍어 유통시키자 그때까지 금화가 없었던 스페인이 크게 자극을 받았다. 이후 세우타 점령은 세계사의 흐름을 갈랐다. 대항해로 지리상의 발견과 식민지 건설 경쟁이 봇물처럼 터졌다.

카라벨선 개발

세우타 점령은 엔리케 왕자를 스타로 만들었다. 최전선에서 공격을 주도했던 21세의 엔리케 왕자는 유럽 각국으로부터 군대를 맡아달라는 청을 받았다. 각국 왕실로부터 혼담도 많이 들어왔다. 그러나 엔리케의 선택은 바다였다. 각국의 청을 마다하고 조선소와 해양연구소를 건설하고 그간의 배를 개량해 항해에 적합한 삼각돛의 카라벨선을 개발했다. 바람의 힘만 이용하는 범선은 13세기 이후에 만들어졌다. 초기에는 사각형 돛이 하나였는데 바람의 힘을 효율적으로 활용하기 위해 돛의 수가 증가하였다. 카라벨선은 삼각형의 돛을 사용하여 역풍에 강할 뿐 아니라 선저가 평탄하고 너비가 좁아 속력이 빨라서 연안 항해에 적합했다. 왕위에 오른 적은 없지만 항해왕으로 기억되는 것도 이런 이유에서다.

⁂ 카라벨선

새로운 운송수단의 발달이 권력 이동을 야기하다

경제사에서 새로운 운송수단의 출현은 곧 권력의 이동을 의미한다. 말이 끄는 마차 덕분에 중앙아시아 부족들이 메소포타미아와 이집트의 권력을 쥘 수 있었다. 기동성이 좋은 유목민족이 농경민족을 제압한 것이다. 이러한 사례는 그 뒤에도 계속된다. 기병들의 마차가 발달하고 더불어 마차가 내달릴 수 있는 도로를 잘 닦은 로마 제국이 대규모 기동력을 바탕으로 유럽을 제패하고 제국을 건설하였다. 이후 치고 빠지는 기마술이 뛰어난 몽골군이 동서양에 걸친 대제국을 형성하였다.

육지 운송수단 다음으로 발달한 것이 해상 운송수단이다. 선박 제조술과 항해술이 월등히 앞섰던 중국이 정화 선단의 대항해에서 보여주듯이 당시 조공무역을 통해 주변 국가들을 복속시켰다. 그 뒤 중국이 외부 오랑캐와의 관계를 단절시키겠다고 일방적으로 자국민의 출항을 금지시킨 해금정책이 세계사의 흐름을 한순간에 바꾸어 놓았다. 바다 항해가 가능한 선박은 모두 해체되거나 불살라졌다. 이러한 해금정책 이후 오히려 중국에서 발명되었던 나침반을 실제로 항해에 실용화시키고 선박에 키를 단 것은 서구였다. 이로써 중국이 물러난 자리에 서구가 바다의 주도권을 쥐게 된다.

이 가운데에서도 중국의 나침반을 가장 일찍 받아들여 사용한 이슬람 선단이 먼저 지중해 상권을 장악하였다. 이후 노예들로 구성된 노잡이들을 이용한 대형 갤리선의 출현은 해적으로부터의 방어는 물론 획기적으로 유통물량을 늘려 베네치아가 지중해 상권을 쥐게 한 원동력이 되었다. 그리고 그 뒤 대형함대들로 구성된 무적함대의 출현은 스페인을 제국의 반열에 올려놓았다. 같은 시기에 포르투갈이 만든 쾌속 범선은 콜럼버스의 대항해시대를 열어 신대륙을 발견케 하였다. 16세기에 나침반이 크게 개량되었다. 32방위로 나누어졌고, 침이 흔들리지 않게 되었다. 지도 제작술이 발달하여 지도와 해도가 크게 개선되었다. 이후 대량보급 선박 제조기술이 가장 앞섰던 네덜란드가 해상교역의 주도권을 장악하였다.

그 뒤 산업혁명의 원동력인 증기기관의 발명으로 또 한 번 운송수단의 획기적 발전을 가져왔다. 증기선의 출현은 그간 바람에만 의지하던 해상운송을 근본적으로 바꾸어놓았다. 이는 또 육지에서 증기기관차로 이어져 해가 지지 않는 대영제국을 만들어냈다. 이후 운송수단의 화려한 꽃이 핀 것은 미국이었다. 대륙횡단 철도의 완성과 자동차의 대량생산 및 항공산업의 발달은 미국을 세계 경제의 중심에 올려놓았다. 이러한 운송수단의 발달 경로와 함께하는 경제권력의 이동은 공교롭게도 유대인의 이동 경로와 궤적을 같이하고 있다.

적도 이남의 바다를 탐험하다

엔리케는 해양학교에서 가르친 항해자들을 본격적으로 아프리카 보하도르 곶 남단의 바다를 탐험하기 위한 항해에 내보내기 시작했다. 이런 엔리케의 노력으로 포르투갈은 세우타를 기반으로 점점 남쪽으로 내려갔다. 먼저 1418년에 마데이라를, 그리고 1431년에 와아조레스 군도를 차례로 손에 넣었다. 이 섬들은 식민지로 개척되어 곡물, 사탕수수 경작과 염료용 대청 생산 등 경제활동에 투입되었다.

특히 사탕수수와 대청은 포르투갈의 주요 수출품이 되었다.

당시 사람들은 아프리카 서안의 보하도르 곶이 바로 대서양의 남단이고, 그 아래 적도의 대서양은 강한 태양열로 백인이 흑인으로 변하며 바닷물이 펄펄 끓는 죽음의 바다로 알려졌었다. 항해자들에게는 어떤 바람이 불어도 돛만으로 원양 항해가 가능한 크고 성능이 우수한 새 범선 '카라벨'이 주어졌다. 3개의 마스트 가운데 앞쪽 마스트에 삼각형 대신 사각형 모양에 마스트 둘레를 돌 수 있는 횡범(가로돛)이 달려 있어서 맞바람에도 앞으로 나아갈 수 있었으며 뒷바람에는 매우 빠르게 달릴 수 있는 새로운 개량 범선이었다.

미지의 바다에 대한 공포의 벽, 보하도르 곶을 넘는 것은 어려운 일이었다. 그러나 꾸준한 노력이 마침내 결실을 보아 1434년 에아네스가 카나리아 제도에서 240km 정도 남쪽으로 떨어진 보하도르 곶에 도달했는데, 그곳은 암초도 없고 끓는 바닷물도 없는 고요하고 푸른 바다였다. 무너진 공포의 벽을 넘어 이제는 더욱더 남방으로 항해할 수 있다는 자신이 생겨났다.

아프리카의 비극, 흑인 노예의 본격적인 등장

마침내 1441년에 엔리케 왕자가 보낸 쾌속 범선 카라벨선 한 척이 모리타니 북부에서 사금가루와 노예들을 데리고 돌아왔다. 일단 목숨을 걸고 미신의 벽을 넘어서자 인간 사냥감이 넘쳐나는 풍요의 땅으로 펼쳐진 것이다. 얼마 지나지 않아 흑인 노예가 황금만큼이나 돈이 된다는 사실을 알고 노예 수입을 시작하게 된다. 이후 험난한 적도 항해가 어느 정도 가능해지자 포르투갈인은 아프리카 서부 연안을 따라 남하하며 곳곳에 거점들을 만들어나갔다. 포르투갈은 스페인이 이슬람 세력을 몰아내느라 아직 여력이 없는 틈을 타 노예무역의 선두주자가 된다. 아프리카 서해안에 선단을 보내 그곳 추장들에게 럼주와 총, 칼을 주고 흑인들을 사 와서 이를 팔아 대항해 사업의 종잣돈을 마련한다. 이후 노예무역은 400여 년 지속된다.

《설탕의 역사》를 저술한 영국의 역사학자 노엘 디어는 2000만 명의 아프리카인들이 노예무역에 희생된 책임을 설탕에 묻는다 해도 전혀 과장이 아니라고 단호하게 말했다. 유럽에서 설탕 경쟁이 벌어지던 초기에 제일 앞섰던 국가는 포르투갈이었다. 사라센이 이베리아 반도를 점령할 때 사탕수수 경작법을 전수받았기 때문이다. 발렌시아와 그라나다에 광활한 사탕수수 농장이 생겼다.

이슬람 시대에 멀리 동쪽에서 유럽으로 전래된 작물 중 하나가 설탕, 즉 오늘날 사탕수수였다. 페르시아에서 설탕은 '세케르_sheker'로 불렸다. 영어 'sugar'의 어원이다. 설탕은 그리스·로마 시대에는 거의 알려지지 않았고, 의료용 이외에는 사용되지도 않았다. 필요한 경우에 음식과 음료는 꿀로 단맛을 냈다. 이슬람 중세 동안 설탕의 경작과 정제가 이집트와 북아프리카로 전해졌는데, 설탕은 유럽 세계로 수출되는 이슬람 세계의 주요 상품이었다.

포르투갈의 항해왕 엔리케는 아프리카 서해안 지역을 훑으며 아랍인의 손이 미치지 않는 곳에 존재할지도 모르는 사탕수수밭을 찾았다. 그러나 그의 눈에 들어온 것은 사탕수수밭이 아니라 사탕수수가 자라나는 열대기후에서 노예생활을 해낼 아프리카 흑인들이었다. 이때부터 포르투갈인은 유럽의 물품을 금, 노예, 상아 등과 바꾸

었다. 아프리카의 서부 해안이 포르투갈에 엄청난 부를 안겨주는 황금알을 낳는 거위였다.

이때부터 포르투갈의 해양정책은 금과 노예교역으로 선회했다. 포르투갈인은 1444년 항구도시 라고스에 노예시장을 열고 본격적으로 노예장사에 나섰다. 같은 해 엔리케는 라고스에서 235명의 흑인을 데려와 세비야에서 노예로 팔았다. 이것이 노예무역의 시작이었다.

8년 후에는 교황도 적극 거들었다. 1452년 로마 교황 니콜라우스 5세는 포르투갈 국왕 아폰수 5세에게 비기독교인을 노예로 잡아들이는 행위는 정당하다는 문서를 내린 데 이어 1455년에는 아프리카 침략과 노예 획득을 정당화하는 칙령까지 내렸다. 교황청은 "기독교의 적인 사라센과 이교도를 공격하고 정복하여 노예로 만들어라"는 설명을 덧붙였다. 기독교 국가 내에서 유대인과 이단 사냥을 정당화하는 논리를 외부 세계에 동일하게 적용한 셈이다. 반면 1462년 교황 피우스 2세가 노예제도는 중대한 범죄라고 말했던 대목은 당시에도 반대론이 존재하고 있었음을 말해준다.

1482년에는 아프리카 황금해안에도 노예거래소를 설치하였다. 15세기에 노예 3분의 1은 아프리카 시장에서 금과 교환하여 되팔렸다. 1520년대 이후 스페인도 노예무역에 참여하여 아프리카 흑인 노예들이 카리브 해 섬의 사탕수수 농장에 끌려갔다. 스페인이 노예무역에 뛰어든 이유는 수요가 워낙 많았기 때문이다. 신대륙의 플랜테이션 농장의 일들과 은 광산의 노동력이 인디오만으로는 일손이 부족했기 때문이다. 게다가 이들 아프리카 흑인들은 말라리아나 황열 같은 전염병에 대한 저항력도 원주민 인디언들보다 훨씬 강했다. 힘든 일을 잘 견뎠을 뿐 아니라, 도주가 불가능하다는 이점도 있었다.

포르투갈의 노예무역 독점은 1528년 스페인이 민간기업에 노예무역을 허용한 뒤에도 상당 기간 이어졌다. 1552년 당시 리스본의 인구 중 10%는 아프리카 흑인이었다. 16세기 후반 포루트갈 왕실도 아프리카 노예를 유럽에서 거래하는 대신 노예를 아메리카 열대 식민지에 직접 운송하는 방식으로 정책을 바꾸었다. 포르투갈은 특히 브라질로 노예를 많이 보냈다. 이들 노예는 대부분 16세기에서 19세기 중반에 이르기까지 사탕수수 등 플랜테이션 농장에서 혹사당했다.

이후 네덜란드, 프랑스, 영국이 노예무역에 참여했는데 특히 영국이 본격적으로 노예무역에 뛰어들었다. 300년 동안 1500만~2000만 명의 흑인들이 노예로 잡혀갔다. 주로 중남미 사탕수수 농장에 팔려 갔는데 영국의 식민지인 북아메리카에서 담배 경작지가 늘어나면서 흑인 노예도 급증해 미국 독립전쟁 직전에는 남부 인구의 3분의 1에 이르렀다. 흑인 노예는 면화 호황기였던 19세기 초중반 더 늘어났다. 흑인 노예들은 중국에도 팔려 갔는데 피부색이 검은 동남아 노예와 함께 '곤륜노'라 불렸다. 영국에서 노예제도는 1833년에야 공식적으로 폐지되었으나 음성적인 거래가 끊이지 않았다.

포르투갈이 흑인 노예장사를 시작한 1444년부터 1600년까지 40만 명 수준을 넘지 않았던 흑인 노예가 이처럼 늘어난 이유는 삼각무역 때문이었다. 삼각무역이란 유럽, 아프리카, 아메리카를 연결했던 무역을 말한다. 유럽의 물품을 흑인 노예와 바꾸고 흑인 노예를 다시 아메리카의 사탕수수, 담배, 커피 등과 교환하여 이를 유럽에 비싸게 파는 장사였다. 1항차에 많은 거래를 할 수 있어 수입이 짭짤했다. 15세기 말부터 19세기 말까지 수백 년 동안 유럽과 미국을 먹여 살린 무역이었다.

항해왕 엔리케 왕자

    신대륙과 인도 항로 발견 등 대항해시대를 연 항해혁명은 인류사에 큰 획을 긋는 중요한 전환점이었다. 이로써 서양이 비로소 동양을 제치고 세계사의 주역으로 등장하는 계기가 마련되었다. 항해혁명을 성공시킨 진원지를 살펴보자.

    유럽의 서쪽 끝에 놓인 포르투갈 대부분은 대서양을 접하고 있다. 해양국가인 것이다. 역대 포르투갈 왕들은 해운을 장려하여 많은 인센티브를 제공하였다. 그 가운데에서도 페르난두 왕(재위 1367~1383년)이 가장 열성적이었다. 그는 100톤 이상의 큰 배를 건조할 경우 건조자에게 왕실 삼림의 나무를 자유롭게 사용토록 하였다. 그리고 배를 건조하기 위한 수입 원자재는 관세를 면제하였다. 외국에서 건조된 100톤 이상의 배를 수입할 때에도 세금을 면제하였다.

    배의 건조자나 구매자들은 해운업에 진력할 수 있도록 병역과 세금을 면제해주었다. 첫 번째 항해에서 수출하는 물품에는 세금을 붙이지 않았으며, 첫 번째 회항에서 수입한 물건에 대해서는 관세를 반

감해주었다. 또한 선박이 난파되거나 적에게 강탈되었을 때 선주에게 보상을 해주는 해상보험제도도 시행하는 등 해운의 전반적인 발선에 노력하였다.

세계 최초의 항해학교 설립

그렇지만 누구보다 대항해시대를 준비한 핵심 인물은 후앙 1세의 셋째 아들 엔리케 왕자였다. 그는 세계 최초로 항해학교를 세우고 우수한 항해 기술자들을 길러냈다. 그리고 지도 제작자를 불러들였으며 조선소를 만들어 선박을 개량하는 등 조직적으로 치밀하게 대항해를 준비하였다. 그가 이룩한 위대한 점은 무엇보다 그간의 경험에 의존하기보다는 과학적인 시스템으로 대항해를 할 수 있도록 준비했다는 사실이다. 엔리케 왕자는 대서양을 돌아 아프리카의 서해안을 따라 남쪽으로 돌아가는 항로를 개척하려고 준비하였다.

거대한 몽골 제국과의 접촉이 있은 뒤 50여 년이 지난 1298년에

∴ 리스본 항구에 세워진 발견의 탑. 앞에서 이끄는 사람이 항해왕 엔리케다. 큰 돛을 단 범선 모양을 한 이 탑의 옆면에는 "나를 따르라"라고 외치는 듯한 엔리케 왕자를 선두로 마젤란과 바스코 다 가마를 비롯해 신항로와 신대륙 발견에 참여했던 많은 인물의 조각상이 한 줄로 서 있다.

출판된 마르코 폴로의 《동방견문록》은 서구 중심으로만 생각하던 서양인들에게 더 발전되고 부유한 동방에 대한 동경을 불러일으켰다. 엔리케의 형인 페드루 왕자는 1426년 무렵 베네치아를 방문했는데 이때 《동방견문록》 사본과 마르코 폴로가 그렸다는 지도가 그에게 증정되었다. 동방의 부유한 미지의 나라에 가보겠다는 욕망이 아프리카를 돌아 가는 항로를 개척하는 하나의 동인이었다.

특히 엔리케 왕자는 이를 시스템화하여 조직적으로 시도했다는 점이 위대하다. 그는 포르투갈 서남쪽 해안에 자리한 사그레스에 항해에 필요한 모든 것을 모아 뱃사람들을 훈련시키는 항해학교를 설립하였다. 그리고 기독교 지리학자들이 그린 조잡한 지도를 버리고 훈련된 항해사들이 실제 답사해서 그린 해도를 주의 깊게 하나하나 맞추어서 정확한 지도를 제작하였다. 정확한 지도야말로 항해의 시작이자 끝이었다.

이 분야에서도 세계 곳곳에 커뮤니티를 갖고 있는 유대인들이 탁월할 수밖에 없었다. 게다가 유대인들은 수학, 정밀도구의 제조, 지도와 항해도 제작 등에 뛰어난 기술자들이었다. 그는 당시 최고의 지도 제작자로 평가받는 유대인 자푸다 크레스케스를 스페인의 마요르카 섬에서 사그레스로 불러들였다. 마요르카 섬은 애국가를 작곡한 안익태 선생이 활동한 곳이기도 하다.

엔리케 왕자는 그가 훈련시킨 뱃사람들에게 정확한 항해일지와 해도를 작성하고 해안에서 본 모든 것들을 반드시 기록하도록 했다. 사그레스에는 포르투갈인 이외에도 유대인, 무어인, 아라비아인, 이탈리아인, 멀리 스칸디나비아에서 온 선원, 여행자, 학자들이 모여들었다. 지도 제작은 새로운 지식을 왕성하게 흡수하는 과학의 수준으로 올라설 수 있었다. 또한 전에도 있기는 했지만 아직 널리 사용되지는 않았던 항해용 나침반이 널리 사용되게 되었고, 위도를 측정할 수 있는 항해용 아스트롤라베astrolabe 등 새로운 항해기구가 제작되었다.

쾌속 범선 캐럭선의 등장

1400년대의 배는 주로 돛대와 돛이 1개씩이었으나 탐험에 필요한 선박으로 개량하여 삼각돛이 있는 가볍고 기동성이 뛰어난 카라벨선이 제작된 후 개량을 거듭하였다. 이른바 쾌속 범선이 등장한 것이다. 삼각돛 하나, 사각돛 둘, 다시 삼각돛 하나, 이렇게 구성된 이 배는 뛰어난 기동성을 지녔다. 삼각범과 사각범의 혼용인 캐럭선은 역풍에 유리한 삼각범과 바람을 잘 받아 뒤에서 부는 순풍에 유리한 사각범의 장점을 혼용하였다. 그래서 강한 계절풍을 타고 큰 바다를 항해하는 데 적합했다. 1430년 포르투갈에서 처음 만들어진 이 배는 아프리카 원정이나 북해와 지중해를 연결하는 데 안성맞춤이었다.

∴ 캐럭선

콜럼버스의 3척의 배도 모두 캐럭선이었다. 하지만 기실 이 배는 완전히 독창적인 포르투갈의 기술은 아니었다. 캐럭선의 앞뒤에 설치하여 배의 방향을 쉽게 바꾸게 하는 삼각돛은 이슬람 배를 모방한 것이며 나침반은 중국으로부터 들어온 것이다. 13세기부터 어업용으로 쓰이다가 차츰 연안 항해선으로 이용되면서 커졌고, 15세기에 들어와 엔리케 왕자가 대양 항해용으로 개량하여 아프리카 서해안 탐험에 이용되었다. 이후 300년간의 범선 시대에 나타나는 배들이 모두 캐랙선을 개량한 것으로, 캐랙선은 서양 범선의 모형이라고 할 수 있다. 이 캐랙선의 등장은 후에 콜럼버스의 신대륙 발견을 예고하고 있었다. 캐랙선은 점차 커져 15세기 400톤 정도였던 것이 16세기에는 1000톤 이상이 되었다.

항해왕 엔리케 왕자는 항해에 관한 서적과 지도, 지도 제작자, 기구 제작자, 나침반 제작자, 선박 건조자, 목공 등과 뛰어난 선장, 선원, 조타수를 훈련시켜 대항해를 계획하고 추진하였다. 그리고 그들에게 미래의 비전을 심어주고 신천지 발견을 고무하였다. 특히 항해 뒤에는 필히 원정 결과를 분석하여 새로운 항해 계획을 수립하였다. 이러한 항해의 분석에는 탐험에 관계되는 모든 사람, 일반 선원과 선박의 일꾼까지도 참여하게 하였다. 이로써 항해술은 주먹구구식의 중세 방식과 결별하고 근대적인 탐험 사업의 핵심 과학이 되었다.

엔리케 왕자는 비록 국왕은 아니었지만 국민들을 결합시키고 모든 자원을 함께 묶어 방향을 제시해주는 진정한 지도자였다. 1443년에는 포르투갈 왕령으로 엔리케 왕자가 발견한 보자도르 곶 이남의 항해독점권이 엔리케 왕자에게 부여되었다. 여기를 통과할 때에는 반드시 왕자의 허가가 있어야 하고 세금도 징수할 수 있게 되었다. 이시기를 전후로 엔리케 왕자는 교황 마르티누스 5세에게 청하여 앞으로 인도까지의 구간과 인도에서 발견된 모든 토지를 포르투갈령으로 한다는 내락을 받았다.

1460년에 엔리케 왕자가 서거했을 때에는 보자도르 곶 너머로

2000km가 넘는 아프리카 서해안이 답사되었다. 엔리케 왕자는 미지의 세계로의 진출을 시스템을 통해 조직적으로 준비했었기 때문에 그의 사후에도 탐험은 중단되지 않았다. 오히려 그가 죽은 뒤에 결실을 보았다. 1487년에 바르톨로메우 디아스는 돌아오는 길에 아프리카 서남단의 희망봉을 발견하였다. '희망봉'이라고 이름을 붙인 이유는 인도 항로를 찾는 희망을 북돋운 곳이라는 의미였다.

신대륙을 발견한 1492년, 이해는 조선이 건국된 지 100년 뒤이며 임진왜란 100년 전이다. 포르투갈의 조총이 일본에 전래되어 일어난 임진왜란이었기에 특별히 기억되는 해다. 포르투갈에서 선원으로 일하던 콜럼버스는 서쪽 항로를 통해 인도에 갈 수 있다는 계획을 1488년에 포르투갈 왕에게 건의하였다. 그러나 거절당하고 스페인으로 건너가 우여곡절 끝에 이사벨 여왕의 후원을 받아 1492년에 바하마 군도의 과나아니 섬에 도착함으로써 신대륙을 발견하였다.

그 뒤 1497년에는 바스코 다 가마가 희망봉을 돌아 아프리카 동해안을 지나고 1498년에는 드디어 인도의 켈리컷에 도착하였다. 괴혈병과 폭풍에 시달려 애초 170여 명, 4척으로 구성되었던 탐사대 가운데 리스본에 귀환할 때는 탐사대원 55명과 배 2척만이 남아 있었다. 귀환한 해는 1499년 출발 후 약 26개월 뒤의 일이다.

바스코 다 가마, 희망봉을 돌아 인도 항로 발견

오랫동안 사람들은 아프리카 대륙 최남단을 '폭풍의 기슭'이라 불렀다. 그곳은 누구도 가까이할 수 없을 만큼 물결이 흉흉한 바다였다. 또한 소문에 바닷물이 펄펄 끓는 죽음의 장소라는 적도 부근의 대양을 지나야 했다. 이를 극복하고 1488년에 포르투갈의 항해자 바르톨로메우 디아스가 대륙 최남단에 자리한 폭풍의 기슭을 찾아냈다.

그 뒤 바스코 다 가마가 1497년 이곳을 지나고 보니 그곳에는 세계에서 가장 잔잔한 인도양과 아름다운 해변이 펼쳐져 있었다. 여기서 그들은 대서양이 또 다른 큰 바다인 인도양과 연결되어 있음을 알게 되었다. 포르투갈인이 인도 항로의 열쇠를 손에 쥐게 된 셈이다. 그러나 인도로 가는 길은 여전히 멀고도 험난했다. 가는 길에 폭풍우와 역류, 적도의 무풍지대가 발목을 잡았다.

바스코 다 가마는 향료와 보석 시장으로 직접 가는 통로가 있을 것이라는 믿음을 가지고 항해를 계속했다. 만일 직항로를 발견하기만 한다면 오스만 제국의 통상로를 이용할 때 드는 이런저런 관세나 상품에 붙는 세금과 높은 운송비를 피할 수 있었기 때문이다. 그가 아프리카 동해안을 계속 거슬러 올라간 것은 철저하게 이러한 상업적인 동기 아래에서 이루어졌다.

결국 2년여가 넘는 고난의 여정과 선원 3분의 2 이상의 목숨을 바치고서야 1499년 바스코 다 가마가 진짜 인도 항로를 개척하였다. 후에 포르투갈 왕 후앙 2세는 폭풍의 기슭을 인도 발견 기념으로 '희망의 기슭', 곧 희망봉이라 불렀다. 사람들이 그렇게 두려워하던 폭풍의 기슭이 두려움의 벽을 넘고 보니 희망봉으로 보이게 된 것이다.

∴ 바스코 다 가마의 항해로

　바스코 다 가마의 배가 리스본을 출발해 희망봉을 돌아 인도로 향하던 1497년, 수개월 사이에 약 60%의 선원이 알 수 없는 이유로 사망했다. 죽어가는 선원들에게서 공통으로 나타난 증상은 잇몸이나 구강 점막에서의 출혈이었다. 괴혈병이라는 이름이 붙여진 것도 이 때문이다. 훗날 원주민들이 죽어가는 선원들에게 레몬을 먹여 살려내는 걸 보고 그때부터 배에 레몬을 싣고 다녔다. 비타민C의 역사는 괴혈병의 기록에서 비롯되었다.

　이러한 희생을 치른 후 인도로 가는 뱃길이 열렸고, 바스코 다 가마가 인도에서 싣고 돌아온 동방물산은 큰 이익을 냈다. 3척 가운데 1척밖에 돌아오지 못했지만 후춧가루 등 향신료는 비싼 값에 팔려 나갔다. 무려 60배의 이익을 냈다고 한다.

그 무렵 인구 200만 명을 약간 상회하며 소금과 포도주 수출이 주종이었던 포르투갈이 이 사건 이후 일대 큰 변화를 맞는다. 그 뒤 지중해 대신 아프리카를 도는 항로가 동방무역의 중심이 되었다.

후추 같은 향신료뿐 아니라 인도산 면(켈리코 면)이 수입되었다. 켈리코 면은 옷감이라고는 모직물 위주에 값비싼 비단 정도였던 유럽의 의류시장에 대량으로 보급되기 시작했다. 가볍고 통기성도 좋아 유럽에 의류혁명을 가져왔다.

인도뿐 아니라 아프리카에서도 사금이 쏟아져 들어왔다. 16세기 초 40년 동안 약 16톤의 금이 들어왔다. 이후 포르투갈, 스페인, 네덜란드와 영국의 경쟁 속에 유럽은 세계의 중심으로 떠올랐다. 세우타 점령은 대항해의 첫걸음이었던 셈이다.

포르투갈, 인도 무역을 독점하다

인도 항로를 개척한 포르투갈은 아프리카에서와 달리 상업적 토대를 구축하는 데 무력을 사용하였다. 이미 아시아 각지에 거점을 두고 무역 상권을 독점하고 있었던 아랍인과 이슬람 상인들을 몰아내는 한편, 폐쇄적인 일부 토착 세력의 통제와 간섭을 제거하려는 의도에서였다. 한때 지배적이었던 아랍인의 교역망이 파괴된 뒤부터는 함대를 갖춘 포르투갈이 인도 서부 해안을 통제했다. 그 뒤로 대인도

무역은 해마다 확대되었으나 더불어 현지인과의 마찰도 점차 격화되었다.

1502년 바스코 다 가마가 다시 15척의 무장함대를 인솔하고 인도에 건너갔을 때에는 이슬람과 힌두교 연합함대의 반격을 받았다. 이를 격파하고 인도 각지에 상관商館, 곧 무역관을 설치하고 인도 무역독점의 기초를 다졌다. 포르투갈 왕은 아프리카의 금을 독점수입했던 것과 마찬가지로 후추 무역을 왕실의 독점으로 선포하였다. 포르투갈은 동양무역에서 독보적인 존재가 되었다.

1504년에는 포르투갈 왕이 후추 판매를 독점하여 공식적으로 후추 가격을 정하면서 독일의 푸거가에게 왕실의 특권을 부여했다. 배를 소유한 독일 자본가가 포르투갈인의 해상무역 경비를 부담하는 형태의 자본과 모험의 벤처기업이 탄생한 셈이다. 흥미로운 것은 동방무역에 앞장선 독일 남부의 벨저 및 푸거 상사의 해외 영업소 대리인들은 상당수가 유대 상인이었다는 점이다.

포르투갈은 인도 캘리컷에 함포 사격을 가해 교두보를 확보한 것

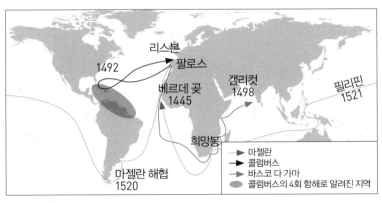

∴ 신항로 개척

을 필두로 이후 페르시아 만의 호르무즈, 인도 동부의 고아에 식민기지를 마련하였다. 그리고 이후 가장 중요한 과업은 향료 생산지인 말라카 제도를 장악하기 위해 말라카 항을 점령하는 것이었다. 당시 이곳은 온갖 다양한 상품들이 넘쳐났던 항구로 포르투갈 사람들이 '동방의 지브롤터'로 불렸던 곳이다. 1511년 7월, 군함 19척을 이끌고 평화롭던 말라카 항을 함락시킨 뒤 총독부를 설치함으로써 인도에서 중국에 이르는 말라카 해협 항로를 장악했다.

그리고 그곳을 발판으로 다시 동쪽으로 진출하여 향료의 주산지인 몰루카 제도에 원정대를 파견해 단번에 향료 무역을 독점했다. 그들이 구한 향료는 인도 말라바르 해안의 후추와 스리랑카의 계피를 비롯해 몰루카 제도의 정향, 반다 섬의 육두구 등이었다. 포르투갈이 가져간 이 향료는 유럽에서 큰 인기를 끌었고 교역으로 엄청난 이윤을 냈다.

16세기 초 포르투갈 함대는 주요 길목마다 군사 요새를 세워 인도양의 해상권을 장악하고 이곳을 지나는 모든 선박에 통행세를 물리며, 무엇보다 유럽으로 들어가는 향료 무역을 자신들이 독점한다. 중세 말기 유럽에서 수입하는 향료의 양이 연간 2000톤에 이르는데 그 가치는 150만 명의 식량에 해당하는 금액이었다.

호르무즈의 의미, 1년 내내 무역이 상시화되다

16세기 자본주의 제국의 선봉대격인 포르투갈이 그 뒤 역점을 두었던 일은 페르시아 만 입구의 호르무즈 해협을 정복하여 봉쇄하는 것이었다. 그 무렵 호르무즈는 아라비아 대상들이 몰려드는 후추 등 향신료 교역의 요충지 항구였다. 그래야만 베네치아로 향하는 이슬람 상인들의 향신료 및 비단 수송로를 차단할 수 있고, 포르투갈의 희망봉 항로를 이용한 독점무역이 가능하게 된다.

1515년 포르투갈의 호르무즈 점령은 큰 의미가 있었다. 이러한 상업기지 확보로 일단 베네치아로 향하는 교역을 중단시켰다. 베네치아가 교역에서 배제되자 이제 인도에서 돌아오는 포르투갈 상선은 리스본까지 갈 필요도 없었다. 아라비아 대상들이 호르무즈에서 물건을 사 유럽에 팔아주기 때문이다. 이것은 대단한 이점이 있었다. 왜냐하면 이 지역에서 특이한 계절풍에 따라 배의 항해 시기가 제한된다는 점 때문이다. 별 어려움 없이 인도양을 가로지를 수 있는 11월에서 2월 사이에만 교역이 활기를 띠는 것도 그래서이다. 그런데 호르무즈 점령으로 인도양을 횡단할 필요가 없어졌다.

호르무즈에 인도 상품을 가득 실은 포르투갈 배가 도착할 때쯤 되면 중동 각지에서 1000~4000여 마리의 대규모 낙타 대상들이 은과 금, 유럽과 소아시아에서 가지고 온 상품을 싣고 도착하여 거래가 이루어진다. 포르투갈은 이러한 거래를 통해 현금을 확보하여 리스본에서 자금이 올 때까지 기다리지 않고도 다시 적기에 유럽으로 보낼 향료를 구입할 수 있었다. 유럽에서 동남아시아까지 왕복 항해에 빨라야 2년, 보통 3년의 시간이 걸리던 시절이었다.

중국과 일본 등으로 해상무역을 넓히다

그 뒤 포르투갈은 1517년부터 중국의 광저우에서 교역을 시작했다. 그리고 16세기 중엽 고기를 말린다는 핑계로 중국의 마카오 땅을 빌려 정식으로 체류한다. 나아가 1543년 일본의 나가사키까지 진출하여 무역거점을 세우고 말라카와 중국, 일본을 연결하는 삼각무역도 전개한다. 왜인들이 임진왜란 중 사용했던 조총이 이때 건네졌다. 그리고 외국에 붙잡혀갔던 10만 명 이상의 조선인 중 상당수 남녀는 포르투갈 등지에 '황인 노예'로 팔려가기도 했다.

일본은 이때부터 막부의 전비를 비축하고 서구 문물을 사들이기 위해 은광 개발에 박차를 가한다. 포르투갈 상인들은 아랍인들이 거의 침투하지 못했던 중국과 일본에까지 해상무역을 넓힌 것이다. 이렇게 포르투갈은 동양 무역로의 요소요소에 무역거점들을 마련하여 동양무역의 실권을 장악하게 되었다.

이를 활용하여 포르투갈 상인들이나 나중의 네덜란드와 영국 상인들은 유럽과 아시아 간 무역보다도 인도양 주변의 중개무역에 더 치중했다. 당시 인도양의 물동량이 매우 많아 그편이 유럽과의 무역보다 유리했기 때문이다. 1557년에는 중국의 마카오 등을 점령하고 군사기지를 겸한 상업기지를 설치했다.

이들이 큰 재미를 보자 16세기 후반에 들면서 영국의 해적활동이 극성을 부려 후추 무역도 타격을 받았다. 해적들은 후추를 싣고 리스본으로 가는 배나, 현금을 싣고 후추와 향신료를 사러 가는 배를 공격했다. 그로 말미암은 손해가 점점 커지면서 20~30%에 해당하는 보험료에도 배에 보험을 들기가 어려웠다고 한다.

그럼에도 포르투갈이 향료 수입으로 큰 이윤을 보자 17세기부터는 네덜란드, 영국 등도 앞을 다투어 동인도회사를 속속 설립해 향료 무역에 뛰어들었다. 그 결과 17세기를 전후해 후추, 계피, 정향, 육두구 등 동방의 향료를 구하기 위한 경쟁은 마침내 식민지 쟁탈전으로까지 치닫는다. 이렇게 포르투갈의 뒤를 이어 유럽 열강들이 아시아에 진출하여 서세동점의 시대가 막을 올린 것이다.

카브랄의 브라질 발견

1500년 페드로 카브랄은 희망봉의 발견자인 디아스와 함께 인도로 향했다. 바스코 다 가마의 항로가 아닌 다른 항로를 찾아 인도로 나섰다. 대서양에서 원래 항로보다 더 서쪽으로 나아간 그들은 우연하게 브라질을 발견하는 행운을 안았다. 그러나 되돌아오는 길에 희망봉 부근에서 심한 폭풍우를 만나 디아스가 세상을 떠났다. 남은 카브랄은 인도 왕복을 마치고 1501년에 리스본으로 돌아왔다. 그의 배에는 다량의 향료, 도자기, 생강, 향목, 진주, 다이아몬드, 루비 등이 실려 있었다. 이로써 브라질이 포르투갈의 식민지가 되는 계기가 되었다.

그 뒤로 후추, 인도 정향, 계피, 생강, 담배, 카카오, 금, 비단, 카펫 등의 생산물이 리스본에 도달하여 포르투갈은 동양과의 교역 분야에서 베네치아를 대신하게 되었다. 이렇게 하여 포르투갈의 황금시대가 시작되었다. 포르투갈 왕 마누엘

1세는 '행운왕'이라 불리게 되었다. 항해왕 엔리케 왕자의 꿈이 기대 이상으로 실현된 것이다.

이후 포르투갈인은 페르시아 만 입구의 호르무즈와 인도의 고아에 무역기지를 설치하였다. 포르투갈인들이 선두에 서서 인도 항로를 개척했다.

유대인들, 사탕수수 농장 경영

그리고 신대륙에서는 카브랄이 발견한 현재의 브라질을 식민지로 삼았다. 이때 포르투갈의 많은 유대인이 종교재판을 피해 아메리카 신대륙으로 이주하였다. 그때 이들이 이베리아 반도와 중동 지역에서 자라던 사탕수수와 담배를 포르투갈령 대서양 섬들로 가져가 재배하였다.

그 뒤 신대륙에서도 지속되는 종교재판으로 궁지에 몰린 유대인들은 페루로 떠나거나 유대인에게 우호적인 네덜란드가 점령한 브라질 동북부로 이주하였다. 그들은 네덜란드 서인도회사와 손잡고 브라질의 설탕 및 커피 농장 개척과 원목 벌채 사업에 참여했다. 네덜란드는 1630년 브라질의 레시페 등 3개 도시를 거점으로 사탕수수를 본격적으로 재배했다. 당시 포르투갈에서 네덜란드로 이주했던 유대인들이 이 무렵 브라질에 대규모로 건너왔다. 레시페로 건너간 유대인들은 시너고그도 세우고 히브리어 학교와 엄격한 유대 율법에 따른 코셔 도축장도 세워 독자적으로 종교의 자유를 회복하였다.

포르투갈은 1580년 스페인에 통합되어 이후 60년간 연합왕국 시

절을 거쳐 1640년에 독립하였다. 1645년 포르투갈이 다시 브라질 식민지 주도권을 잡자 당시 그곳에 살던 1500명의 유대인들은 네덜란드 퇴각 시 함께 암스테르담으로 돌아가거나 네덜란드가 지배하던 카리브 연안으로 이주하였다. 그곳에서 사탕수수 농장을 경영하며 17세기 네덜란드의 국제 교역망 확장에 기여했다.

당시 브라질의 3개 도시를 점령하여 사탕수수 농장을 경영하던 2만 명에 달하는 유대인 및 네덜란드인은 마지막까지 버티다 포르투갈에 의해 1655년 추방된다. 추방당한 유대인들은 자메이카 바르바도스 섬으로 가서 설탕을 생산했다.

그런데 이 설탕의 원료가 되는 사탕수수는 성질이 좀 못됐다. 이어 짓기를 할 수 없을 정도로 흙의 양분을 다 빨아 먹었다. 그래서 플랜테이션 농장은 해마다 자리를 옮겨야 했다. 해마다 대규모의 인부를 이동시키기에 노예제도처럼 좋은 제도가 없었다.

유대인들이 설탕에 목을 맨 이유가 있다. 17세기 유럽에서 가장 부가가치가 높고 중요한 산업이 설탕 산업이었다. 이는 아메리카 플랜테이션에서 생산한 원당을 들여와 유럽에서 정제하여 설탕을 만들어 파는 산업이다. 시설에 많은 자본이 투입되어야 하나 워낙 높은 수익을 올려주는 유럽 최초의 자본주의적 산업으로 18세기 후반에 면직 산업이 발전하기까지는 자본 축적에 가장 중요한 산업이었다.

설탕, 전쟁을 불러오다

이런 가운데 절대주의를 표방하던 암스테르담과 런던은 치열한 경쟁을 펼치며 설탕 산업을 주도해갔다. 이러한 사실은 설탕 산업과 해외 식민지의 이해관계가 밀접함을 시사해준다. 서서히 진행되던 서인도 제도의 설탕 경쟁은 17세기에 이르러 전쟁의 양상을 띠면서 유럽의 정치적·경제적 변화를 불러온다. 스페인, 포르투갈의 뒤를 이어 신대륙에 도달한 영국, 프랑스, 네덜란드가 사탕수수 농장을 벌이는 쟁탈전을 살펴보자.

포르투갈령 브라질의 세 도시를 점령하여 사탕수수 농장을 경영하던 2만여 명에 달하는 유대인 및 네덜란드인들은 이곳을 재점령한 포르투갈에 의해 1655년에 추방된다. 추방 당한 네덜란드의 유대인들은 바르바도스 섬으로 가서 설탕을 생산한다. 그렇지만 제1차 영국-네덜란드 전쟁으로 힘을 소진한 네덜란드가 결국 1661년에 브라질을 포기함으로써 밀고 당기는 이들 간의 설탕전쟁은 종식된다. 포르투갈의 승이었다.

소금과 달리 설탕은 고대에 그리 널리 통용되지 않은 듯하다. 고대 그리스나 아랍 의사들은 약제나 원기 회복제로 꿀만 알고 있었다. 하지만 알렉산더 대왕이 기원전 327년 인도를 원정할 때 부하 네아르쿠스 장군은 벌꿀이 아닌 갈대 같은 식물의 줄기에서 꿀을 만드는 것을 경이롭게 관찰했다고 한다.

고대부터 사탕수수는 남태평양 등 연평균 기온이 영상 20도 이상인 아열대 지역에서 자라다가 기원전 6000년경 인도에 들어와 재배되어 설탕이 처음으로 만들어진다. 그 뒤 아랍 지역으로 퍼진 사탕수수가 이슬람이 이베리아 반도를 지배하게 되자 기온이 높은 남부 안달루시아 지방에서 경작되었다. 이때가 8세기경이다. 15세기 포르투갈의 대항해 이후 아프리카에서 경작되고, 스페인의 신대륙 점령과 함께 산도밍고, 카나리아 섬, 쿠바로 확산되면서 신·구대륙의 정치, 경제에 일대 혁명적 변화를 초래한 설탕의 어제와 오늘을 살펴보자.

과일 및 동물, 사람의 형상과 똑같게 만들어 귀한 사람에게 진상되는 최상의 선물인 설탕은 후추와 함께 중요한 동방(레반트)무역 품목이었다. 따라서 1453년 콘스탄티노플의 함락은 후추 교역과 마찬가지로 설탕 교역에 치명적인 변화를 초래했다. 오스만튀르크가 사탕수수 재배 지역인 이집트와 키프로스를 점령하면서 유럽으로의 설탕 공급이 타격을 받았기 때문이다. 그 이후 지속되는 오스만튀르크와의 전쟁으로 동방무역이 힘들어질수록 설탕값은 올랐다. 이럴 즈음 신대륙에서의 사탕수수 생산으로 유럽에서 설탕의 정제 산업 및 교역이 재개되었다.

16세기까지의 소금 산업 및 동방의 후추 교역으로 부를 얻은 베네치아가 설탕 무역에서도 단연 선두를 달렸다. 하지만 곧 신항로 개척의 선두주자인 포르투갈의 리스본을 경유하여 들어온 서인도 제도산 설탕이 안트워프(1508~1585년), 암스테르담(1612년경), 함부르크(17~18세기), 런던(18세기 이후)에 유입되면서 설탕 교역의 중심지는 이동한다. 이 도시들이 바로 설탕 교역이 활발하던 곳이며, 당대 최대의 세계 상업지였다.

안트워프에 설탕이 처음 도착한 이후 신대륙의 설탕은 이곳으로 모여들었으며 아울러 정제 산업도 번성했다. 하지만 스페인 왕과의 대립으로 정치적·경제적 어려움을 겪으면서 1585년 이후 상권은 자연스럽게 암스테르담으로 넘어가 이곳에 브라질, 카나리아 제도 등지 원당이 집산되었다.

그러나 1651년 영국의 항해조례 이후 바르바도스 섬에서 원당을 수입할 수 없자 암스테르담의 설탕 교역 및 정제업은 큰 타격을 받았다. 이와 마찬가지로 프랑스의 절대주의 역시 네덜란드의 설탕 산업에 일격을 가했다. 중상주의를 표방한 콜베르는 양질의 암스테르담 설탕이 프랑스에 수입되는 것을 바람직하지 않게 여겨서 정제 설탕의 수입이 거의 불가능한 수준으로 관세를 부과했다. 예를 들면 프랑스 식민지에서 온 설탕에 4리브르의 관세가 부과된 반면, 정제 설탕에는 22리브르의 높은 관세가 적용되었다. 이로써 콜베르는 프랑스 설탕 정제업의 대부로 일컬어진다. 한편 프랑스에서는 바나나와 포도에서 설탕을 얻으려는 실험이 시도될 정도로 설탕의 가치와 수요가 치솟았다.

그렇다면 네덜란드와 영국의 설탕전쟁은 어떻게 진행되었을까? 경제사에 많은 영향력을 행사한 항해조례의 이면에는 설탕이 도사리고 있었다. 설탕 생산으로 부를 얻은 자메이카 바르바도스 섬의 주민들은 영국 왕에게 충성을 맹세했다. 따라서 그들은 왕당파와 의회파의 갈등 시 함대를 장악한 의회파에 대항해 중립의 네덜란드 상선으로 설탕을 운반하여 네덜란드에 유리하게 상업을 전개시켰다. 따라서 의회파의 크롬웰이 식민지에서 모국으로 상품을 운반할 때 영국의 상선이나 그 상품의 원산지 국가의 선박만을 이용해야 한다는 항해조례를 발표한 것도 바르바도스 섬과 상업적 동반자인 네덜란드를 겨냥한 것이었다. 내전에서 크롬웰이 승리함에 따라 바르바도스 섬을 오가던 네덜란드 상선 13척이 영국 함대에 나포되었고, 그에 따라 네덜란드의 설탕 무역은 치명타를 입고 제1차 영국-네덜란드 전쟁이 선포된다.

1655년에 영국은 식민지 선주들의 도움을 받아 브라질에서 추방된 네덜란드 유대인들이 사탕수수 농장을 본격화한 자메이카를 정복했다. 이후 영국은 사탕수수 농장과 서인도 제도산 설탕 무역의 종주권을 얻는다. 그리고 식민지 선주들은 사탕수수의 부산물인 당밀의 구매자이자 노예상으로서 서인도 제도의 시장에서 두각을 나타낸다. 영국의 찰스 2세는 1661년 연소득 1만 파운드가 넘는 10명의 사탕수수 농장주들에게 남작의 직위를 주기도 했다. 이로써 명실상부한 설탕남작이 탄생한 것이다. 여기서도 1671년에 기독교 상인들을 중심으로 한 반유대인 움직임이 있었으나, 오히려 유대인들의 정착은 권장되었다.

서인도 제도와 마찬가지로 50여 개의 사탕수수 농장이 있던 남아메리카의 가이아나도 영국, 프랑스, 네덜란드의 격전장이었다. 1667년 제2차 영국-네덜란드 전쟁의 종식과 함께 영국이 뉴암스테르담을 얻는 대가로 네덜란드에 수리남을 양도하는 바람에 그 이후에는 네덜란드와 프랑스의 각축전이 되었다.

당밀, 노예무역을 주도하다

이번에는 당밀의 정치성에 대해 살펴보자. 당밀은 노예무역이라고 하는 삼각무역뿐만 아니라 미국의 독립전쟁에도 중요한 역할을 했다. 서인도 제도에서 온 당밀로 생산된 럼주는 아프리카에서 노예들을 획득하는 수단으로, 신대륙 뉴잉글랜드 부의 주요 원천이었다. 럼주 생산에 제동을 건 1764년 영국의 설탕법은 식민지와 모국의 관계 악화에 한몫하여 독립전쟁의 동기가 되었다.

19세기에도 설탕을 둘러싼 강대국 간의 정치적 갈등은 여전히 끊이지 않았다. 트라팔가르 해전의 패배 이후 경제적으로 영국을 위협하기 위해 나폴레옹은 대륙봉쇄령을 내렸다. 대륙봉쇄령 초기에는 영국과 연합한 오스트리아의 아드리아 항을 통해 식민지 설탕이 유럽에 공급되어 별 차질을 빚지 않았다. 그러나 1809년에 체결된 나폴레옹과 오스트리아의 동맹으로 식민지의 설탕 공급이 중단되면서 밀수가 성행하게 되자 결국 프랑스 정부는 1801년에 중립국 국기 사용을 조건으로 밀수업자들에게 2개의 항구를 개방하는 영업허가를 비싼 가격에 판매하여 프랑스와 영국의 무역을 지속시키는 편법을 쓰게 되었다. 그래도 설탕이 부족해지자 나폴레옹이 프랑스의 와인과 영국의 설탕을 교환하는 데 합의하기도 했다.

그러자 나폴레옹은 1813년에 동인도와 서인도에서의 설탕 수입을 금지하고, 독일의 약사이자 화학자인 아카드는 1805년에 시도한 사탕무에서 설탕을 추출하는 방법의 실용화에 박차를 가했다. 나폴레옹의 대륙봉쇄령으로 인디고監, 면화와 같이 외지에 의지하던 산물의 대체 생산이 추진되었다. 그런 가운데 사탕무에서 설탕이 추출되어 약 250년에 걸쳐 전성기를 풍미하던 서인도의 사탕수수가 새로운 도전을 맞게 된 것이다.

그 결과 17세기 이후 200여 년 동안 설탕 정제 및 수입항이던 함부르크가 19세기 말에는 사탕무로 만든 설탕의 수출항으로 떠오르고, 함부르크와 함께 18세기 이후 부상한 런던의 설탕 시장은 나폴레옹의 대륙봉쇄령과 그 후 대륙의 사탕무와의 경쟁에서도 한몫하게 된다. 이어서 제1차 세계대전 동안 함부르크와 런던의 설탕 선물거래시장이 중지되자 1882년 개장한 뉴욕의 커피 선물거래시장은 1916년부터 설탕을 추가로 취급하면서 뉴욕 커피·설탕 선물거래시장으로 탈바꿈한다.

애환의 설탕 가격, 흑인 노예들을 혹사시키다

이번에는 사치품에서 일상적 필수품으로 변모해가는 설탕의 가격 변화를 살펴보자. 1372년 레반트에서 베네치아를 경유하여 들어온 1kg의 설탕은 수소 2마리와 같은 가격이었고, 심지어 1393년에는 수소 10마리의 가격을 유지했다. 이런 가격에도 설탕의 수요는 지속적으로 늘어났지만 공급량 또한 확대되면서 17세기 들어 설탕의 가격은 계속 하락한다.

1651년 영국의 전쟁포로가 되어 바르바도스 섬으로 보내져 노예 취급을 받던 작센 귀족이 400kg의 설탕값에 해당하는 몸값을 내고 속량되었는데, 이것은 한 석수장이가 4년 8개월 동안 일해서 모은 임금에 불과했으니 설탕 가격 하락의 정도를 충분히 짐작할 수 있었다.

하지만 사치와 부유함의 상징이던 설탕이 일반인의 식탁에 오르기까지는 생각보다 훨씬 오래 걸렸다. 다른 많은 사치 금지법과 마찬가지로 불필요한 소비를 막으려고 취해진 암스테르담 시의 사치품 사용 제한령(1602년)은 자제할 줄 모르고 커져만 가는 설탕의 소비에 대해 경종을 울리려는 시 당국의 의도를 드러낸 것이다. 그리고 이제까지 사회 상층이 전유하던 설탕 소비가 중상층으로까지 확산되는 것에 분노하여 제동을 걸고자 하는 의도가 표출된 것으로도 볼 수 있다.

반면 식민지와의 설탕 무역 및 노예무역으로 부의 급성장을 보인 영국에서는 대륙과 달리 1650년 이후 설탕의 일반화가 시작되었다. 18세기에는 이미 설탕이 일상적인 것으로 여겨질 정도로 그 소비가 급증했다고 한다.

설탕을 둘러싸고 유럽 제국의 경제적·정치적 힘의 위상이 변모하는 가운데 정작 사탕수수 농장이나 제당 공장에서 일하는 노동자들은 경제적 혜택을 감지할 수조차 없었다. 서인도 제도 사탕수수 농장의 노예들이나 유럽 제당 공장의 노동자들은 무덥고 비위생적인 환경에서 새벽 3시부터 저녁 8시까지 강행되는 힘든 노동에 시달렸다. 특히 1450~1850년 사이 신대륙으로 팔려간 수많은 노예는 카리브 섬과 브라질의 사탕수수 농장에서 혹사당했다. 노예들의 피가 배어 있지 않은 설탕이 없다고 할 정도였다. 오죽했으면 달콤한 산물을 악마의 창조물이라고 했을까.

사탕무가 흑인 노예를 구하다

사탕수수 농장의 노예노동에 앞서 절대주의 국가들의 국부 증진에 크게 기여한 수지맞는 장사, 노예무역에 대해 살펴보자. 아프리카의 노예들이 없었다면 신대륙을 백인들이 지배하지 못했을 것이라고 할 정도로 이들은 새로운 노동력으로 신대륙에 편입되었다. 낭트, 리버풀, 암스테르담은 노예무역으로 부를 얻은 대표적인 도시들이다.

당밀로 만든 럼주에 팔려온 이들의 운명을 제일 먼저 변화시킨 나라는 덴마크이다. 1792년에 덴마크는 1803년부터 노예무역을 금지하는 법을 제정하였다. 이에 앞서 1798년 프랑스 대혁명의 자유·평등·박애 사상은 프랑스 식민지의 노예들에게 희망을 주었다. 하지만 인간 및 시민의 권리선언을 모국으로 제한시킨 프랑스 의회의 결의는 1791년에 산도밍고의 폭동을 야기했다. 그리고 이 폭동이 도화선이 되어 두 달에 걸쳐 1130여 개의 설탕 공장 및 사탕수수 농장이 불길에 휩싸였고, 그 결과 유럽의 설탕 시장에 큰 영향을 주어 설탕 가격이 폭등했다.

노예노동에 반기를 들고 영국 등지에서 서인도 제도산 설탕에 대해 불매운동을 벌였지만 그 결과는 미미했다. 영국은 당시 노예노동으로 악명 높은 서인도 제도의 설탕과 경쟁 관계에 있던 동인도 제도의 설탕을 노예노동으로 만들지 않은 설탕이라고 홍보했다. 하지만 네덜란드 식민지이던 사탕수수의 섬 자바의 농장에서도 서인도 제도에 버금가는 잔혹상이 자행되고 있음이 폭로되었다. 이로써 달콤한 설탕 뒤에 숨겨져 있는 쓰디쓴 노예들의 삶이 곳곳에 도사리고 있다는 것이 입증되었다.

전반적인 분위기가 노예노동 금지로 기울면서 신대륙의 농장주들은 필요한 노동력을 값싼 중국인 쿨리로 대체했다. 포르투갈의 식민지인 마카오를 중심으로 노름과 아편으로 재산을 탕진한 수많은 중국인이 하와이와 서인도 제도 농장의 계약 노동자로 대량 이주했다.

이들은 베를린의 약사이자 화학자인 마르그라프에게 감사해야 한다. 그는 1747년에 현미경으로 연구하여 사탕무와 사탕수수가 동질적 요소임을 알아냈다. 사탕무에서 설탕을 추출하여 실용화함으로써 사탕수수 농장과 노예노동을 감소시킨 것이다. 결국 노예노동을 종식시킨 것은 기독교 윤리도 아니고, 금지 법안도 아닌 사탕무였다. 사탕무를 원료로 해 대규모 설탕 제조가 이루어진 건 1801년이다. 사탕무가 서인도 제도 사탕수수의 대체물로 급부상되면서 사탕수수의 수요가 감소하자 몇 세기에 걸쳐 누려온 식민지 설탕의 독무대는 막을 내렸다.❖

❖ 최영순 지음,《경제사 오디세이》, 부키, 2002; 인터넷, 임정환 외

V

유대인,
동양을 요리하다

JEWISH ECONOMIC HISTORY

유대인들이 근대 들어 동양에 미친 영향은 컸다. 역사에 크게 드러나지 않았을 뿐이다. 우선 동양과 향신료 교역을 주도했던 세력이 그들이었다. 특히 유대인들이 주도해서 세운 네덜란드 동인도 회사가 그 중심에 있었다.

유대인들은 동양과 상품교역만 열심히 했던 것은 아니다. 그보다는 금과 은을 바꾸는 환거래에 더 치중했다. 그들 수익의 78%가 환거래에서 벌어들인 것이었다. 당시 유럽 내의 금과 은의 교환 비율은 금 1kg에 은 15kg, 곧 1:15였는데 중국의 교환비율은 1:5였다. 그 무렵 중국은 조세를 은으로 받아 은의 가치가 높았다. 유럽에서 은을 갖고 와서 중국의 금과 교환해 갔다. 300%의 수익이 보장된 거래였다.

나중에는 일본에서 대규모 은광이 개발되자 중국의 금과 일본의 은을 중간에서 중계무역하며 큰돈을 벌었다. 일본이 대규모로 은을 수출하여 경제대국의 기틀을 마련할 수 있었던 것은 조선이 개발한 은 제련기술 덕분이었다.

유대인들이 동양과 거래하며 상품으로 돈을 번 것은 향신료와 더불어 도자기였다. 특히 그들은 중국의 자기 그릇을 수입해 서양 귀족들로 하여금 처음으로 우아하게 식사를 할 수 있게 만들었다. 이후 중국의 해금령 덕분에 자기 수출로 재미를 본 건 일본이었다. 임진왜란 때 잡혀간 우리 도공들이 만든 자기였다.

향신료 전쟁

후추 등 향신료香辛料, spice는 경제사에서 상상 이상의 중요성을 갖고 있다. 근대의 막을 연 항해시대와 식민지 획득 경쟁은 바로 향신료를 찾기 위한 것이었다. 이 시대 자체가 향신료의 역사라고 할 수 있다.

유럽에서는 육류의 맛을 내는 데 동양의 향신료가 필수적이었다. 게다가 육류를 저장하고 보존하는 데도 향신료가 필요했고 심지어 전염병 예방과 악취를 없애는 의약품으로도 사용되었다. 향신료 중에서도 인도의 후추, 스리랑카의 계피, 동인도 제도의 육두구, 몰루카 제도의 정향이 대표적이었다. 원래 인도에서 실크로드를 따라 전해진 후추는 그리스·로마 시대부터 귀하게 여겨 소중하게 다루었다.

그런데 14세기 초, 무역을 중시해 실크로드를 보호해주던 원나라의 힘이 떨어진 틈을 타 오스만 제국이 발흥하여 유럽과 동방의 무역로를 차단했다. 그러자 유럽에서 후추 등 동방 상품의 가격이 폭등했다. 생산지 가격의 100배는 보통이었고 육두구는 600배까지 치솟았다. 동양의 향신료만 얻을 수 있으면 그야말로 대박은 떼놓은 당상이었다.

여기에 불을 붙인 것이 마르코 폴로의 《동방견문록》이다. "중국보다 동쪽에 황금의 나라가 있으며, 그곳 사람들은 후추를 물 쓰듯 한다"라는 대목에서 유럽인들의 눈이 휘둥그레졌다. 《동방견문록》에는 이렇듯 과장되거나 불확실한 부분도 있으나, 베네치아의 상인답게 향신료의 산지에 대한 기록은 비교적 정확히 했다. 이렇게 되자 신항로 개척의 필요성은 한층 절실해졌다.

1492년 콜럼버스는 후추와 금을 찾아 인도로 출발했다. 그는 대서양으로 나가도 지구가 둥글기 때문에 언젠가는 인도에 도착할 것이라고 굳게 믿었다. 그러나 먼저 그를 맞은 곳은 서인도 제도와 신대륙이었다. 앞서 언급했듯 그는 죽을 때까지 자신이 찾은 곳이 인도인 줄 알았다. 그래서 원주민을 '인도 사람'이라는 뜻의 인디언이라 불렀다. 후세 사람들이 콜럼버스를 기려 그가 최초로 찾은 섬들을 '인도'라는 단어가 들어가는 서인도 제도라 명명했다.

바스코 다 가마의 인도 항로 발견

1498년 바스코 다 가마의 포르투갈 함대가 향신료를 찾아 아프리카 남단 희망봉을 돌아 처음으로 아프리카 동쪽 해안에 이르렀을 때 거기에는 많은 이슬람 상선들이 입항해 있었다. 그곳에서 단숨에 계절풍을 타고 인도양을 가로지를 수 있었던 것은 아랍인 뱃길 안내자 덕분이었다. 이렇게 그는 인도 캘리컷에 도착했다. '진짜 인도'에 도착한 것이다.

그 무렵의 인도는 유럽보다 훨씬 풍요로운 국가였다. 특산물인 향신료 이외에도 갖가지 수공업이 발달해 있었다. 무명만 하더라도 캘리컷의 무명은 매우 고급품이어서 유럽인들이 한눈에 반했다. 이때 유럽인들은 이 직물에 '캘리코calico'라는 이름을 붙였다. 표백 가공된 상태가 옥처럼 깨끗한 서양 포布라 하여 일명 '옥양목玉洋木'이라고 불렀던 무명이다.

이후 영국의 산업혁명은 이 캘리코에 자극받아 면직물 산업에서부터 시작하게 된다. 바스코 다 가마 일행은 향신료와 캘리코 등 귀중한 동양 산물을 가득 싣고 귀국했다. 리스본에 2년여 만에 도착했을 때 처음 170명 가운데 생환자는 겨우 55명뿐이었다. 하지만 인도에서 가져온 상품 견본들은 포르투갈 상인들의 호기심을 끌기에 충분했다. 바스코 다 가마 일행은 이때 60배, 곧 6000%의 이득을 남겼다. 이것은 아주 놀라운 이윤율이었다. 중세 말 지중해 향신료 무역에서 얻을 수 있었던 이윤율은 40% 정도에 지나지 않았다.

그 뒤 신항로 개척으로 동방의 산물이 이슬람 상인이나 이탈리아 중개상을 거치지 않고 이베리아 반도를 통해 유럽에 들어오면서 포르투갈 상인들은 엄청난 수입을 보장받았다. 후추, 약초, 생강, 계피, 건포도, 설탕, 상아, 면화, 무명, 곡물, 비단, 카펫, 인도 정향 등이 거래되었는데 특히 후추가 가장 인기 있는 품목이었다. 후추는 향신료로 쓰이는 것은 물론이거니와 치료제나 소화제 또는 진통제나 방부제로도 널리 사용되었다. 따라서 중세까지 유럽에서는 결혼 지참금, 세금, 집세 등이 후추로 계산되기도 하였다.

이러한 인도 항로와 신대륙 발견으로 유럽인들은 막대한 경제적

이익을 얻을 수 있게 되었다. 이때부터 서구 열강의 동양 진출이 본격화되었다. 포르투갈은 1505년에 인도 고아에 총독을 두고 이곳을 중심으로 식민지 개척 전략을 펴나가면서 1511년 실론과 말레이 반도의 말라카도 정복했다. 그리고 1515년 페르시아 만의 무역거점 도시이자 항구인 호르무즈의 점령으로 포르투갈의 동아시아 시대가 활짝 만개되었다.

이로써 본국까지 가지 않고도 여기서 아랍 상인들과 거래하여 짐을 처분할 수 있었다. 포르투갈은 1517년에는 중국에 진출하여 마카오를 선점했다. 명나라는 포르투갈이 남중국해의 해적을 소탕하겠다고 했던 것에 호감을 가졌다. 마카오는 광둥성의 거대한 비단 시장을 끼고 있었기 때문에 중계무역으로는 최적의 입지였다. 이렇게 해서 포르투갈은 16세기 전반에 큰 이익을 보장하는 후추 등 향신료와 비단 등 일체의 동방무역을 독점해서 거대한 부를 얻었다.

탐험의 시대를 마무리한 마젤란의 세계일주

그런데 이때 경쟁국이 등장한다. 1519년부터 1522년까지 3년여에 걸쳐 마젤란의 스페인 함대가 남미, 동남아시아, 아프리카 남단을 거쳐 유럽으로 돌아가는 세계일주에 성공한 것이다. 스페인도 이번에는 '진짜 인도'의 항로를 찾은 것이다.

이로써 지구가 구형이며, 아메리카와 인도 사이에 엄청나게 넓은 바다가 있음도 분명해졌다. 1418년 항해왕 엔리케 왕자가 사그레스에 항해학교를 세운 후 100여 년 만에 콜럼버스의 신대륙 발견, 바스

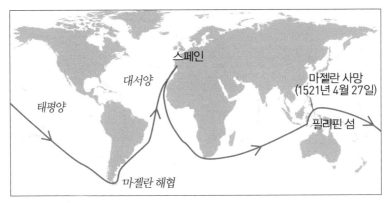

∴ 마젤란의 세계일주

코 다 가마의 인도 항로 발견, 그리고 마침내 이를 연결하는 마젤란 일행의 세계일주 항해가 성공한 것이다.

이어 포르투갈과 스페인의 아시아 진출 경쟁이 본격화되었다. 곳곳에 두 나라의 중계기지와 식민지가 생겨났다. 포르투갈은 티모르, 중국, 일본 등지로 급속도로 세력을 팽창해나갔다. 스페인은 스페인 대로 필리핀을 식민지로 삼고 중국 진출을 시도했다. 이처럼 두 나라가 식민지 개척에 열을 올린 것은 모두 향신료와 동방 상품에 혈안이 되어 있었기 때문이다. 당시 동양 진출에 선두를 달린 것은 포르투갈과 스페인이었다.*

그런데 여기서 이변이 일어난다. 스페인 제국의 무적함대가 그간 우습게 보던 영국과 네덜란드 연합군에 패한 것이다. 이 때문에 동인도 항로의 주인공이 바뀐다. 16세기 말부터 영국과 네덜란드가 스페인과 포르투갈을 몰아내고 이를 대체한다. 그러고 보면 바다를 지배

❖ 장 마리 펠트 지음, 김중현 옮김, 《향신료의 역사》, 좋은책만들기, 2005

하는 나라가 세계를 지배했다. 네덜란드의 동양 진출이 특히 활발했다. 유대인들이 주도하는 네덜란드 동인도회사의 경우, 17세기 중엽에는 말레이 반도에서 자바, 수마트라 등 향료 섬들을 비롯해 대만, 일본과 독점적 무역권을 수중에 넣어 동남아시아 지역의 해상무역 지배권을 장악하게 된다.

알렉산더 6세 교황의 칙령이 세계를 둘로 나누다

여기서 잠깐 교황 알렉산더 6세의 칙령 이야기를 하고 넘어가자. 1493년에 콜럼버스가 신대륙을 처음으로 항해하고 돌아오자, 스페인과 포르투갈 왕들은 신대륙 땅에 대한 권리를 누가 가질 것인지에 대해 엇갈린 의견을 보였다. 스페인은 이 문제를 해결하기 위해 교황 알렉산더 6세에게 도움을 청했다.

사실 그 이전의 교황들이 새로 발견한 땅에 대한 소유권 문제를 과거에 이미 결정했었다. 1455년에 교황 니콜라우스 5세가 아프리카 대서양 연안의 땅과 섬들을 탐험하고 소유할 권리를 포르투갈에 독점적으로 주었던 것이다.

1479년 포르투갈의 아폰수 5세와 그의 아들 후앙 왕자는 스페인과의 알카소바스 조약에서 카나리아 제도에 대한 통치권을 스페인의 페르난도와 이사벨에게 넘겨주었다. 그 대가로 스페인은 아프리카에 대한 독점적인 무역권과 아조레스, 카보베르데 제도, 마데이라에 대한 통치권이 포르투갈에 있다는 것을 인정해주었다.

2년 뒤 교황 식스투스 4세는 이 조약을 승인하면서 카나리아 제도 동쪽과 남쪽 지역에서 새로 발견되는 것은 모두 포르투갈의 소유로 정했다. 포르투갈 왕 후앙은 콜럼버스가 발견한 땅이 포르투갈 소유라고 주장했다. 그에 반발한 스페인의 군주들은 새 교황인 알렉산더 6세에게 문제를 가져가 콜럼버스가 발견한 땅의 권리가 누구에게 있는지 정해달라고 했다.

이에 알렉산더 교황은 3개의 공식 칙령을 발표했다. 첫 번째 칙령에서는 신대륙의 영구적 독점 소유권을 스페인에 주었다. 두 번째 칙령에서는 카보베르데 제도에서 서쪽으로 약 500km 지점을 기준으로 남북을 잇는 경계선을 확정했다. 알렉산더는 그 경계선의 서쪽에 있는 땅은 이미 발견된 것이든 앞으로 발견될 것이든 모두 스페인 소유라고 말했다. 교황의 칙령 하나로 세계가 둘로 나뉘어버린 것이다. 세 번째 칙령에서는 스페인의 영향력을 동쪽으로 인도까지 확대시켜 주었다.

알렉산더의 결정에 불만을 품은 후앙은 페르난도와 이사벨과 직접 협상을 했다. 그 결과 1494년에 스페인의 조그만 도시 토르데시야스에서 그 도시의 이름을 딴 조약이 체결되었다. 토르데시야스 조약에서는 기본적으로 알렉산더가 정한 남북 방향의 경계를 유지하면서 경계선을 서쪽으로 1480km 이동시켰다. 그 때문에 포르투갈은 아프리카와 아시아를 모두 소유하게 되었고 스페인은 신대륙을 손에 넣었다. 하지만 경계선이 서쪽으로 옮겨지면서 당시에는 아직 발견되지 않았지만 훗날 브라질이 포르투갈 영토가 되었다.

스페인과 포르투갈은 그러한 칙령들을 등에 업고 새로 발견한 땅들을 차지하고 지배하며 대학살을 자행했다. 그 칙령들 때문에 새로 발견된 땅의 원주민들은 권리를 짓밟히고 착취당했다.

케이프베르데 제도 서쪽에서 500km 떨어진 곳에 가상의 경선이 있다. 교황의 교령으로 포르투갈은 이 경선의 동쪽 영토를, 스페인은 서쪽 영토를 하사받았다. 이런 모순된 칙령이 나올 수 있었던 것은 당시 교황이 지구가 둥글다는 사실을 몰랐거나 이를 간과했기 때문이다. 어쨌든 스페인이 서쪽으로 가서 말루쿠 제도에 도착할 수만 있다면 스페인은 말루쿠 제도에 대한 합법적 권리를 주장할 수 있었다.

마젤란, 목숨 바쳐 항로를 찾아내다

마젤란은 스페인 왕실에 자신이 새로운 대륙을 통과할 수 있음을 확신시켰고 자신도 그렇게 생각했다. 1519년 9월 마젤란은 스페인을 떠나 남서쪽으로 내려가 대서양을 건너 지금의 브라질, 우루과이, 아르헨티나 해안을 따라 내려갔다. 라플라타 강어귀를 만나자 마젤란은 드디어 태평양으로 가는 길을 찾았다고 생각했다. 하지만 라플라타 강어귀를 따라 200여 km를 나아갔을 때 나타난 것은 지금의 부에노스아이레스였다. 마젤란의 실망은 이루 말로 표현할 수 없었다.

마젤란은 실망할 때마다 다음 곶만 돌면 태평양으로 가는 통로가 나올 것이라 확신하며 계속 남으로 내려갔다. 5척의 작은 배와 265명의 선원으로 시작된 항해는 악화일로에 있었다. 남쪽으로 갈수록 낮은 더 짧아지고 강풍이 불어닥쳤다. 항해 도중 선원들이 폭동을 일으키기도 했다. 폭동을 진압한 마젤란은 남위 50도에 이르러서도 태평양으로 가는 해협이 보이지 않자 남국 겨울의 나머지를 그곳에서 보냈다.

다시 항해를 계속한 마젤란은 드디어 오늘날 우리가 알고 있는 마젤란 해협을 발견해내고 이를 무사히 통과했다. 1520년 10월 마젤란 선단의 배 4척이 마젤란 해협을 통과했지만 보급품이 떨어지자 마젤란 휘하의 장교들은 돌아가야 한다고 주장했다.

하지만 정향과 육두구의 유혹 때문에, 그리고 동인도 제도의 향료 무역이 가져올 부와 영광 때문에 마젤란은 항해를 멈출 수가 없었다. 마젤란은 3척의 배를 이끌고 서쪽으로 항해를 계속했다. 누구도 상상하지 못했던 광대한 너비의 태평양을 건너는 일은 남아메리카 남단의 마젤란 해협을 통과하는 것보다 훨씬 힘든 일이었다.

1521년 3월 6일 탐험대가 마리아나 제도의 괌에 상륙하면서 선원들은 굶주림과 괴혈병으로 인한 죽음의 공포에서 잠시 벗어났다. 10일 뒤 마젤란은 필리핀 제도의 조그마한 섬인 막탄에 상륙했다. 이것이 그의 마지막이었다. 주민들과의 사소한 충돌로 마젤란이 살해당한 것이다.

마젤란 본인은 몰루카 제도에 도달하지 못했지만 그의 배와 선원들은 정향의 원산지, 테르나테 섬에 도착했다. 스페인을 떠난 지 3년 만에 18명으로 줄어든 선원들은 마젤란 선단의 마지막 배 빅토리아 호에 26톤의 향신료를 싣고 세비야로 돌아왔다.

향신료 교역, 100배 이상의 수익을 내다

무적함대가 격파된 뒤에도 스페인은 신대륙 무역에서 여전히 우위를 점했다. 하지만 아프리카 남단을 도는 향신료 무역은 영국과 네덜란드가 주도권을 쥐었다.

∴ 정향의 원산지인 몰루카 제도의 암본 섬

　초기에 영국은 인도를 중심으로 거래했고, 네덜란드는 인도네시아를 위주로 무역했다. 마르코 폴로에 의해 인도네시아 동부의 몰루카스 섬들이 향료의 섬이라는 사실이 서양인들에게 처음으로 알려지자 네덜란드인들은 직접 그 원산지를 찾아 나선다.

　마침내 1595년 네덜란드인들은 동양으로 첫 함대를 파견했는데 그들은 바로 향료 무역의 중심지로 직행하여 지금의 자카르타인 바타비아에 근거지를 세우고 포르투갈 사람들을 축출했다. 그리고 그들은 돌아가는 길목의 실론과 케이프타운에 중간 통상거점을 세우고 거대한 아시아 무역망을 발전시켰다. 그 뒤 이들의 주요 거래물품은 후추, 육두구, 정향, 계피 등 향신료였다.

　당시 후추는 금값이었다. 이런 후추보다 더 비싼 게 육두구였다. 영어 이름인 '너트메그'란 사향 향기가 나는 호두라는 뜻이다. 그 무렵 향신료는 부피가 작고 유럽에의 공급이 부족한 상황이었기에 매우 수익성이 높은 상품이었다. 정향을 실은 네덜란드의 첫 상선은 무려 2500%의 순익을 남겼을 정도였다. 하지만 이것은 시작에 불과했

다. 그 뒤 네덜란드 동인도회사의 유대인들은 경쟁이 심한 인도의 후추를 피해 인도네시아 향신료 섬들과 수마트라, 자바를 비롯한 동남아 각지의 지배권을 확립하고 육두구와 메시스 그리고 정향 등을 독점 거래하였다.

네덜란드 동인도회사의 유대인들은 이렇게 향신료의 산출뿐만 아니라 판매까지 일괄하는 독점체제를 완성하여 동인도에서의 구매 가격과 유럽에서의 판매 가격을 마음대로 조정했다. 그들은 생산지 가격은 최저로 억제하고 유럽에서의 판매 가격은 최고 수준으로 유지하며 독점이윤을 실현했다. 이 같은 방법으로 헐값에 산 값비싼 향신료들을 가득 싣고 배가 무사히 돌아오면 보통 100배 이상의 시세 차익을 보았다.

이렇게 향료 무역은 성공하면 대박이었지만 그에 못지않게 많은 비용과 희생이 따랐다. 향료 구매에 필요한 자금 외에도 훌륭한 대포가 장착된 배와 능력 있고 경험이 풍부한 선장과 선원들을 확보해야 했다. 게다가 위험도 많았다. 17세기를 전후해 3번에 걸쳐 동인도로 파견된 약 1200명의 영국 선원들 가운데 무려 800명이 항해 도중 괴혈병과 장티푸스로 죽었다. 풍랑과 암초를 만나 배가 침몰하기도 했다. 또 현지에서의 저항도 만만치 않았다. 게다가 향료를 싣고 오던 배가 적대 관계에 있는 국가의 무장 범선을 만나 약탈당하고, 심지어 잔인한 학살극이 일어나기도 했다. 힘든 항해를 마치고 본국에 돌아오는 선원과 상인의 수는 극소수에 불과했다.

이런 연유로 해상무역을 하는 회사는 무엇보다 군사적으로 적들

보다 강해야 했다. 그리고 식민지를 개척하고 운용해야 했다. 1602년
에 설립된 네덜란드 동인도회사는 본국과 멀리 떨어진 곳에서 사업
을 성공적으로 수행하기 위해 아예 '주식회사와 국가가 결합된 형
태'가 되었다. 그래서 동인도회사에 주어진 권한은 정부 권한에 버금
갔다. 아니, 정부 권한 그 자체였다.

유대인이 주도하는 동인도회사, 막강 권력을 갖다

중상주의를 기치로 내건 네덜란드 정부는 1602년 유대인들이 대
주주로 있는 동인도회사에 인도 항로를 포함한 아시아에 대한 독점
무역권을 보장했다. 그리고 일상적인 해상교역권 이외에도 식민지 개
척 및 관리권도 주었다. 또 이에 필요한 협상의 권리와 교역 상대국
안에서 독립적인 주권도 보장해주었다. 아울러 식민지 개척을 위해
회사가 군대를 가질 수 있게 했다.

이와 함께 동인도회사는 관리 임명권은 물론 식민지 개척과 운영
에 필요한 치외법권과 전쟁 선포권도 갖게 되었다. 더불어 조약 체결
권과 화폐 발행권도 주어졌다. 그 밖에 식
민지 건설권, 요새 축조권, 자금 조달권 등
을 주었다. 그뿐만 아니라 외국 경쟁자와
싸울 때는 정부의 전폭적인 지원을 받았
다. 동인도회사는 한 나라에 비견되는 막
강한 권리를 갖게 된 것이다. 이 모든 것이
동인도회사의 대주주들에게 자유재량권

∴ 네덜란드 동인도회사의 기. 네덜란드 국
기를 차용했는데 가운데가 동인도회사
로고이고 윗부분의 빨강은 용기, 가운데
하양은 신앙, 아랫부분의 파랑은 충성심
을 상징한다.

이라는 이름으로 모두 위임되었다. 한마디로 유대인 대주주들이 동인도회사의 상업정책과 식민지정책을 주도한 것이다. 그런데 불행하게도 자본주의의 이 상징이 최초의 주식회사는 한 손에는 무역, 다른 한 손에는 총을 갖고 시작했다.

열강의 향료전쟁, 야만적 침탈도 서슴지 않다

동인도회사는 '무역독점권'을 얻는 것을 지상목표로 했다. 그 때문에 무력 사용도 서슴지 않았다. 상업과 약탈이 혼재된 야만적인 침탈이 벌어지기 일쑤였다. 일례로 당시 향신료 거래 중에서 가장 큰 이익을 내는 것이 육두구였는데 이것은 인도네시아 반다 해의 반다 제도에서만 자랐다.

반다 제도는 몰루카 제도의 동남쪽에 존재하는 10개의 작은 화산 섬들의 모임이다. 크기는 다 합쳐도 불과 180km2에 불과할 정도로 작았다. 제주도의 10분의 1도 안 된다. 반다 제도의 섬들과 비슷한 크기의 섬이 몰루카 제도 북쪽에도 있는데 테르나테 섬과 티도레 섬이다. 이 두 섬은 세계에서 유일하게 정향나무가 자라는 곳이었다.

수 세기 동안 몰루카 제도 주민들은 육두구와 정향을 재배해서 이곳을 방문하는 아랍, 말레이, 중국 상인들에게 팔았다. 이로써 육두구는 아시아와 유럽으로 전파되었다. 당시 육두구와 정향은 유럽 소비자에게 전달되는 데 12단계의 유통 경로를 거쳐야 했다. 각 유통 단계를 거칠 때마다 향신료의 가격은 2배로 뛰었다.

이때 포르투갈의 인도 총독 아퐁소 디 알부케르케는 실론 섬과 말레이 반도의 말라카를 점령하고 향료 무역을 장악했다. 1512년 알부케르케는 몰루카 제도에 도착해 이곳 사람들과 직접 교역하면서 육두구와 정향 무역을 독점하여 베네치아 상인들을 능가했다.

스페인도 향료 무역에 눈독을 들였다. 1518년 포르투갈 항해사 페르디난드 마젤란은 자신의 탐험 계획이 조국에서 받아들여지지 않자 스페인 왕실을 찾아갔다. 그는 서쪽으로 가면 말루쿠 제도에 도착할 수 있을 뿐 아니라 항해 기간도 단축할 수 있을 거라는 자신의 계획을 설명하고 설득했다. 스페인은 마젤란의 탐험 계획을 지원할 이유가 충분했다. 동인도로 가는 서쪽 항로가 개척되면 스페인 선박들은 포르투갈 항구를 이용할 필요도 없어지고 아프리카와 인도를 경유하는 동쪽 항로를 이용할 필요도 없어지기 때문이다.

** 인도네시아의 반다 제도

∴ 인도네시아 반다 제도

원래 인도네시아라는 국명 자체가 그리스어로 인도라는 의미의 '인도스Indos'와 섬이라는 뜻의 '네오소스Neosos'가 합쳐진 말이다. 이처럼 유럽인들은 인도네시아를 당시 향신료 교역의 중심지인 인도의 연장선에서 보았다.

육두구는 당시 흑사병의 치료제로 알려졌었다. 영국의 한 외과의사가 흑사병에 육두구만이 유일한 치료제라고 주장한 이후 사람들이 앞다투어 육두구를 찾았다. 그 때문에 육두구 가격은 천정부지로 치솟았다. 한때 금보다 더 비싸게 거래되었다.

1602년 네덜란드인들은 당시 포르투갈군이 지배하던 반다 제도의 토착민 족장으로부터 육두구 향료 무역의 독점권을 받아내는 데 성공했다. 토착민들의 반 포르투갈 정서가 큰 힘이 되었다. 당시 반다 제도에는 수천 명의 원주민이 살고 있었다. 이들은 사실 네덜란드 사람들이 오기 90년 전인 1512년부터 이 섬에 나타난 포르투갈 사람들을 싫어했다.

그래서 토착민 족장과 네덜란드 동인도회사 양측은 다른 유럽인들을 섬 밖으로 몰아내는 합의서를 작성했다. 특히 이는 포르투갈 사람들을 겨냥한 것이었다. 이어 벌어진 네덜란드와 포르투갈 전투에서 포르투갈은 예상외로 힘없이 물러났다. 한 달 후 네덜란드인들은 반다 섬에 요새를 지었다. 그 뒤 이들은 야욕을 드러냈다. 무자비한 군사작전으로 토착민 족장과 원주민들을 살해하고 반다 섬을 무력으로 정복했다. 비신사적인 야만적 행위였다. 이것이 동인도회사 최초의 식민지였다. 7년 후인 1609년 반전이 일어났다. 현지 원주민들이 복수전을 펼쳐 모든 네덜란드인을 살육하고 섬을 탈환했다. 이후 1916년에는 영국군이 이 섬을 정복했다. 그 뒤 네덜란드와 영국은 곳곳에서 부딪쳤다.

아시아 식민지 초대 총독이자 동인도회사 제4대 총독인 유대인 얀 피터스존 코엔은 자바에 식민지 기지를 건설하였다. 코엔Coen은 전통적인 유대인의 성이다.

그는 자바의 반탐과 마타람 두 왕국의 왕위계승 분란을 미끼로 점차 침략의 고삐를 당겼다. 결국 네덜란드는 영국인과 반탐인을 자카르타에서 물리치고, 1616년에 자카르타를 바타비아로 명명할 수 있었다. 네덜란드군의 잔인한 행동은 자바의 섬들을 공격할 때 드러났다. 2500명의 반탐인이 굶어 죽거나 칼에 찔려 죽었고, 3000명은 섬에서 쫓겨났다. 이후 네덜란드 동인도회사는 1619년에 인도네시아

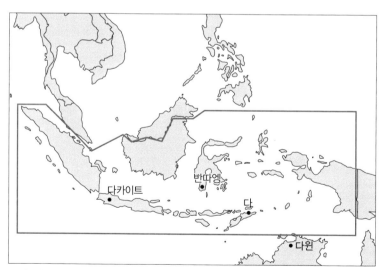

∴ 인도네시아

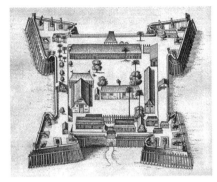
∴ 반다 제도 네이라 섬에 건설된 네덜란드 나소 요새

전체를 점령했다.

그 무렵 네덜란드 동인도회사 수입의 56%는 후추가, 18%는 나머지 향신료가 차지하고 있었다. 한마디로 향신료가 주 수입원이었다. 이들은 반다 제도의 육두구를 잊을 수 없었다. 더구나 당시 육두구는 후추의 10배 이상 가격으로 거래되고 있었다. 따라서 네덜란드 동인도회사는 반다 제도를 장악하려는 데 사활을 걸고 있었다.

1621년 네덜란드인들은 1000여 명에 이르는 군인들과 10여 척의 전함을 이끌고 반다 제도로 쳐들어갔다. 여기에 일본인 용병인 사무라이들까지 있었다. 그들은 영국군을 물리치고 원주민 대부분을 죽이고 마을을 불태웠다. 살아남은 사람들은 노예로 만들었다. 그리고 반다 제도 네이라 섬에는 네덜란드 식민지배의 상징인 나소 요새를 건설했다. 네덜란드는 이러한 야만적 침탈로 육두구를 독점매매할 수 있었다. 이렇게 향신료에는 피의 역사가 함께했다. '자본의 원시적 축적', 곧 자본주의 종잣돈은 이렇게 대항해시대의 무수한 살육과 약탈 행위를 통해 마련되었다.

유대인, 삼각무역에 주력하다

17세기에 이르러 네덜란드 동인도회사 유대인들은 일본에까지 해상교역을 넓혀나갔다. 네덜란드는 1609년 일본 히라도平戶에 최초의 네덜란드 무역관을 설치했다. 이들이 일본과 차, 도자기, 비단과 더불어 은과 구리도 취급했다. 당시 일본에서 네덜란드와 경쟁 관계였던 포르투갈의 일본 무역선단 사령관 로푸 드 카르발류도 유대인이었다. 유대인들끼리의 각축이었다.

이후 1619년에 자바 섬에 첫 번째 식민거점 바타비아를 세운 네덜란드는 자바 섬 서쪽의 수마트라 섬을 침략했다. 바타비아는 오늘날의 인도네시아 수도인 자카르타이다. 그리고 네덜란드는 포르투갈로부터 동쪽 향료섬 몰루카 제도를 빼앗은 후, 말라카와 실론까지 점령했다. 실론은 오늘날의 스리랑카이다. 이 과정에서 네덜란드의 동인도회사는 17세기 중엽에 이르기까지 폭력적인 점령으로 곳곳에 식민지를 세워 그곳에 무역관을 개설하였다. 무역관들은 1607년 시암의 아유티아를 시발로 1609년 일본의 히라도와 1641년 데시마, 1624년 대만의 포트 젤란디아, 1636년에 베트남, 1644년 실론 등 약 20여 곳에 이르렀다.

당시 동인도회사의 유대인들은 삼각무역에 주력했다. 인도네시아의 향신료와 인도의 후추, 무명 및 다이아몬드를 본국에 실어다가 팔아 은을 마련했다. 당시 은은 국제화폐였다. 그 은으로 인도네시아를 가는 길에 인도에 들러 후추와 무명을 샀다. 당시 인도 케랄라에는 6세기 이후 그곳에 설립된 유대인 상인조직이 있었는데 그들에 의해 보석류 등 각종 진기한 물건들의 외부 교역이 행해졌다. 유내인들은 인도에서 산 후추와 무명을 갖고 인도네시아에 가 향신료와 바꾸고 일본에 가서 은과 구리와 바꾸었다. 그리고 일본 은을 중국에 가져가 금과 비단으로 바꾸었다. 한 행차에 몇 번의 거래를 하여 수익을 크게 늘릴 수 있었다. 이 삼각무역 구조는 장기간에 걸쳐 안정적으로 진행되었다.

동인도회사, 호르무즈 활용으로 날개를 활짝 펴다

이러한 네덜란드 동인도회사에 중요한 전기가 도래한다. 그 과정을 살펴보자. 아시아의 귀중한 상품이 직접 거래되던 페르시아 만 어귀 호르무즈 해협의 호르무즈 항구를 1515년 포르투갈이 선점하면서 그들이 동인도 무역을 본격적으로 독점할 수 있었다. 호르무즈가 고대로부터 동양과 서양을 연결해주는 핵심거점이었기 때문이다. 배들이 이곳까지만 오면 아라비아 대상들이 물건을 받아 서양에 넘겼다.

그 무렵 유대인을 추방해버린 포르투갈은 그 대타로 독일의 거상 푸거가와 손을 잡고 있었다. 포르투갈 왕실은 스페인의 압력으로 부득이 유대인을 추방하게 되자 동방무역의 특권을 푸거가에 주었던 것이다. 그래서 푸거가가 동방무역에 대한 자금을 댔다. 그리고 그 자금으로 인도 및 말레이 군도에서 모아들인 귀금속과 향료 등 동양 상품을 가득 실은 포르투갈 배가 동인도 무역을 독점적으로 주도했다. 인도에서 돌아오는 포르투갈 배가 호르무즈에 도착할 즈음 중동 지역에서 1000~4000여 마리의 낙타로 이루어진 대상들이 은과 금 그리고 상품을 가득 싣고 호르무즈에 모여 거래를 한다. 대부분이 유대인이었던 푸거가의 매니저들은 이 거래를 통해 돈을 벌어 리스본에서 자금이 오기까지 기다리지 않고도 유럽으로 보낼 향료를 적기에 다시 구매할 수 있었다. 무엇보다 선박이 인도양 남단을 멀리 횡단하여 아프리카를 돌아 포르투갈까지 가야 할 필요가 없어지자 계절 풍의 영향을 비교적 받지 않는 연안 항로를 이용해 1년 내내 교역활 동을 할 수 있었다.

당시 원거리 해양무역을 결정하던 가장 중요한 요소는 계절풍이 었다. 무역풍이라고 불리기도 하는 이 계절풍은 여름과 겨울에 대륙 과 해양의 온도차로 인해 발생한다. 겨울에는 대륙에서 대양을 향해 불고, 여름에는 대양에서 대륙을 향해 불어 반년 주기로 풍향이 바 뀌는 바람이다. 1년에 한 번 바뀌는 이 바람의 방향이 아시아 해양 지 역, 곧 광둥에서 인도양을 거쳐 홍해 입구 모카까지의 모든 선박의 교역 일정을 결정했다. 바람이 몇 달 동안 한 방향으로만 불다가 다 음에는 반대 방향으로 부는 마당에 계절풍에 맞서는 것은 아무런 실

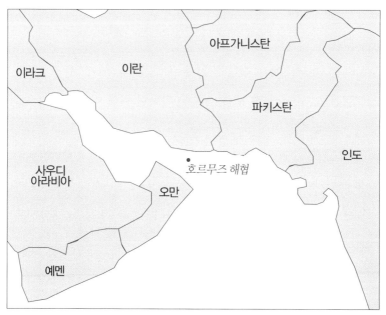

＊＊ 오만 만 호르무즈 해협

익이 없었다. 무역상은 한 방향으로 될 수 있는 한 멀리 갔다가 바람의 방향이 바뀔 때까지 그곳에 머물렀다. 이렇게 해상무역 상인들의 행동반경이 제약되고, 그다음의 일은 중개상인들의 몫이 된다.

포르투갈은 호르무즈의 지배로 계절풍이 뚜렷이 나타나는 인도양을 항해하지 않고도 동방물품을 대상들에게 인도할 수 있게 되었다. 게다가 본국까지 갈 필요가 없어지자 선박의 운행 기간이 대폭 단축되어 거래 회전수를 획기적으로 늘릴 수 있었다. 왕복에 2년 이상 걸리던 뱃길을 6개월 미만으로 단축할 수 있었던 것이다. 이렇게 호르무즈의 점령으로 본격화된 포르투갈의 동아시아 시대는 1세기 이상 지속되었다.

이후 반전이 일어난다. 영국과 연합한 페르시아가 1622년에 호르무즈를 다시 탈환함으로써 아시아에서 독점적인 포르투갈 시대는 막을 내린다. 이후 호르무즈에는 누구나 이용할 수 있는 자유 교역이 허용되었다. 그 뒤 네덜란드의 동인도회사가 본격적으로 동아시아 교역을 주도하게 된다.

네덜란드는 중국과의 무력 충돌을 피하기 위해 이미 기항지로 점령했던 중국의 펑호澎湖에서 물러나 중국의 영토가 아닌 대만을 점령하였다. 그 뒤 네덜란드는 1662년 명나라의 정성공에 의해 쫓겨나기까지 대만에서 인력 수출 및 사슴 사냥 등의 사업을 영위했다. 이어 일본에서 기독교 선교 문제로 포르투갈과 스페인이 쫓겨나자 네덜란드 동인도회사가 1639년부터 일본과의 교역을 독점했다. 일본과의 무역을 독점하게 되면서 이후 아시아 교역에서 네덜란드의 전성기가 펼쳐진다.

그 뒤 네덜란드는 1641년 말라카에 향료항구를 건설하고 남반부

아래로 탐험을 계속했다. 오세아니아에도 간 네덜란드 항해사 아벨 타즈만은 1642년 뉴질랜드를 발견했다. 섬이 자기 고향인 네덜란드의 주 질란드ₓₑₐₗₐₙ𝒹와 닮았다 해서 'New Zealand'라고 유럽 사회에 알리기 시작했다. 그 뒤 그는 호주를 탐험했는데, 그래서 시드니 앞바다와 섬이 그의 이름을 본뜨게 되었다. 그 후 네덜란드인들은 1650년 스리랑카에 향료항구를 건설한다. 또한 네덜란드 동인도회사는 희망봉을 빼앗고, 뉴질랜드를 식민지로 만들고, 브라질을 점령했다.

네덜란드는 이번에는 미주 대륙을 공략하기 위해 서인도회사를 만들었다. 그리고 1630년부터 1654년까지 브라질 동북부를 점령해 유대인들은 사탕수수 농장을 만들어 설탕 산업을 본격적으로 키웠다. 설탕 또한 당대 최고의 부가가치 상품이었다. 그 뒤 동인도회사의 유대인들은 1696년 인도네시아에 세계 최초의 커피 농장을 만들었다. 이후 오랜 기간 커피 수출을 독점할 수 있었다. 돈 되는 곳의 돈

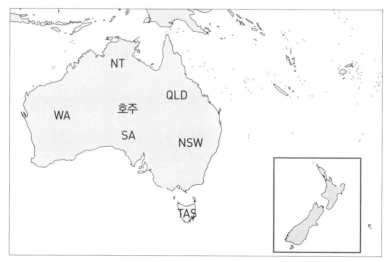

** 뉴질랜드

되는 사업은 모두 네덜란드 동인도회사와 서인도회사의 유대인 손아귀에 들어왔다. 네덜란드는 동인도회사와 서인도회사를 통해 글로벌 경제를 이룬 것이다.

네덜란드 동인도회사의 만행

1605년 포르투갈로부터 몰루카 제도를 접수한 네덜란드인들은 가격을 올리기 위해 이 섬에서만 정향을 생산하도록 했다. 정향은 늘 푸른 큰키나무로 분홍 꽃이 피는데, 이 꽃이 정향의 원료이다. 꽃이 피기 바로 직전에 따서 햇볕이나 불을 지펴 말린다. 말린 꽃봉오리가 마치 못을 닮았다고 해서 정향丁香이라 하며, 영어 이름인 클로브clove 역시 클루clou(못)에서 유래되었다. 정향은 고대부터 대표적인 묘약의 하나였다. 게다가 정향은 향기가 좋을 뿐 아니라, 우리가 쓰는 향료 가운데 부패 방지와 살균력이 가장 뛰어나다. 현재도 정향은 햄, 소스, 수프 등 서양 요리에서 필수적인 향신료이다.

네덜란드 동인도회사 사람들은 이후에도 무력으로 향신료 시장을 장악했다. 그러나 그들의 대량 공급은 정향의 가격을 떨어뜨렸다. 그러자 향신료에 다른 품종을 첨가하는 부정을 저지르기 시작했다. 그 결과 소비자의 불신을 초래하여 가격이 곤두박질하며 폭락했다. 1760년 암스테르담에서는 향료 가격을 인상시킬 야욕으로 산더미 같은 향료 재고를 불태워버리는 사건도 발생했다.

정향을 효율적으로 생산하고 수송하려는 의도가 가격 폭락을 초래하게 되자 네덜란드인들은 암보이나와 테르네이트 지역의 극히 일부를 제외한 모든 향료의 섬들에서 정향나무를 뽑아냈다. 그 뒤 향료를 불법적으로 재배하거나 거래하는 자들은 모조리 처형했다. 원주민들의 수입원은 오랫동안 정향에 의존해왔었으나 이러한 조치로 지역경제는 몰락할 수밖에 없었다.

아기를 출산한 기념으로 정향나무를 심던 원주민들의 전통마저도 큰 정신적 상처를 입게 되었다. 정향나무의 죽음은 곧 어린이들의 무덤을 파는 것이라고 원주민들은 믿었다.

1770년 모리셔스의 프랑스인 총독은 몰루카로부터 어렵게 정향나무 씨앗을 훔쳐 동아프리카의 농장에서 재배했다. 이후 광범위한 향료 산지로부터 향료 공급이 증가하자 향료 독점권은 무너지고 가격이 하락하여 일반 서민들도 쉽게 구매할 수 있게 되었다. 오늘날 동아프리카 탄자니아의 잔지바르 섬과 펨바 섬은 세계 정향의 9할을 공급한다. 반면 정향나무 원산지였던 인도네시아는 오히려 정향의 최대 수입국이 되었다. 역사의 반전이다.

오늘날 인도네시아가 가장 많은 정향을 소비하게 된 데는 그럴 만한 이유가 있다. 19세기 후반에 인도네시아인들은 담배와 정향을 혼합해 '크레텍kretek'이라는 정향 담배를 최초로 생산했는데 담배를 피울 때 바삭바삭하는 소리가 나서 이 이름이 붙었다. 인도네시아에서는 7만 명의 노동자가 크레텍 생산에 종사할 정도로 이것의 수요는 엄청나다. 오늘날 인도네시아인들은 세계 정향의 절반을 연기로 날리고 있다.

∵ 정향

경제사에서 소금, 후추, 설탕 등이 끼친 영향은 역사를 바꿀 정도로 대단했다. 이들 상품 대부분이 유대인에 의해 유통되었다는 점 또한 같다. 커피 또한 예외가 아니다. 근세 초기의 커피는 유대인에 의해 최초로 대량 재배되어 유통되었다. 지금도 커피 유통의 중심에는 그들이 있다.

오늘날 세계 무역에서 커피는 원유 다음으로 물동량이 많다. 현재 커피의 연간 거래량이 750만 톤으로 하루 소비량은 27억 잔에 이르는 것으로 추정된다.

하지만 유럽에 선보인 초기에는 너무 비싸 일반인들은 마시기 어려웠다. 프랑스의 루이 14세는 딸의 커피값으로, 요즘 돈으로 한 해 1만 5000달러를 치렀을 정도이다. 커피가 경제사에 등장한 과정을 보자.

525년 에티오피아가 예멘 지방을 침략한 시기에 아프리카가 원산인 커피가 아라비아로 건너갔다고 역사가들은 보고 있다. 커피라는 이름 자체가 에티오피아 커피 산지인 카파Kaffa라는 지역 이름에서 유래된 것이라 한다. 또 다른 설說로 알라의 창시자인 마호메트가 졸음의 고통을 이기려 애쓸 때 가브리엘 대천사가 나타나 주고 갔다는 이야기도 있다. 가브리엘 대천사가 주었다는 비약이 바로 카베(카와)였다.

처음에는 각성제 약으로 쓰인 커피

9세기에 이슬람 율법학자들이 커피를 먹었다는 최초의 기록이 등장한다. 당시 커피는 음료로 마셨던 것이 아니라 밤 기도 시간에 졸음을 쫓아내는 약으로 쓰였다. 그래서 그들은 커피 열매나 씨앗을 볶지 않은 상태에서 씹어 먹었다고 한다.

이렇게 약으로 쓰인 귀한 열매인 까닭에 이슬람권은 커피 씨앗의 유출을 막았다. 아랍인들은 그들의 커피를 지키기 위해 싹이 터서 발아할 수 있는 종자의 반출은 막고, 대신 씨앗을 끓이거나 볶아서 유럽행 배에 선적했다. 이는 커피의 가공법이 발달하게 된 결정적 계기가 된다.

그 뒤 커피 열매를 씹어 먹는 대신 그 씨앗을 볶아서 갈아 마시는 방법이 고안되었다. 이후 이슬람 율법학자들은 밤늦게까지 기도하며 신과 합일을 이루고자 '각성제'인 커피를 마셨다. 이슬람 사원에 한정되던 커피는 11세기 일반 민중에게까지 널리 애용되었다. 이렇게 커피가 마시는 음료로 발전한 곳이 아라비아 지역이다.

양대 종교를 대표하는 커피와 와인

커피와 와인은 인류의 역사를 이끈 쌍두마차다. 기독교 문화가 뿌리를 내린 곳 어디서나 포도 농장을 볼 수 있었던 반면, 이슬람 문화가 지배적이었던 곳에는 어디서나 커피 향이 가득했다. 기독교에서 와인은 하느님이 인간에게 내린 가장 멋진 선물로 여겨진다. 심지어 예수의 피로 상징된다.

반면 이슬람에서는 인간을 인사불성으로 만드는 와인을 혐오했다. 이성과 절제를 추구하는 이슬람들은 정신을 맑게 해주는 커피를 애호했다. 이슬람교도들에게 커피는 종교였다. 커피는 마호메트가 졸음의 고통을 이기려 애쓸 때 가브리엘 대천사가 전해준 음료였기 때문이다.

유럽에는 12세기 십자군 전쟁 때 커피가 처음 들어왔으나 기독교도들은 커피가 이슬람교도의 음료라 하여 배척했다. 하지만 이슬람 세계에서는 커피가 기호식품으로 자리 잡는다. 1453년 콘스탄티노플에 커피가 소개되어 1475년 세계 최초의 커피 하우스가 그곳에 문을 열었다. 이렇게 커피가 기호식품으로 이슬람 세계에 퍼져나가게 된 것은 15세기 중반부터이다.

그 무렵 이슬람권을 유일하게 오갈 수 있는 베네치아 유대 상인들이 이를 밀무역으로 이탈리아에 반입했다. 그 뒤 커피를 마셔본 이탈리아 사람들은 커피의 매력에 빠져들기 시작했다.

그러자 천주교 사제들이 교황 클레멘스 8세에게 커피를 악마의 음료로 칭하며 커피 음용을 금지시켜 달라고 탄원했다. 그러나 교황이 이를 거부함으로써 오히려 유럽에서 커피 음용이 시작되는 계기가 되었다. 곧 커피는 유럽 전역으로 퍼져나갔다.

아랍 지역의 유대인, 커피 수출을 모카 항구로 제한하다

15세기에 이르러 커피의 수요가 늘어나자, 예멘에 사는 유대 상인들은 이의 독점 공급을 관리하기 위해 커피의 수출 항구를 한 곳으로 한정했다. 그곳이 아라비아 반도 남단의 모카 항구였다. 유대인들은 다른 지역에서의 반출을 엄격하게 제한했다.

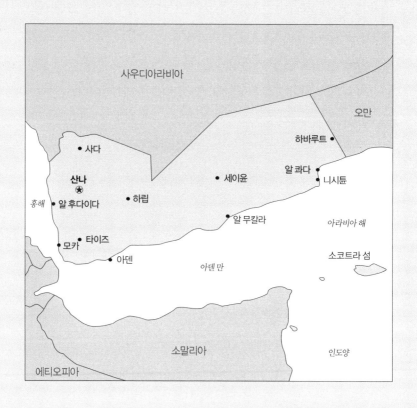

심지어 유대인들은 에티오피아 커피까지 모카로 가져와 모카에서 수출했다. 그 무렵 예멘을 중심으로 한 아라비아 반도에는 약 3만 명가량의 유대인들이 공동체를 이루어 살고 있었다. 당시 커피는 매우 비싼 상품이었다. 그 뒤 모카의 유대인들은 17세기 말까지 무려 300년간이나 커피 무역을 독점했다. 이렇게 커피가 모카 항구만을 통해 유럽 각지로 수출되다 보니 유럽 사람들이 커피를 모카커피라고 부르게 된 것이다.

아랍은 독점을 유지하기 위해 '황금알을 낳는' 커피나무의 반출을 철저히 막았다. 17세기 유럽에서 커피는 비싸 아무나 마실 수 없었음에도 품귀 현상이 일어날 정도로 인기 상품이었다. 그러나 기후 조건 때문에 아라비아 땅 이외에는 커피가 잘 자라지 않았다.

그 무렵 서구 커피의 독점 수입을 주도한 것도 유대인들이었다. 베네치아 유대 상인들이 그들이다. 당시 유대인만이 유일하게 이슬람 사회와 기독교 사회를 자유롭게 오가며 무역을 할 수 있었기 때문이다.

그 뒤 근대 들어 유럽으로 커피를 처음 대량 수입하기 시작한 것은 네덜란드 동인도회사의 유대인들이었다.

동인도회사, 인도네시아에 대규모 커피 농장을 세우다

인도의 이슬람 승려 바바부단은 1600년 메카로 성지순례를 다녀오면서 이집트에 들러 그곳 커피 농장에서 종자 몇 개를 몰래 갖고 인도로 돌아왔다. 이 씨앗을 인도 남부의 카르나타가에 뿌려 재배에 성공하였다. '인도판 문익점'이다.

유대인들이 이러한 황금알을 놓칠 리 없었다. 1616년 인도에 커피나무가 있다는 소식을 들은 동인도회사는 상 인을 가장한 스파이를 인도로 밀파한다. 스 파이는 인도에서 커피 원두와 묘목을 본국 으로 밀반출했고, 네덜란드로 건너온 커피 묘목은 식물원에서 재배되어 증식되었다.

그 뒤 동인도회사는 1658년 온실 재배 에 성공한 커피 묘목을 실론으로 가져가 서 대규모 농장 재배를 시도했다. 그러나 1670년 커피나무는 해충에 의해 몰살당해 실패했다.

유대인들은 여기서 주저앉지 않았다. 재배 장소를 동인도회사의 아시 아 본거지인 인도네시아로 옮겼다. 마침내 1696년 인도네시아 자바의 바 타비아에 해충을 이겨내는 대규모 커피 농장을 일구었다. 이렇게 커피가 최초로 대량 재배되기 시작한 곳은 중남미가 아닌 아시아였다. 마침내 유대인들이 커피 재배와 교역을 동시에 주도하게 되었다.

그 뒤 70년 동안 네덜란드의 동인도회사는 인도네시아의 플랜테이션 에서 커피를 대규모로 재배했다. 1740년에는 자바에서 필리핀 지역으로 까지 커피가 전파되어 재배되었다. 커피는 네덜란드의 가장 인기 있는 음 료가 되었다.

1800년대 들어 동인도회사는 인도네시아 농민들에게도 커피, 설탕, 인디고를 강제 경작하게 했다. 그리고 이를 거둬들여 유럽 시장에 팔았 다. 그 수익은 1850년대 네덜란드 재정수입의 30% 이상을 차지할 정도로 커졌다. 이를 갖고 네덜란드 정부는 부채를 갚고 운하와 도로를 건설하는 데 썼다.

반면 커피 재배의 특성상 커피 농장 땅은 7~8년이 지나면 죽은 땅이 된다. 그만큼 커피나무는 옥토의 지력을 빨아 먹고 크는 작물이다. 원주민들은 식량 재배를 뒤로한 채 돈이 되는 커피 재배에만 힘을 쏟다 결국 기아에 허덕이게 된다.

미국에서 커피가 유행한 동기

식민지 시대 미국은 원래 차를 마셨다. 그러다 1773년 보스턴 차 사건이 터졌다. 미국인들이 즐겨 먹는 차에 세금을 내라고 하니까 인디언으로 변장하고 영국 동인도회사 배에 있던 차를 전부 바다에 던져버린 사건으로 미국 독립전쟁의 발단이 되었다. 그 뒤 미국인들은 차 대신 커피를 애용했다. 이것이 미국에서 커피가 유행한 동기다.

이후 차가 지배하는 영국 문화와 커피가 지배하는 미국 문화에 차이가 생겼다. 여유 있고 감미로운 분위기의 차와 달리 각성작용이 강한 커피는 활력 있는 분위기와 사업적 발전에 유리하다고 한다. 실제로 차 문화권에서는 쉬고 싶을 때 차를 마시는 경향이 있다. 하지만 커피 문화권에서는 일의 피치를 올리고 싶을 때 커피를 마시는 경향이 있다.

중국이 독점했던 차 재배

차茶는 원래 중국 쓰촨성의 티베트 경계의 산악 지대에서만 자라는 나무였다. 이 차를 1560년 포르투갈의 예수회 수도사가 유럽에 전한 뒤

1610년 네덜란드 동인도회사가 본격적으로 유럽에 수입했다.

차는 보통 홍차, 우롱차, 녹차의 세 종류가 있다. 찻잎을 따 온도, 습도, 시간을 잘 맞추면 잎의 효소가 산화작용으로 발효되어 잎이 검게 변한다. 이를 홍차라 한다. 반쯤 발효시킨 게 우롱차다. 따자마자 햇볕에 말려 효소를 없애면 장기간 녹색을 유지하는데 이것이 녹차다.

원래 수출은 녹차 위주였다. 그런데 17세기에 차를 배로 수입할 때 적도의 뜨거운 태양열을 받아 녹차의 잎이 자연적으로 발효해 홍차가 되었다. 그런데 그 홍차 맛이 괜찮았다. 이후 영국과 네덜란드인들은 홍차를 즐겨 마셨다.

당시 중국의 차 수출 항구가 그 지방 사투리로 테이Tei였다. 여기서 티tea라는 명칭이 유래되었다. 그 무렵 차 재배는 중국이 독점하고 있었다. 중국은 차나무 묘목 반출을 엄히 금했다.

그 무렵 영국인들이 차를 즐겨 수입량이 부쩍 늘었다. 중국과의 아편전쟁도 찻값을 지불할 방편이 마땅치 않았던 영국이 아편을 재배해 팔기 시작한 데서 비롯되었다. 이를 보면 이 시기 차의 중요성이 그만큼 컸음을 알 수 있다.

유대인, 차 재배에 성공하다

중국은 이러한 차의 수출산업을 빼앗기지 않기 위해 차나무 종자의 유출을 막고, 재배기술과 차를 발효시키는 방법까지 모두 비밀에 부쳤다. 그 때문에 유럽인들은 처음에 차나무가 중국에서만 자라는 줄 알았다.

❈ 인도네시아 자바 섬의 차 농장

그러던 것이 네덜란드 유대인 야콥센이 차 묘목을 마카오를 통해 목숨 걸고 몰래 빼내 길러보았다. 하지만 번번이 재배에 실패했다. 그는 33년간 5차례에 걸쳐 묘목을 반출해 재배를 시도했다. 그러다 마침내 1828년에 인도네시아 자바 섬에서 경작에 성공했다.

스리랑카 차 재배로 중국의 차 산업이 망하다

한편 유대인들은 1670년 병충해로 몰살당한 스리랑카의 커피 농장

❈ 인도네시아의 커피 생산지

에 다시 커피나무를 심어 재배를 시도했지만 1869년에 또다시 병충해로 커피나무가 전멸해 망하고 말았다. 이때 그곳 커피 농장주의 한 사람이었던 제임스 테일러에 의해 커피를 대신할 작물로 등장한 것이 차나무였다.

그 뒤 스리랑카(실론)에서 저렴하고 품질 좋은 차가 대량 생산되었다. 이 때문에 당시 중국의 녹차 산업이 망했다. 지금도 실론 홍차는 유명하다. 이는 1696년 네덜란드 동인도회사 유대인들이 인도네시아 자바에서 처음으로 커피나무를 대량 재배하는 데 성공했던 것과 맥을 같이한다.

세계에서 가장 비싼 인도네시아 루왁 커피

여담이지만, 세계에서 가장 비싼 커피는 야생 사향고양이 배설물에서 걸러낸 커피다. 인도네시아의 '루왁luwak' 커피가 그것이다. 인도네시아와 베트남에 살고 있는 긴 꼬리 사향고양이 루왁이 커피 열매를 먹으면 껍질만 소화되고 씨앗은 배설된다. 이 씨앗을 어렵게 모아 깨끗이 닦아낸 뒤 햇볕에 말려 만든 것이 루왁 커피다. 독특한 향기와 깊고 부드러운 맛으로 유명하다. 하지만 채취 가능한 양이 매우 적다. 1년에 500~800kg의 원두만 생산되어 킬로그램당 1000달러 이상을 호가한다. 일반 소매점에서는 잔당 5만~10만 원을 받는다.

중남미로 퍼져나간 커피 플랜테이션

커피 생산의 선두주자 네덜란드는 아메리카 식민지에도 커피를 전파했다. 1715년에는 암스테르담 식물원의 커피 묘목을 가이아나에 옮겨 심음으로써 아메리카에 커피나무가 최초로 전파되었다. 이후 수리남과 카리브 해의 식민지로 옮겨 심어 커피 재배에 성공하였다. 수리남에서 자라던 커피는 이후 브라질로 들어갔다.

한편 브라질에 커피가 전해진 사연은 로맨틱하다. 프랑스령 가이아나의 총독 부인이 화려한 꽃다발 속에 커피 묘목을 숨겨 잘생긴 스페인 연대장에게 선물함으로써 그 묘목은 콜롬비아에서 뿌리를 내리게 되었다. 그리고 이것이 브라질로 퍼져나갔다. 콜롬비아와 브라질로 보내진 커피는 최상의 재배 조건 위에서 잘 자라 두 나라를 세계 최대의 커피 생산국으로 만들었다. 이후 주변 남미 국가에 퍼지게 되었다.

커피 생산 지역, 지구의 허리띠

네덜란드의 커피 교역은 처음부터 국제성을 띠었다. 이른바 '커피벨트'를 형성하는 커피 산출국이 주로 적도 부근에 집중되어 있는 반면, 커피 소비국은 대부분 북반구에 자리한 나라들이었기 때문이다. 서로 멀리 떨어진 커피 생산지와 소비지를 이어주기 위해 커피를 실은 네덜란드 배들이 세계의 바다를 오갔다. 유대인들은 커피의 공급에서부터 중간 유통과 판매에 이르기까지 독과점 체제를 구축하여 엄청난 마진을 챙겼다. 시장이 오픈된 지금도 이러한 현상은 쉽게 개선되지 못하고 지속되고 있다.

커피 생산 지역을 '지구의 허리띠'라고 부르는 이유는 적도를 중심으로 북회귀선과 남회귀선 사이의 열대지방에서 주로 재배되기 때문이다. 이 지역은 지구를 띠 모양으로 둘러싸고 있어 '커피벨트' 혹은 '커피존'이라 부른다. 이렇듯 커피나무는 서리나 냉해가 없는 기후에서 잘 자란다.

커피의 품종

커피의 품종은 크게 아라비카와 로부스타로 나뉜다. 두 품종이 전체 생산량의 98%를 차지한다. 아라비카종이 약 70%, 로부스타종이 28%, 나머지 2%는 리베리카이다.

아라비카 원두는 로부스타에 비해 단맛, 신맛, 감칠맛, 향이 뛰어나 가격이 더 비싸다. 그렇다 보니 아라비카 커피는 부드럽고 향기가 좋고 쓴맛과 자극성이 적으며 카페인 함량이 로브스타보다 적다. 로부스타종은

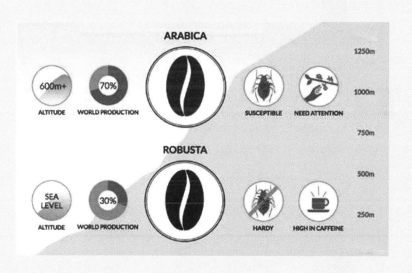

아라비카종보다 향미가 떨어지고 쓴맛이 지나치게 강하다. 그러다 보니 아라비카는 원두커피의 주원료로, 로부스타는 대개 인스턴트커피 원료로 쓰인다.

로부스타는 온도 변화와 병충해에 강해 씨만 뿌려놓아도 잘 자라 생산비가 적게 든다. 이에 비해 아라비카는 냉해나 병충해에 약해 상대적으로 생산비가 높게 든다. 그리고 아라비카는 해발 600m 이상의 고지대에서 자라기 때문에 주로 중남미에서, 로부스타는 해수면과 비슷한 평지에서 잘 자라기 때문에 베트남 등에서 많이 재배된다. 브라질은 아라비카와 로부스타 모두를 재배하고 있어 전 세계 커피의 3분의 1을 공급하고 있다. 따라서 브라질 커피의 작황 여하에 따라 국제시세가 좌우된다.

'착한 가격'이 거론되는 커피

선진국에서 팔리는 커피의 소비자 가격은 생산지 가격의 200배에 가깝다고 한다. 스타벅스 등 고급 커피 체인점들이 생긴 뒤로 차이가 더 벌어졌다. 에티오피아에서 300원에 구매한 원두 1kg으로 스타벅스는 소비자들에게 25만 원 이상을 벌어들이고 있다. 이쯤 되면 엄연한 착취다. 직거래 공정무역에 의한 커피의 '착한 가격'이 거론되는 이유이다.

조선의 은 제련술,
일본을 경제대국으로 만들다

일본은 은과 도자기 수출로 부자 가 된 나라다. 16세기 이전에 일본에 는 은 제련기술이 없었다. 당시까지만 해도 은 광석 덩어리를 배에 싣고 조 선으로 건너와 이를 제련해서 가져왔
다. 16세기 중반부터 막부들이 전쟁 자금 준비를 위해 은광을 많이 개발하였다. 17세기에는 대규모 은광이 발견되어 일본이 전 세계 은 생산량의 3분의 1을 차지할 정도로 많은 은을 수출했다. 이러한 은 의 대량 수출이 일본을 경제대국으로 만든 기반이 되었다. 일본이 이 렇게 많은 은을 생산할 수 있었던 것은 은을 쉽게 추출해내는 조선의 앞선 제련기술 덕분이었다.

은의 역사

은, 기원전 3000년경 본격적인 교환수단으로 등장

은銀은 예로부터 알려진 금속이었지만 이용 면에서는 금보다 뒤졌다. 그 이유는 자연은으로 산출되는 경우가 금에 비해 적고 까다로운 제련기술 때문이었다. 금보다 훨씬 매장량이 많은 은이 기원전 3000년경부터 메소포타미아 수메르 문명에서 본격적으로 교환수단으로 널리 쓰였다. 성서에 보면 아브라함도 은으로 아내의 묘지를 샀다.

은과 납은 모두 방연석에서 얻어져 거의 함께 채취된다. 당시 은은 터키 동북부에서 주로 생산되었다. 수메르 도시국가의 사제는 은과 납을 사기 위해 상인들을 아나톨리아 고원의 히타이트로 보내기도 했다.

우리나라에서 은전銀錢이 사용되었던 역사를 살펴보면, 가장 오래된 것으로 고조선 시대 동옥저에서 금과 은으로 만든 무문전無文錢(문양이 없는 금은전)이 사용되었다는 기록이 보인다. 중국에서는 기원전 2500년경 은 왕조 때의 문헌에 은이란 용어가 등장했다.

은수저로 독성을 검사하다

은이란 금속은 우리 몸에 무해할 뿐 아니라 오히려 유익한 금속이다. 그 대표적인 것이 은단이다. 은진silver dust은 몸 안의 불순물을 제거하는 효과가 있다. 고대로부터 은으로 침과 식기를 만들어 썼던 이유는 은으로 독의 유무를 알아낼 수 있다는 믿음 때문이다.

예로부터 많이 사용된 독약 중에는 비상砒霜이 있는데, 냄새가 없는 흰색 물질로 아주 독성이 강하다. 소량으로도 계속 섭취하면 결국 사망에 이른다. 은은 황이나 황화수소와 반응을 일으켜 검은색으로 변한다. 따라서 음식물에 비상 성분이 들어가게 되면 비상 속의 황과 은수저가 반응해 검게 변한다. 이런 특성 때문에 은수저가 독(비상)을 검출하는 데 쓰이게 되었다.

은은 예로부터 병독病毒과 밀접한 관련이 있는 금속이다. 한방에서도 침술 효과를 높이기 위해 은으로 침을 만들어 놓았다. 신기하게도 은이란 금속은 거의 모든 단세포 병균을 죽일 수 있다는 게 실험으로 입증되고 있다. 은과 접촉해 6분 이상 생존하는 세균이 없다는 것은 은이 가진 강력한 항균 기능을 나타낸다.

금과 은이 보편적 지불수단, 교환비율 1:13

금은 성스러운 태양과 관계가 있고, 은은 달과 관계가 있다고 신전의 사제들은 가르쳤다. 그들은 금과 은에는 신성이 있다고 보았다. 고대 오리엔트에서는 은의 무게를 달아 화폐로 사용하였다. 은 1달란트는 50미나이며 1미나는 60세겔이다. 당시 금화와 은화의 거래비율은 1:13이었다. 1년에 태양이 한 바퀴 돌 때 달은 삭망 주기가 13번 정도 바뀌기 때문에 이를 본떠 정한 것이다. 곧 양력의 1년에 대한 음력 월수의 비율이다. 이 비율은 그 뒤 약 2000년간에 걸쳐 세계 각지에서 쓰였다.

당시 바빌로니아인들은 소액의 지불이 필요할 때에는 금이나 은 막대에서 해당하는 양을 잘라내어 썼다. 바빌로니아인들은 기본적인 중량 단위로 밀 한 알의 무게(0.0648g)를 사용했는데, 이것은 1그레인으로 아직도 금 세공인에 의해 사용되고 있다. 여기서 온스와 파운드가 나왔다. 바빌로니아에서 금은 거의 유통되지 않았다. 그들은 금을 사원에 쌓아놓고 이방인과 거래할 때에만 사용하였다. 마치 오늘날 금이 중앙은행의 금고 속에 보관되어 국제결제에만 사용하는 것과 같았다.

사원이 은행 역할도 하다

당시 사원은 경제의 중심지였다. 사제가 사업상의 계약에 증인 노릇을 했다. 그들은 모든 거래를 점토판에 기록했다. 사람들은 매년 사원에 바치는 곡물이나 가축 이외에도 곡물이나 화폐의 구실을 하는 청동 등 귀중품을 사원에 맡길 수도 있었다. 이때 사제는 상인에게 영수증을 점토판에 써주었다. 이 영수증은 다른 사원이나 사원에 빚이 있는 제3자에게서 현금화될 수 있었다. 일종의 신용장이자 환어음이었다. 유럽은 중세에 가서야 비로소 이 같은 환어음과 수표제도가 통용되었다.

당시 사원은 금, 은, 청동을 저장하는 가장 안전한 곳이었다. 이것이 발전하여 나중에 사제는 예금도 취급하였다. 시간이 경과함에 따라 사제는 이들이 맡긴 곡물이나 귀금속 등을 필요한 사람들에게 빌려주기도 했다. 이렇게 해서 사원의 은행제도가 발달하기 시작했다. 이로써 사람들은 노예를 사거나 빚을 갚을 때 더는 무거운 돈을 갖고 다닐 필요가 없게 되었다. 당시 돈은 꽤 무거웠다. 1달란트의 무게가 최소한 22kg이었다. 사람들의 저축이 보통 소 한 마리 이상이 끌어야 할 무게의 금속

❖ 물품 보관 기록 등 점토판 문서

이었던 것을 생각할 때 이것은 대단히 편리한 제도였다. 그 뒤 교역이 발달하면서 사설은행이 생겨났다. 은행이 둘 있었다. 시파의 이기비Igibi은행과 니푸르의 무라추Muraschu 은행이다. 이 두 은행은 나중에 농민들에게까지 적당한 이자율로 돈을 꾸어주게 된다.[*]

서구 최초의 주화, 일렉트럼

아시리아(아수르)가 망하면서 그 영토는 크게 사분되었다. 신바빌로니아(바빌론), 이집트(애굽), 메디아(메데), 리디아로 쪼개졌다. 최초의 동전은 지금부터 약 3000년 전인 기원전 10세기에 소아시아 리디아 왕국에서 만들어졌다. 리디아 왕국은 중계무역을 할 때 강바닥의 모래 밑에서 발견되는 금과 은의 천연적 혼합물인 '호박금'이 풍

∴ 고고학적으로 인정된 서구 최초의 주화인 리디아 왕국의 금화 일렉트럼. 전면에 사자의 모습이 새겨져 있고 금속의 무게를 왕이 보증하는 각인이 들어 있다.

부했다. 상업이 발달하자 교환가치로서 화폐의 제조 필요성에 눈뜨게 되었다. 이로써 세계 최초의 주화는 천연 호박금으로 만들어졌다.

리디아인이 만든 일렉트럼electrum(청금석)은 금 75%, 은 25%의 혼합물로 만든 4.76g짜리로 최초의 표준화된 주화였다. 이것은 일정한 형상, 품위, 무게를 정하여 만들어진 최초의 화폐로, 리디아 왕 기게스는 일렉트럼화貨에 그 가치를 보증하는 각인을 새겨 사용하였다. 금과 은이 섞인 이 금화는 마치 달걀 모양의 타원형으로 소 5마리의 가치였다. 후계자 크로이소스는 기원전 550년경에 최초의 금화와 은

❖ 김학은 지음,《돈의 역사》, 학민사, 1994

화를 만들었다. 이것은 근동 각지에서 유통되었다.

기원전 7세기부터 화폐가 본격적으로 확산되다

그 뒤 그리스인들은 리디아 왕국의 일렉트럼을 보고 규격이 일정한 금속화폐의 유용성에 탄복하여 주화를 만들기 시작하였다. 고대 그리스인들은 기원전 7세기경 처음에는 표준화된 철물鐵物을 교환목적으로 사용했는데 철물의 대표주자가 바로 쇠꼬챙이였다. 그 뒤 구리를 이용하여 동전을 만들었다. 이것이 동을 소재로 한 '동전'의 기원이다.

그리스인에 의해 상업과 교역이 발달하자 기원전 7세기에 이미 동전이 활발하게 주조되었다. 동전 형태의 주화가 처음 등장한 것은 고대 소아시아의 리디아 왕국이지만 그리스에 이르러서 본격적으로

∴ BC 550년경 그리스의 식민지

상거래에 사용되기 시작한 것이다. 기원전 5세기 그리스의 역사가 헤로도토스는 리디아인에 대해 "기록에 의하면 그들은 금, 은을 경화로 사용한 최초의 민족이다"라고 적고 있다.

기원전 7세기부터 화폐가 본격적으로 확산되었다. 이를 보면 그리스가 농업경제에서 상업경제로 빨리 옮겨 갔음을 알 수 있다. 이전에는 농업과 전쟁이 가장 중요한 국부 증대 사업이었지만 차츰 상업과 교역의 비중이 커졌다. 그리스 식민지들은 지중해 교역 중심지들로 성장하였다. 식민지라도 정치적 독립성을 갖고 있었다. 그 수가 훗날 약 800여 개에 달했다. 당시 그리스 반도의 폴리스와 자치단체였던 식민도시들을 다 합치면 그 수가 1000개 이상이었다는 이야기다.

솔론, 기축통화를 실현시키다

기원전 6세기 솔론은 그리스의 일곱 현인 가운데 한 사람이다. 그는 아테네 경제 진흥책의 일환으로 아테네와 페르시아 사이의 무역을 증가시킬 방안을 모색했다. 그러기 위해서는 먼저 양국 간의 화폐 통일이 필요했다.

그는 곧 아테네 드라크마와 페르시아 화폐를 등가로 만들기 위해 드라크마의 은 함유량을 줄여 역사상 최초로 화폐가치를 하락시켰다. 이로써 양국 통화를 서로 자유롭게 교환할 수 있게 했다. 그의 의도는 성공했다. 페르시아는 물론 이오니아, 흑해, 시실리, 아프리카로부터 경화가 아테네로 몰려들었다. 아테네 은화가

∴ 그리스의 정치가, 솔론

가장 널리 유통되는 화폐가 되었다.

아테네 은화, 지중해 기축통화 되다

기원전 6세기 아테네에서 제조된 은화에 새겨진 부엉이는 '전쟁과 지혜의 여신'인 아테나를 상징한다. 부엉이는 어두운 곳에서 남이 보지 못할 때 홀로 잘 볼 수 있는 능력을 가진 짐승이다. 이것은 남이 못 보는 것을 볼 수 있는 초능력과 통하고, 현명하다는 의미도 되기 때문에 지혜를 대표하는 상징으로 사용되었다. 이것들은 질 좋은 은화로 지중해 연안의 국제화폐가 되었다. 훗날 로마 신화에서는 이 지혜의 여신을 '미네르바'라 부른다.

아테네인들은 드라크마 이상의 단위도 갖고 있었다. 100드라크마는 1미나이고, 60미나는 1달란트였다. 그리스인들은 이처럼 10진법을 썼는데 이는 바빌로니아 제도보다 더 실제적이었다. 이후 아테네인들은 그들의 긴 역사를 통해 화폐단위와 무게를 변경시키지 않았다.

아테네는 그리스 화폐 주조의 중심지였다. 더구나 기원전 483년에 발견된 대규모 라우리움Laurium 은광은 국부를 획기적으로 높여주었다. 그뿐만 아니라 그 돈으로 아테네의 해군력을 향상시켜 페르시아 군을 무찌르는 계기가 되었으며 민주주의 정착을 앞당겼다. 기원전 449년에 아테네는 그리스 전역에 아테네식 주화와 도량형 사용을 강제하는 통화법령을 반포했다. 이는 경제적 교환의 거래비용을 최소화하는 데 큰 도움이 되었다. 이로써 기원전 5세기, 아테네의 항구 피라우스Piraeus가 지

∵ 그리스 4드라크마 은화

중해 세계의 중심지가 될 수 있었다. 이것은 주로 통일된 화폐제도의 혜택을 입었기 때문이다. 아테네 은화가 기축통화가 된 것이다.

대규모 은 생산 덕분에 탄생한 민주주의

아테네가 이렇게 직접민주주의 정치체제를 갖출 수 있었던 것은 풍요로운 국부와 노예제도가 있었기 때문이다. 고대 다른 나라들은 부의 원천이 토지였다. 토지를 토대로 봉건주의 정치체제를 이루었다. 반면 아테네는 기원전 483년에 매장량이 풍부한 라우리움 은광이 발견되어 매년 25톤에 달하는 많은 은을 생산하였다. 이로써 아테네에서는 기원전 3세기 말까지 은화만 주조되었다. 이 은광 덕에 시민들은 엄청난 소득을 올렸다. 당시 아테네에서는 국유재산 가운데 국가에서 필요한 분량 이외의 잉여분은 시민에게 분배하는 관습이 있었다. 덕분에 시민들은 노동을 안 해도 풍족하게 먹고살 수 있었다. 게다가 당시 한 집에 2~3명 이상의 노예들이 있어 그들이 모든 육체노동을 대신했다. 시민들은 노예제도로 인해 가사일에서조차 자유로웠다.

사람들이 농사에 매달리지 않고도 풍요롭게 살 수 있게 되자 생업에서 해방되어 철학과 정치에 관심을 갖기 시작했다. 그들은 틈만 나면 마을 광장에 모여 철학과 정치를 논하였다. 사람들이 모여들자 자연히 시장도 형성되었다. 원래 어원이 '모이다'란 뜻의 아고라는 그리스 도시국가의 중심에 있는 광장을 의미한다. 정치적인 광장과 시장을 겸한 독특한 것으로 그 주변에는 관청과 신전 등 공공건물이 세워져 있었다. 기원전 5세기의 역사가 헤로도토스는 아고라의 유무가 그리스인과 비그리스인을 구별한다고 하였다. 폴리스의 시민은 하루

대부분을 아고라에 모여 정치와 사상 등을 토론하는 등 아고라는 일상생활의 중심이 되었다.

그러나 아테네의 민주정치에서는 오늘날의 민주정치와 시민 개념이 다르다. 당시 시민은 양친이 모두 아테네 시민인 18세 이상의 성년 남자만을 뜻한다. 따라서 여자, 외국인, 노예는 시민에 속하지 않았다. 기원전 5세기경 아테네의 13만~15만 인구 가운데 10만이 노예였다. 이때의 노예들은 주로 채무를 갚지 못한 평민들과 전쟁포로 노예들로 구성되어 있었다. 해적들의 인신약탈을 통해 공급된 수도 적지 않았으며 몰락한 평민들이 자기 가족을 판 숫자도 상당했다. 시민들이 정치하는 동안 이들은 노동을 해야 했다. 시민의 수는 전체 인구의 14%에 불과했다. 특별 소수에게만 제한된 민주정치였다.

유대인, 세계 최초로 민간화폐를 만들다

고대 이스라엘에서도 페르시아의 영향으로 동전이 비교적 일찍부터 통용되었다. 예루살렘에서 주조된 고대 히브리어로 '예후드YHD'라고 새겨진 은전은 기원전 400년경부터 쓰였다. 직경 6~8mm의 예후드 은전은 최초의 유대 동전으로 예루살렘에서 주조된 것으로 보인다. 이때부터 서기 135년 바르 코크바 혁명 시대까지 약 530년간 비교적 독자적인 고대 히브리어나 아람어로 새겨진 독특한 유대 동전들이 유통되었다.

특히 유대인들은 로마 점령 시대 이후에도 그들의 성전에 바치는 헌금에 다신교를 믿는 이방 동전을 사용하지 못했기 때문에 일찍부터 성전 주변에 그들이 자체적으로 주조한 은화와 로마

∴ 예후드 은전

주화를 교환해주는 환전상이 발달하였다. 원래
주화의 제작은 국가의 독점적 권한이다. 유대인
들은 국가가 아닌 민간이 주도한 최초의 화폐를
발행했다. 이러한 민간 주도의 화폐 발행은 훗날
세계 화폐 발행의 역사를 주도하게 된다.

∴ 바르 코크바 은전

신대륙의 은, 유럽을 부흥시키다

이후 스페인의 식민지 팽창정책이 본격적으로 시작되었다. 스페
인은 자메이카와 푸에르토리코(1509년)를 필두로 쿠바(1511년), 멕
시코(1512년), 필리핀(1521년), 페루(1532년), 파라과이(1536년), 볼리비
아(1539년), 칠레(1541년) 등을 점령했다. 그 뒤 그곳들에 이민을 보내
식민지를 만들었다. 아메리카로부터 금, 은이 유입되기 시작한 것
은 1503년부터였다. 1510년까지 금 5톤이 들어왔다. 1510년대에는
10톤, 1520년대에는 5톤, 절정에 달했던 1550년대에는 43톤이 들어
왔다. 당시 유럽 전체의 금 생산량은 1년에 약 7.5톤 정도였다.

그러나 금보다 압도적으로 많이 들어온 게 은이었다. 1545년 볼리
비아 포토시Potosi에서 대규모 은
광이 발견되면서 은이 대량으로
산출되었다. 때마침 수은 광산
이 발견되고 수은을 이용한 은
광석의 제련법이 개발되었다. 이
듬해에는 멕시코의 사카테카스
에서도 대규모 은 광산이 발견
되었다. 그 뒤 1800년경까지 유

∴ 은 채취 광경

럽에 들어온 은의 양은 모두 약 10만 톤에 달했다. 어마어마한 양이었다. 유럽 사람들은 이러한 일련의 발견을 기적의 선물이라고 여겼다. 그들은 한 국가의 부가 얼마만큼 금과 은을 소유하느냐에 달려 있다고 믿었다. 모든 국가가 금과 은의 보유량을 증가시켜 국부를 늘리려고 열을 올렸다.

유럽은 중세에 주로 은본위제도를 채택하고 있었는데 은이 부족하여 만성적인 화폐 부족으로 고통을 받고 있었다. 따라서 풍부한 귀금속의 유입이 화폐량을 증가시키고 경제에 활력을 불어넣었다. 아시아 무역이나 발트 해 무역의 활성화는 이것과 관련이 깊다. 스페인은 이렇게 대규모로 확보한 은으로 인도와 중국을 비롯한 아시아에서 후추와 비단 등 귀중한 재화를 대량으로 사 올 수 있었다. 이를 유럽에 되팔아 큰 이익을 남겼다. 스페인의 경제적 융성은 이렇게 이루어졌다.

철학자 존 로크는 "금과 은에는 생활을 쾌적하게 하는 힘이 있다. 그러므로 그것을 많이 갖는다는 것은 부를 의미한다"고 갈파했다. 신세계의 금과 은이 유럽 사람들로 하여금 수입 이상의 생활을 하게 했고 저축 이상으로 투자하도록 해주었다. 그리고 무역의 전반적인 팽창은 16세기의 번영을 뒷받침했다. 또한 식민지에서 은과 금 광산이 활기를 띠면서 너도나도 그곳으로 몰려갔다. 16세기에 대략 10만 명이 신대륙으로 이민을 떠났다. 그들이 현지 원주민들과 섞이면서 지금 중남미 사람들의 조상이 되었다.

물론 긍정적인 영향만 있었던 것은 아니다. 갑자기 금과 은의 양이 증가하면서 통화량이 늘어나자 인플레이션이 나타났다. 1501~1510년을 100으로 한 스페인 물가지수는 1591~1600년에 303, 1601~1610년에 340이었다. 그럼에도 화폐량의 증가는 유럽의 경제규모를 확대시키는 데 크게 기여했다. 금, 은은 그 자체가 상품이었다. 그들은 막대한 양의 은을 싼값에 사들여 이것을 이용하여 경제규모를 확대하고 이후 17~18세기에는 환대서양 세계에 광활한 상업권을 출현시켰다.

신대륙 은의 40% 이상이 중국으로 흘러가다

또한 아메리카에서 들어온 귀금속은 아시아와의 무역에서 결제수단으로 중요한 역할을 했다. 그 가운데 약 40%가량이 계속 적자를 보인 무역대금으로 아시아로 유출되었는데 그 최종 도착지는 중국이었다. 당시 유럽인들이 아시아에 수출할 변변한 상품을 갖고 있지 않아 동방물산을 사 오는 대가를 주로 은으로 지불하였다.

16세기 이후 무역역조는 더 심해져 네덜란드의 동인도회사가 1660~1720년 사이에 아시아에 판 상품의 13%만 유럽산 상품이었고 나머지 87%가 은으로 결제되었다. 비슷한 시기에 영국의 동인도회사도 아시아로 수출하는 상품의 10%를 영국 제품으로 채우도록 규정했었다. 그러나 그 적은 양마저도 지킬 수 없었다. 결국 은이 아시아 상품 수입을 위한 결제수단으로 결정적인 비중을 갖고 있었다.

16세기 이후 300년간 중국으로 유출된 4만 톤가량의 은이 유럽의 만성적인 무역역조를 해결해주었다. 이렇게 막대한 무역역조는 산업경쟁력의 차이를 단적으로 보여주는 것이었다. 아메리카의 은이야말로 유럽 경제를 아시아 경제에 연결시키는 중요한 끈이었다. 이렇게 식민지 착취와 아시아 무역을 통해 축적된 자본은 다시 설탕정제업, 노예무역, 조선업, 대서양 어업 등에 투자되며 점차 자본의 본원적 축적이 이루어졌다. 이리하여 16세기 말부터 유럽에서는 뚜

렷한 경제적 변화가 느껴져 생활수준이 올라가고 도시도 발전하기 시작한다.

아시아와의 무역역조로 인한 은 유출량이 많았음에도 신대륙에서 들어오는 은이 워낙 많다 보니 은의 유통량은 더 늘어났다. 1500년경 유럽의 은 보유량은 약 3만 7000톤으로 추정된다. 300년 동안에 처음 보유량보다 약 1.6배의 은이 유입되어 1800년경에는 약 9만 7000톤의 은이 유럽에서 유통되었다.

중국의 은괴

중국 역사에서 은괴는 화폐였다. 이 화폐 기능은 한나라 이전부터 시작되었다. 수나라·당나라 시기 이전에는 '은병銀餠'으로, 송나라·금나라 시기는 '은정銀錠'으로, 원나라 시기는 '원보元寶'로 불렀다. 이때의 원보는 '원나라 보물'이라는 뜻을 내포하고 있다. 명·청 시기의 백은은 주요 유통 화폐였으며 말발굽 모양의 은괴가 유행하기 시작했다. 오늘날 우리가 보는 대부분 원보는 명·청 시기의 은괴이다.

명나라 은괴는 외관이 우아하다. 현재의 대부분 명나라 은괴는 중국 은괴의 대표적인 모양으로 간주되고 있다. 중국 영화나 드라마 속에서 출현하는 은 원보는 이 기초 위에서 예술적 색채를 첨가해 가공한 것이다. 이미 알려진 명나라의 은괴 중 가장 큰 은괴는 무게가 500냥에 달한다.

은 제련기술의 역사

로마 시대에 개발된 수은 아말감법

은은 의외로 제련이 까다로운 금속이다. 은은 사광상에서 발견되는 확률이 훨씬 낮았다. 그 때문에 고대의 문명사회에서 은이 쓰이기 시작한 시기가 금보다 늦었던 것이다. 은을 품은 암석은 통상 다른 금속을 같이 품고 있다. 가장 흔한 예로는 은과 납, 아연 등을 함께 함유하고 있는 것이다. 그 때문에 은을 입수하려면 그 금속들을 광석으로부터 떼어내는 것으로 그치지 않고 금속과 금속을 서로 분리시킬 필요가 있었다.

고대인들이 이 방법을 어떻게 고안해냈는지 알 수는 없지만, 다만 기원전 600년대 그리스인들은 발칸 반도 남단에 자리한 라우리움에서 채광한 광석을 제련해서 대량의 은을 회수하였다. 로마인들은 금이나 은을 암석이나 기타 불순물로부터 분리시키기 위한 하나의 화학적 기법 즉 아말감법을 쓰고 있었는데, 이것은 잘게 빻은 광석가루를 상온에서 액체 상태로 있는 유일한 금속인 수은과 섞는 방법이다. 금속은 수은에 녹아서 아말감이라는 일종의 합금이 되는데, 그것을 가열해 수은을 증발시키면 뒤에 금이나 은이 남는 것이다. 이 방법이 근대까지 유럽의 은 제련기술이었다.

수은 아말감법, 800만 명의 인디오 생명을 앗아가다

16세기 이전의 은 제련술은 상당히 수율이 떨어지는 방식이라 금을 분리할 때 부산물처럼 얻어지는 경우가 대부분이었다. 당시 은이 금보다 상대적으로 고평가된 것도 이러한 제련의 어려움에 기인했다.

∴ 지금도 채광 중인 포토시 은 광산

대개 은 광석에는 납이 많이 들어 있다. 그래서 은과 납을 분리하는 제련기술 없이는 은 생산이 많이 늘어날 수 없었다. 근대 초 스페인 상인 바르톨로메데 메디나에 의해 아말감법의 기술이 멕시코로 전해져 당시 제1의 은 생산국인 멕시코에서도 수은을 이용한 아말감법이 쓰였다. 그 무렵 1550년경 세계 최대의 은 광산이 포토시에서 발견되었다. 문제는 은 채취를 위한 수은의 공급인데 때마침 당대 최대 규모의 수은 집적지가 1560년 페루의 웅카벨리카에서 발견되어 수은 아말감법이 활성화되었다.

은광 채굴을 위해 포토시는 인구 10만 명 이상의 도시로 발전했고, 이 인구는 당시 런던보다 더 큰 규모였다. 그러나 정작 문제는 그때부터였다. 힘든 강제노동으로 죽어나가는 인디오는 그 무렵 하루에 1500여 명에 이르렀다. 지친 몸과 영혼을 달래기 위한 담배, 술, 코카잎은 광산노동의 필수품이었다.

코카잎은 광부들에게 영양분 공급 차원에서 제공했던 것이다. 아침부터 시작해서 오후 늦게까지 코카잎으로 끼니를 해결하는 것은 시간과 비용 절약 면에서 매우 유용했기 때문이다.

∴ 광산노동의 필수품, 코카잎

하지만 광부들이 죽어나간 진짜 이유는 힘든 강제노동에도 원인이 있었지만 그보다는 아말감공법으로 인해 공기 중에 방출된 수은 중독 때문이었다. 이 때문에 포토시 은 광산에서 일하던 인디오들이 250년간에 걸쳐 약 800만 명이 죽었다. 너무나 끔찍한 재앙이었다.

파티오 공법

그래서 대안으로 개발된 것이 멕시코와 페루에서 16세기부터 20세기까지 사용한 파티오patio(마당) 공법이다. 이는 은 광석을 분쇄한 후 돌이 깔린 얕은 원형 구덩이인 아라스트라에서 노새의 힘으로 분쇄된 은 광석을 갈아 가루로 만든다. 그리고 진흙처럼 곱게 간 가루를 마당

∴ 말과 당나귀 사이에서 태어나는 노새

에 펼쳐놓고, 수은·소금·황산구리를 뿌린 후 노새로 하여금 그 위를 반복해서 달리게 해 섞는다. 그러면 화학반응이 일어나 은이 유리되어 수은에 녹아 나온다. 인간 대신 노새가 희생 제물이 되었다.

아말감법이 끝나면 이것을 커다란 관에 넣어 물과 함께 휘저어 진흙을 씻어낸다. 바닥에 남은 아말감을 모아 가열해 수은을 제거한다. 이 방법은 특히 건조하고 척박한 멕시코 지역에 매상되어 있는 은 광석에서 은을 추출하는 데 적합해 350년 동안 세계 은 생산량의 상당 부분을 담당했다. 이 방법은 20세기 초에 발명된 시안화법으로 대체되었다.

조선, 세계 최초로 수은 없이 은을 제련하다

17세기 일본은 은과 자기 수출로 국부를 크게 늘릴 수 있었다. 일본의 은 수출 배경에는 우리 조선의 훌륭한 은 제련기술이 있었다. 일본에서 16세기 중반부터 막부들이 전쟁 자금 준비를 위해 은광과 금광을 많이 개발하였다. 앞서 언급했듯 17세기에는 대규모 은광이 발견되어 일본이 전 세계 은 생산량의 3분의 1을 차지할 정도로 많은 은을 캐내어 수출했다. 일본이 이렇게 많은 은을 생산할 수 있었던 것은 은을 쉽게 추출해내는 조선의 제련기술 덕분이었다. 당시 조선의 은 제련기술은 세계 최고 수준이었다.

우리 동해 쪽 연안에 자리해 예로부터 한반도와 교류가 빈번했던 시마네 현에 일본 최대의 이와미 은 광산이 있다. 하지만 16세기 이전에 일본에는 은 제련기술이 없어 은 생산도 미미했다. 일본 역사서에는 당시까지만 해도 은광석 덩어리를 배에 싣고 조선으로 건너가 이를 제련해서 가져왔다는 기록이 있다. 그러다 1533년에 조선의 은 제련기술이 일본에 전해졌다. 이로써 일본은 비로소 은을 제련하는 국가로 변신하게 된다.

조선, 세계 최초로 연은분리법을 개발하다

일본에서 질 좋은 은을 대량으로 생산해낸 제련기술은 이와는 다른 방법이었다. 먼저 은광석을 납과 함께 녹인 다음 떠오르는 불순물을 제거하고 나서 재를 이용해 은을 납에서 분리하는 것이었다. 아연과 은을 분리한다 하여 일명 '연은분리법鉛銀分離法'이라 불렸다. 일본의 연은분리법은 원래 조선의 김감불金甘佛과 김검동金儉同이 16세기 초에 세계 최초로 개발한 것이다. 이 기술로 제련된 은은 품질이 좋아 당시 은을 기축통화로 쓰는 동아시아와 서구 간의 교역에서 가장 신용도가 높았다.

당시 조선에서 은 제련기술이 개발된 과정을 살펴보자. 동방에서 우리나라는 예로부터 좋은 은이 많이 나는 나라로 알려졌었다. 신라의 은은 질 좋기로 유명해 중국과 일본으로 많이 수출됐다. 일반 백성까지 은 세공품으로 머리와 옷 장식을 할 만큼 생산량이 많았다고 한다.

우리나라에서 은을 화폐로 처음 사용한 것은 고조선 시대 동옥저의 문양이 없는 무문전이 효시다. 크기에 따라 4종류가 있었다 한다. 그 뒤 신라의 무문전을 거쳐 고려 숙종 6년인 1101년 주전도감鑄錢都監에서 은병銀甁을 주조하여 법화로 삼고 동전과 함께 유통시킨다는 것이 기록에 남아 있다. 조선 시대에 들어와서는 명나라에 공물로 금·은을 바쳐야 했기 때문에 여러 곳에서 채굴했으며, 특히 함경남도 단천端川에서 은이 많이 났다.

15세기 이후 조선에서 꾸준히 농업 생산기술이 발달하여 농산물 수확이 증가했다. 이는 당시 농경사회에 돈이 많아짐을 뜻했다. 돈이 많아지자 사치품에 대한 수요가 늘어났다. 그러자 16세기에 들어오면서 조선은 중국으로부터 비단 등 고가 직물류를 수입하기 시작하여 무역량이 증가했다. 비단과 같은 고가품은 중국에서 대금 결제를 은으로 해달라고 요구해 부진하던 조선의 은 광업이 발달하기 시작했다.

연산군 앞에서 시연하다

점차 증가하는 은 수요로 개인에게도 은광 개발이 허락되었다. 그러면서 광석에서 은을 제련하는 기술의 정밀화가 필요해졌다. 필요는 발명의 어머니였다. 이때 은광 기술 발달에 한 발자국을 더 내디뎠던 이들이 김감불과 김검동이었다. 이들은 원래 궁중의 금·은 세공에 동원된 기술자들로 연산군 9년인 1503년 새로운 은 제련법을 발명하였다.

1503년(연산군 9년) 5월 18일자의 《연산군일기》를 보면 그에 대해 다음과 같이 기록되어 있다. "양인 김감불과 장례원 노비 김검동이 연철鉛鐵로 은銀을 불리어 바치며 아뢰기를 '납 한 근으로 은 두 돈을 불릴 수 있는데, 납은 우리나라에서 나는 것이니 은을 넉넉히 쓸 수 있게 되었습니다. 불리는 법은 무쇠 화로나 냄비 안에 태운 재를 둘러놓고 납을 조각조각 끊어서 그 안에 채운 다음 깨어진 질그릇으로 사방을 덮고 숯을 위아래로 피워 녹입니다' 하니 전교하기를 '시험해 보라' 하였다."

시험 결과 그들은 연산군 앞에서 실제로 납으로써 은을 만들어 보였다. 납광석에서 아연과 은을 효율적으로 분리 추출하는 새로운 연은분리법이었다.

기존 방법보다 2배나 효율이 높은 획기적인 기술

기존의 방법보다 2배나 효율이 높은 이 획기적인 기술을 19세기 후반 실학자 이규경은 그의 저서 《오주서종五洲書種》에 자세하게 소개하고 있다. "먼저 은이 포함된 광석을 채취한 후, 노爐 밑에 조그마한 구덩이를 파고 뜨거운 불을 밑에 깔아둔다. 그 위에다 아연 덩어리들

을 깔고 은광석을 펼쳐둔다. 불
티가 남아 있는 재를 덮고 소나
무로 덮는다. 사방에서 부채를
가지고 불을 지피면 불길이 일어
나는데 아연이 먼저 녹아내리고
은은 천천히 녹는다. 그러다 아
연 녹은 물이 끓어오르면서 갑

자기 은 광석이 갈라지고 그 위로 은이 모이고 아연이 흘러나와 재에
스며든다. 이때 물을 뿌리면 은이 응고되면서 아연과 분리된다."

　다시 재 속에 있는 아연에 불을 가한 후 재를 떨어버리면 아연도
분리할 수 있다. 보통 방연광에서 아연과 납은 함께 나온다. 아연 광
석은 보통 80~90% 정도가 아연이고 나머지는 납과 은이다. 아연을
다루다 납땜이 발명되어 이를 계기로 세공술이 발달했다.

　이렇게 김감불과 김검동이 새롭게 개발한 연은분리법은 함경도
단천에서 많이 채굴되는 아연(납) 광석으로부터 순수한 은을 제련해
내는 방식이었다. 원래 광산에서 채굴되는 은 광석에는 은뿐만이 아
니라 다량의 아연과 납도 포함되어 있다. 그 때문에 이 새로운 은 제
련법을 일컬어 '단천연은법端川鍊銀法'이라 했다. 이것은 조선 특유의 방
법으로, 당시 유럽이나 중국보다 순도가 훨씬 높은 은을 제련해냈다.
발명자들 스스로도 이 기술이 세계 최초로 수은을 쓰지 않고 은을
순도 높게 분리해내는 대단한 침딴기술인 줄 몰랐을 것이다. 이로써
은 제련기술의 획기적 발달을 가져왔다.

　다시 말해 단천연은법은 은과 납의 녹는점과 끓는점의 차이와 녹
아 있는 상태의 비중 분리를 이용한 건식제련법의 일종이었다. 이들

이 개발한 단천연은법 덕분에 질 높은 은광석이 많이 채굴되던 함경도 단천은 조선 제일의 은 산지로 이름을 떨치게 되었다.

같은 양의 광석에서 더 순도 높은 은을 제련한다면 그만큼 경제적 효율을 높인 것이다. 따라서 조정에서는 이를 적극 시행하게 했다. 이로써 단천의 은 제련법은 널리 퍼졌다. 이와 비슷한 시기 유럽의 은 제련기술은 은광석을 녹여 노 밑으로 흘러나오는 용융액을 받는 방식이었다. 은과 아연의 녹는점 때문에 이 방법은 은과 아연을 분리할 수는 있었지만 순도가 보장되지는 않았다. 단천연은법보다 순도가 높은 은을 만들기에는 부적합했다. 김감불과 김검동의 단천연은법은 이처럼 당시 세계에서도 으뜸가는 훌륭한 제련기술이었다.

이후 은광 개발이 활성화되어 17세기 무렵 우리나라에서 은이 채굴되는 곳은 68곳이나 있었으며, 그중에서 함경도 단천의 은 광산이 제일 유명했다.

은, 우리 역사에 슬픈 귀금속

이렇게 뛰어난 금속 제련기술이 있었지만 우리에게 은은 역사적으로 슬픈 귀금속이다. 김감불과 노비 김검동은 단천연은법을 개발했음에도 천민이라는 이유로 그 이름이 역사 속에 묻힐 뻔했다. 게다가 이 기술이 빛을 본 곳은 정작 조선보다 일본이었다. 조선에서 전수받은 제련기술로 일본의 은 생산은 비약적으로 증가했고, 이를 통해 부를 축적한 일본은 뎃포鐵砲라 불리던 조총을 제작하여 임진왜란의 기반을 마련했다.

그뿐만 아니라 우리나라에서 품질 좋은 은이 생산된 덕분에 왜란 때 명이 조선을 도왔으니 그 은혜에 보답해야 한다며 명나라는 우리나라에서 엄청난 양의 은을 추징해 가고는 했다. 그리고 그 부담은 고스란히 백성에게 돌아갔다.

그 뒤 1637년에 간행된 명나라 학자 송응성의 《천공개물》이란 책에 단천연은법과 비슷한 은 제련법이 소개되어 있는 것으로 볼 때 이 제련기술이 중국으로까지 전파된 것으로 보인다.

조선의 은 제련기술, 일본에 전파되다

이 은 제련기술이 조선에서 일본으로 전수된 것은 임진왜란이 일어나기 60년 전인 1533년이었다. 당시 일본은 막부 시대였다. 고대로부터 이러한 기술은 비기로 간주되어 어느 나라나 대외로 누설되지 않도록 국가에서 엄중히 관리하였다. 하지만 당시 조선은 이 은 제련기술이 얼마나 대단한 기술인지 알지 못했다. 조선의 관리는 허술했다.

《조선왕조실록》 중종 34년 8월 10일, "전주 판관 유서종이 왜노와 사사로이 통해 연철을 많이 사다가 자기 집에서 은을 만드는가 하면 왜노에게 그 방법을 전습하였으니 그 죄가 막중합니다"라고 처벌을 촉구하는 내용이 나온다. "또 납을 녹여 은을 만드는 기술도 간사한 장사치들에 의해 왜노에게 전해진 것으로 이 때문에 왜노들이 변방에서 문제를 일으키는 원인이 된다"고 기록되어 있다.

일본 에도 시대에 쓰인 《이와미 광산 옛 기록》이란 책에도 《조선왕조실록》과 일치하는 내용이 나온다. "하이후키법은 1533년 지금의 후쿠오카인 하카타의 거상 가미야가 조선반도로부터 초청한 경수와 종단이란 기술자에 의해 이와미 은 광산에 최초로 도입됐다"고 기록되어 있다.

이로써 일본의 은광 개발과 은 제련이 활기를 띠게 되었다. 연산군에 이어 즉위한 중종 때 어숙권이란 학자가 저술한 《패관잡기》에는 "왜인들은 처음에 납으로 은을 만드는 방법을 몰라 연철만 가지고 왔는데, 중종 말년에 어떤 은장이가 몰래 왜인에게 그 방법을 가르쳐 주어 이때부터 왜인이 은을 많이 가지고 왔으므로 서울의 은값이 폭락하고 말았다"는 내용의 기록이 있다.

첨단기술의 전수는 오히려 조선을 침략하는 발판을 만들어주었다. 일본의 전국시대를 통일한 도요토미 히데요시는 이와미 은 광산을 막부 직할에 두고 대량생산된 은으로 막대한 전쟁 비용을 마련할 수 있었다. 이후 일본은 은으로 총과 화약을 사들여 조선 침략에 나섰다.

일본, 세계 2위의 은 수출국이 되다

이와미 은 광산에서는 20세기 초반까지 무려 300년 이상 동안 은이 채취되었다. 은을 캐던 갱도는 발견된 것만도 600개가 넘는다. 이 광산 한 군데에서 나오는 은 생산이 전 세계 은 생산의 3분의 1이었다. 17세기 초 일본의 은 수출량은 연 200톤이었다. 이는 일본 부흥의 초석이 되었다. 이후 1923년, 이와미 은 광산은 고갈되어 휴광에 이르렀다.

일본은 또 17세기 중엽부터는 동광이 개발되어 구리 수출이 증가했다. 생산량이 최고점에 이르렀던 1700년에는 연 5400톤이 생산되었다. 일본 구리는 중국에 수출되어 화폐 주조에 쓰이기도 했시만,

인도와 동남아시아 지역으로의
수출이 전체 수출의 약 80%를
차지했다. 동인도회사는 그동안
이 지역에서 직물을 구매하고
대금을 금으로 지불해왔으나,
금을 확보하기가 어려워지자 대
신 구리를 지불수단으로 사용하게 되었다.

　일본의 은과 구리를 사서 오랜 기간 중국과 동남아에 팔아 금으로
바꾼 동인도회사의 유대인들은 큰 시세 차익을 거두었다. 이로써 대
자본을 구축할 수 있었다. 원래 중국과 일본 사이의 교역은 처음에
중국 푸젠성福建省 상인들과 포르투갈 상인들이 담당했었다. 그러다
기독교 전도 문제로 말썽을 빚어 포르투갈 상인들이 축출되고 난 다
음 네덜란드 동인도회사의 유대인들이 이 사업을 물려받았다. 근대
초 일본은 멕시코에 이어 세계 2위의 은 수출국이었다.

일본, 은 수출로 경제대국 기반을 닦다

유대인 덕분에 살아남은 일본의 네덜란드 무역관

　네덜란드 상인들은 일본 히라타에 1609년부터 무역관을 개설했
다. 지금으로부터 약 400년 전의 일이다. 그 뒤 일본에서 포르투갈과
스페인이 기독교 선교 문제로 쫓겨난 후 1855년까지 두 나라 간의 독
점무역이 지속되었다. 218년 동안 네덜란드가 일본의 유럽을 향한
유일한 창구였다.

∴ 네모난 인공섬 나가사키 데지마의 동인도회사 무역관

　원래 일본은 1543년 포르투갈 선박이 표류해 온 것을 계기로 처음으로 서구와 교역을 시작했다. 이때 포르투갈의 조총이 일본에 전래되었다. 일본은 이 총으로 전국시대를 마감하고 도요토미 히데요시가 패권을 장악하였다. 그 뒤 1592년 임진왜란을 일으켰고 조선으로부터 최고 수준의 도자기 제작기술과 인쇄술, 신유학에서 의학까지의 지식을 사람째로 노획하였다. 임진왜란은 장기간의 난세로 부진했던 일본의 학문과 산업 부흥에 결정적 전기가 되었다.

　이후 일본에 포르투갈과 스페인 선교사들이 기독교를 전파하였다. 막부는 신자가 70만 명에 이르자 위협을 느껴 1612년에 전교금지령을 내리고 교회를 파괴했다. 이어 1639년에 쇄국령을 내려 포르투갈 사람들을 추방하고 스페인과는 단교까지 한다. 그렇지만 네덜란드 동인도회사는 유대인들이 주축이었기 때문에 기독교 전파와는 아무 상관이 없었다. 그리하여 네덜란드 무역관은 인공섬 데지마에 그대로 남겨두었다.

네덜란드 동인도회사, 드디어 중국의 문턱을 넘다

그 무렵 중국은 해금정책으로 오랑캐를 받아들이지 않았다. 모든 교역이 단절된 것이다. 이 틈에 일본은 네덜란드를 통해 서양과 독점 무역을 할 수 있었다. 이러한 중국을 네덜란드인들이 뚫었다. 1656년에 네덜란드 상인들이 중국 베이징에서 순치황제에게 삼배구고의 수치를 마다치 않고 무역의 길을 튼 것이다. 삼배구고三拜九叩란 무릎을 꿇고 양손을 땅에 댄 다음 머리가 땅에 닿을 때까지 숙이기를 3번, 또 이것을 3번 되풀이하는 것이다. 청나라는 이것을 외국 사절에게도 강요했다. 어렵게 튼 중국과의 거래는 동인도회사에 큰 전환점이 되었다. 이후 중국 거래는 일본의 은과 연계되어 '대박'을 치게 된다.

이어 1663년 아프리카 해안을 따라 향료와 노예무역 항구들을 연달아 건설했다. 당시 전성기의 네덜란드는 1만 6000척에 달하는 상선을 보유했는데 이는 프랑스, 영국, 스페인, 포르투갈 4개국 상선의 4분의 3 수준이었다. 1664년 2차 영란전쟁 이후 종전 협상에서 네덜란드는 영국에 뉴암스테르담을 양보하는 대신 육두구 산지인 반다 제도와 사탕수수 재배지인 수리남을 얻었다. 네덜란드로서는 지금의 뉴욕보다 육두구와 설탕이 더 중요했던 것이다.

일본, 은 수출로 경제 부흥하다

히라타에 있던 네덜란드 무역관은 1641년 나가사키의 데시마로 옮겨져 일본과의 독점무역을 통해 막대한 이익을 보며 거의 200년 동안 존속했다. 일본은 동인도회사에 가장 중요한 은과 도자기 수출국이었다. 은을 얻기 위해 1641년부터 약 200여 년 동안 나가사키에 온 네덜란드 동인도회사 선박은 606척에 달했다.

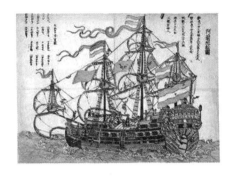

그 무렵 일본 은은 유럽에 비해 심하게 쌌을 뿐 아니라 중국에 비해서도 많이 쌌다. 동인도회사가 일본에 파는 물건은 중국의 비단 등 직물류와 유럽의 설탕 등이었다. 사들이는 물품은 은과 구리를 비롯해 도자기와 인삼 등이었다. 그 가운데서도 단연 은이 주종을 이루었다. 당시 은은 상품이자 통화였다. 대량의 은 수출로 일본 경제가 부흥의 토대를 쌓았다.

유대인, 상품 교역보다 환차익 거래로 큰돈을 벌다

17세기 유대인들이 주도했던 네덜란드 동인도회사의 주된 수익원은 우리의 예상과 달리 향료, 도자기와 비단이 아니라 금과 은 등 귀금속 화폐의 거래였다. 네덜란드의 동인도회사가 1660~1720년 사이 아시아에 판 상품의 87%가 은이었다. 그 무렵 은이 국제통용 화폐였으니 '돈'을 판 셈이다. 그리고 나머지 13%만이 유럽산 상품이었다. 유대인들은 금과 은의 국제간 시세 차익을 이용해 차액거래를 통해 돈을 벌었다. 당시 벌써 무위험 차익거래에 눈뜬 것이다. 그도 그럴 만한 것이 당시 서양과 동양의 금은 교환비율은 너무 차이가 컸다.

서양은 수메르 문명 이래 금과 은의 교환비율이 대략 1:12.5 내외였다. 이러한 전통이 이어져 내려오면서 로마 제국에서도 금과 은의 교환비율은 1:12.5거나 1:13이었다. 17세기 초 유럽의 금은 교환비율도 크게 변하지 않아 1:12 내외였다.

이에 비해 중국은 1:6 정도였다. 딱 2배 차이였다. 중국에서는 은이 금보다 거의 2배로 높은 평가를 받았던 것이다. 유럽에서 상대적으로 싼 은을 구매해 중국에 가져가면 그것만으로 100%의 환차익을 누릴 수 있었다. 영악한 유대인들이 이를 놓칠 리 없었다.

먼저 중국과 교역을 했던 포르투갈이 1600년부터 1630년까지 환차익 재미를 흠뻑 보았다. 이후 포르투갈을 대체한 네덜란드 동인도회사가 그 뒤를 이었다. 17세기 중엽에 이르러 이 교환비율은 점차 거리가 좁혀졌다. 그래도 중국은 1:10, 유럽은 1:15 내외였다. 동인도회사 유대인들의 차익 마진이 100%에서 50%로 줄어들었다. 이후에도 오랜 기간 유대인들은 이 환차익을 즐길 수 있었다.

중국에서 은의 가치가 높은 이유

그 무렵 일본에서 은이 대량으로 생산되어 풍부해지자 은은 금에 비해 저평가되었다. 동인도회사 유대인들은 일본에서 은과 구리를 구매해 은의 가치가 높은 중국에 팔았다. 중국이 그토록 은을 높게 평가하는 이유는 화폐제도 때문이었다. 중국은 다른 어느 문명권보다 일찍 지폐를 발행했다. 당시 유럽은 지폐라는 개념조차 모를 때였다. 그런데 명대에 들어와서 지폐를 초과 발행하자 초인플레이션이 일어나서 결국 지폐 사용이 중단되었다. 이를 대신하는 지불수단으로 은이 유통되었다.

∴ 중국에서 사용되던 정은

특히 은의 대규모 유통을 초래한 중요한 요인은 1560년대에 시행된 일조편법—條鞭法 때문이었다. 중국 정부가 모든 조세수입을 은으로 통일한 것이다. 이 법이 시행됨으로써 은은 공식 화폐가 되었다. 이 때문에 당시 중국은 모든 조세를 은으로 받았다. 따라서 세금을 내야 하는 국민은 대량의 은이 필요했다. 수요가 공급을 웃돌자 당연히 은값은 상승했다.

그래서 동인도회사 유대인들은 상품 교역을 하는 동시에 유럽과 일본의 은을 중국에 가져가서 금과 교환하고 또 그 금을 갖고 일본에 가서 은과 교환하였다. 또 이 은을 돌아가는 길에 중국에 들러 금과 바꾸었다. 이러한 항차를 반복하면서 큰돈을 벌었다. 이렇게 각국 간의 '금은 교환비율'의 차이, 곧 환시세 차이를 이용한 귀금속 거래가 상품 거래보다 훨씬 많았다.

중국은 고대로부터 은을 좋아하여 실크로드를 통한 동서무역 이래 유럽의 은이 계속 중국으로 흘러들어 갔다. 당시 중국은 부유한 문명국이라 유럽에서 들여오고 싶은 물품이 특별히 없었다. 따라서 유럽인들은 비단 등 중국 상품을 손에 넣기 위해서는 은을 가져오지 않으면 안 되었다. 고대로부터 중국과 유럽의 교역은 일방적인 유럽의 무역적자로 진행되어 왔다. 게다가 16세기 중국의 일조편법 시행과 동서양의 금은 교환비율 차이로 전 세계의 은이 이후 4세기 동안 계속 중국으로 흘러들어 갔다. 1500~1800년 사이에만 중국이 무역을 통해 얻은 은이 약 6만 8000톤에 달했다. 유럽이 아메리카에서 얻은 은의 절반 이상에 해당한다.

이렇게 중국에서 오랫동안 은이 중심 화폐 구실을 해왔기 때문에 '은행銀行'이라는 말이 생겼다. 만일 중국이 금을 중심 화폐로 썼다면

'금행金行'이라는 말이 쓰였을 것이다.

유대인, 돈을 상품으로 본 최초의 민족

유대인들은 고대 이래로 돈을 단순한 교환수단이 아닌 '상품'으로
본 최초의 민족이다. 그들은 처음에는 농업에서 퇴출당하자 먹고살
기 위해 대부업을 시작했다. 그 뒤 유대인들은 단지 돈이라는 자원을
이곳에서 다른 곳, 혹은 이 사람에서 저 사람에게로 옮겨줌으로써
사회 전체의 경제적 부를 더 늘릴 수 있다는 사실을 알았다. 고대로
부터 세계 곳곳에 흩어져 있는 유대인 공동체인 디아스포라 덕분에
유대인들은 여러 나라의 환시세는 물론 이러한 자산가격의 시세 산
정과 그 차익의 활용에 특출한 재능을 보였다. 다른 사람들은 이러
한 메커니즘 자체를 이해도 못 할 때였다.

금융업을 정보산업으로 본 최초의 민족, 유대인

유대인들은 일찍부터 금융업이란 것이 돈을 낮은 수익률에서 더
높은 수익률의 투자처로 옮겨 주어 사회 전체적으로 부를 더 늘리
도록 해주는 '정보산업'이란 것도 알았다. 유대인들은 고대 이래로
곳곳에 산재해 있는 유대 커뮤니티 간의 정보 교환으로 특히 금융
정보에 밝았다. 곧 지역 간 환시세 차이 등의 비대칭 정보를 활용하
여 큰돈을 벌었다. 돈으로 돈을 버는 금융업을 가장 잘 꿰뚫어보고
이를 장악한 존재가 유대인이다. 자본주의 사상이 그들로부터 시작
되었다.

유대인, 중국-일본 간 중계무역으로 큰돈을 벌다

당시 유럽은 신대륙 멕시코와 페루의 은으로 주조된 은화가 사용되었다. 하지만 동양무역을 확대하려면 그 은화만으로는 불충분했다. 게다가 은은 유럽에서 잘 생산되지 않는 귀중품이어서 중상주의 나라들은 원칙적으로 은의 반출을 금지했다. 이렇게 중상주의 시대에 다른 나라들은 모두 귀금속의 유출을 막았지만, 독특하게도 네덜란드 의회가 귀금속의 자유로운 수출입을 허가했다. 유대인들이 영향력을 미친 것이다. 이 시기에 영국의 동인도회사는 아시아에서의 대금 지불에 필요한 경화를 암스테르담에서 구입함으로써 영국 의회의 경화 수출금지령을 피해나갔다.

16세기에 중국과 일본은 서로 거래하지 않았다. 명나라가 먼저 일본과의 교역을 엄격히 제한했다. 2가지 이유였다. 하나는 중국 남쪽 세력이 남방 국가나 왜구와 손잡고 쿠데타를 일으키지 않을까 하는 우려에서이고, 다른 하나는 은의 교환가치가 일본보다 중국에서 갑절 가까이 높았기 때문이다. 그래서 밀무역이 성행했는데 이 밀무역을 주도한 집단이 왜구였다. 왜구의 본업은 해적이라기보다는 무장 밀수단이었다. 포르투갈 사람들은 마카오와 일본 사이를 운항하며 이 무역의 상당 부분을 도맡았다. 1630년대까지 계속된 이 무역선은 가장 수익성이 높았다.

1600년대 들어 네덜란드인들이 포르투갈인의 역할을 넘겨받게 된다. 그 무렵 명나라에서는 여전히 은보다 금이 쌌다. 때마침 일본은 은이 대량으로 채취되어 당시 세계 2위의 은 생산국이었다. 네덜란드 동인도회사의 유대인들은 일본에서 은과 구리를 대량으로 사서 중국에서 금과 바꾸었다. 또 중국에서 바꾼 금을 일본에 가져다 은과 바꾸었다. 이러한 무위험 차익거래로 엄청난 수익을 올릴 수 있었다. 당연히 막대한 부를 축적했다.

유대인, 은을 매개로 삼각무역에 주력하다

유대인들은 삼각무역에도 은을 매개로 이용했다. 일본에서 산 대량의 은과 구리로 중국에서 비단과 금을 샀다. 비단은 다시 일본에 팔고 도자기를 샀으며 금과 구리는 인도에 팔아 후추와 무명을 샀다. 인도는 당시 구리가 비쌌다. 인도에서 산 후추와 무명은 유럽에 팔았다. 되돌아가는 길에도 역순으로 진행되었다. 인도에 들러 산 후추와 무명을 일본에 팔아 은을 구매했다. 그 무렵 동인도회사는 상품 수출입으로 이득을 본 것보다 이러한 귀금속 환시세를 이용한 환차익 수익이 훨씬 더 많았다. 지역적으로도 유럽 대륙과 신대륙에서 벌어들이는 수익보다 동양에서의 수익이 훨씬 많았다. 고대로부터 환시세의 산정과 환차익 거래는 유대인들의 장기였다.

❖ 데지마에서 일본인이 수출용 구리의 무게를 달고 포장하는 모습

이러한 것이 가능할 수 있었던 것은 중국과 일본의 해금정책 덕분이었다. 중국과 일본 양국 간에 공식적으로는 서로 왕래가 없었다. 중국에서는 명나라 때부터 왜구의 창궐로 일본과의 교역을 엄격히 금했다. 한때 명나라는 민간무역을 인정해 해금정책을 완화하는 듯 보였으나 1644년 청나라가 들어서며 또다시 바다를 막았다. 청나라로 왕조가 바뀐 뒤에도 예수회 선교사들의 활동이 꾸준히 늘어나 결국 쇄국정책을 쓰기는 명나라 때나 마찬가지였다. 일본에서도 1640년경부터 해금정책이 강화되어 막부 말기까지 계속되었다. 네덜란드 동인도회사의 유대인들은 이 틈에 양국의 해금정책으로 제약받는 중·일 간의 무역을 중계하면서 말 그대로 대박을 터뜨린 것이다.

17세기 중엽 네덜란드 번영기와 일본의 은 수출 전성기가 일치한다. 이때 일본도 막대한 은 수출로 거대한 국부를 형성할 수 있었다. 일본이 경제대국으로 커가는 첫걸음이었다. 일본은 은을 팔아 서양 상품을 수입했고 특히 서적을 통해 서양 문물을 받아들였다. 당시 일본에서 유행하던 '난학蘭學'이란 네덜란드 학문을 뜻하나 실제로는 서양 학문 전체를 의미한다.

이후 매년 20만 kg에 달하는 대량의 은이 유출되자 마침내 일본의 은이 고갈되기 시작했다. 그 무렵 에도 막부는 무역에 아무런 제한도 두지 않았는데 마침내 1685년에 은 3000관으로 네덜란드와의 연간 무역금액을 제한했다. 그 후에 일본은 구리 수출에 주력하였다.

쑹훙빙의 예측

옛사람들은 "만약 금이 태양이라면 은은 달이다"라고 말했다. 수많은 고대 문명에서 1년은 13개월이고, 1달은 28일이었다. 그래서 최초의 금과 은은 1:13으로 교환되었다. 5000년의 긴 역사 속에서 금과 은의 교환비율은 기본적으로 1:16에서 안정되었다. 1792년 미국 화폐법은 은 27g과 금 1.7g의 값을 동일하게 정했다. 그램당 가격 기준으로 약 1:15.9의 비율이다.

그리고 현대과학은 지각 속의 금과 은 매장량 비율이 대략 1:17이라는 사실을 밝혀냈다. 아메리카 대륙에서 은이 대규모로 발견됨에 따라 250년 동안 금은의 교환비율은 파동을 일으켰다. 그러나 동서양 사이의 대규모 세계 무역이 이를 소화함에 따라 금과 은은 역사적 관성에 의해 신기하게도 다시 1:16이라는 평형 비율로 회귀했다.

그러나 1971년에 1:23으로 요동치면서 2009년까지 1:60으로 변했다. 2012년 11월 현재 이 비율이 1:50 이상으로 유지되고 있다. 그렇다고 금은 줄어들고 은이 늘어난 것은 아니다. 1940년 3만 톤이던 금은 현재 16만 톤이고, 30만 톤이던 은은 현재 3만 톤으로 떨어졌다. 이런 엄청난 차이는 은이 산업 생산에 대량으로 사용되기 때문에 벌어진 현상이다.

산업계에서 은의 수요는 많다. 모든 금속 중 빛을 가장 잘 반사하여 태양에너지를 모으는 집열판에 쓰이고, 태양에너지에서 전기에너지로의 전환효율을

12% 향상시키며, 리튬전지보다 40%나 길고 폭발 위험도 없다. 컴퓨터, 휴대폰, 보청기, 의료장비, 항공우주 기기, 심해탐측 기기, 어뢰, 미사일, 잠수함, RFID(위치 확인과 추적 기능), 목재 보호, PDP TV 등에 사용된다.

현재 은의 수요량은 공급량보다 4000톤 정도 많다. 그리고 현재 은 생산량의 70%가 구리, 알루미늄, 아연 등과 함께 채굴되기 때문에 생산량이 대폭 늘어나기는 어렵다.

현재 전 세계의 은 매장량은 40만 톤, 보유량 3만 톤을 더하면 전 세계 은의 총량은 43만 톤이다. 반면 금 매장량은 4만 7000톤, 보유량 16만 톤을 더하면 전 세계 금의 총량은 20만 7000톤이다. 금은 산업용으로 거의 쓰이지 않다 보니 금과 은의 비율이 20.7:43으로 대략 1:2인 셈이다. 은이 과거보다 많이 줄어들어 가격이 16:1이 아닌 2:1이 되어야 함을 의미한다.

시간이 지남에 따라 은은 점점 감소할 것이므로 금과 은의 수량 비율은 곧 1:1이 될 것이고 시간이 더 흐르면 은의 총량은 금보다 더 적어질 것이다. 이는 십수 년 내에 은의 부가가치 상승 잠재력이 놀랄 만한 수준임을 의미하고 있다. 은은 여러분의 일생에 가장 중요한 기회를 제공하는 주인공이 될 것이다.❖

❖ 쑹훙빙 지음, 홍도순 옮김, 《화폐전쟁 3》, 알에이치코리아, 2014

유럽 자기의 뿌리는 조선 청화백자

유럽, 동양의 자기에 매료당하다

1499년 포르투갈의 탐험가인 바스코 다 가마는 아프리카 대륙 최남단 희망봉을 돌아 인도에 도착한다. 후추를 찾아왔던 그는 회항하는 선박에 청화백자를 싣고 돌아갔다. 200년 전 마르코 폴로가 《동방견문록》에서 존재를 알렸던 자기는 이로써 유럽에 본격적으로 전해진다. 그가 13세기 말에 원나라를 다녀간 후 출판한 《동방견문록》은 동방으로의 호기심을 불러일으키기에 충분해 동방으로의 신항로를 찾으려는 동기를 마련해주었다.

서유럽에서 더 이상 중동을 거치지 않고 아프리카 희망봉을 돌아 중국으로 연결되는 대항해시대를 연 것은 포르투갈이었다. 포르투갈이 대항해시대를 개척하고 난 후로 그들이 유럽의 무역을 주도했다. 포르투갈 상인들은 주로 인도에서 향료와 직물을 수입했고 중국의 도자기와 페르시아의 말을 사 인도에서 팔기도 했다. 포르투갈은

1668년에 유럽에서 발간된《하멜 표류기》는 조선을 유럽에 소개한 최초의 책이다. 당시 동양 붐에 힘입어 이 책이 유럽에서 히트했다. 덕분에 조선과 조선 자기에 대한 유럽인들의 호기심이 높아졌다. 이에 네덜란드 동인도회사가 조선 자기의 수입을 적극 서두르게 된다. 동인도회사는 조선과의 대규모 자기 무역을 위해 1000톤급의 대형 상선까지 별도로 준비하고 '코레아호'라 명명하였다.

그 뒤 우여곡절 끝에 1710년에 생산된 유럽 최초의 자기인 마이센의 청화양파문자기를 보면 조선의 청화백자 분위기가 그대로 살아 있음을 알 수 있다.

16세기 전반에 걸쳐 동양무역을 독점했다. 그즈음 동양에서는 청화백자와 다채유자기多彩釉瓷器가 유행했다.

차이나 열풍

그 무렵 철제 식기를 쓰고 있었던 유럽은 자기로 만든 중국제 식기를 보는 순간 그 신비에 감탄했다. 무엇보다 식사의 품위가 달라졌다. 왕과 귀족들은 중국 자기를 구하면 주변 사람들을 식사에 초대하여 그 위세를 뽐내곤 했다.

그 뒤 유럽 전체가 중국 자기에 매료되었다. 특히 왕이나 영주들은 도자기를 수집하는 데 적극적이다 못해 광적이었다. 지금도 유럽의 왕궁에 가보면 방 하나를 아예 중국 자기로 사방 벽면과 천장을 도배하여 '자기 방'을 지은 왕궁들이 많다. 당시 중국제 도자기가 워낙 우월하고 고급이어서 유럽에서는 이후 고급 도자기를 아예 '차이나china'라고 부르게 되었다. 그래서 지금도 동물의 뼛가루를 섞어 만든 도자기를 '본차이나bone china'라 부른다.

도기와 자기의 차이

당시 유럽은 동양보다 과학이 뒤떨어져 있었다. 유럽은 자기 제조에 필요한 섭씨 1400도까지 불의 온도를 끌어 올릴 수 없었다. 유럽은 700~800도에서 구워지는 토기와 800~1000도에서 구워지는 도기pottery는 생산하였지만 1300~1500도의 고온에서 구워지는 자기porcelain는 생산하지 못했다.

토기와 도자기는 보통 유약釉藥이 입혀져 있는지, 또는 구워진 정도에 따라 구별한다. 도기의 유약은 저화도유라고 하는데 이는 800~900도의 낮은 온도에서 녹아 스며든다. 반면 자기의 유약은 고화도유라고 하는데 1300도의 높은 온도에서 녹아 스며든다. 또 토기나 도기는 점토가 많이 들어가 두드리면 둔탁한 소리가 나고 물에 젖는다. 하지만 자기는 정제된 고급 점토에 유약을 발라 구웠기 때문에 유리질막이 생겨 두드리면 금속 소리가 나고 물을 흡수하지 않는다.

그 무렵 도기를 생산하는 나라는 많았으나 자기를 생산할 수 있는 나라는 조선과 중국뿐이었다. 당시 자기 생산을 위해서는 1300도 이상으로 불의 온도를 끌어 올려야 하는데 이러한 고온의 노를 제작할 수 있는 기술을 가진 나라는 조선과 중국뿐이었던 것이다.

조선의 고려청자와 청화백자는 중국조차 감탄한 자기의 진수였으며 중국은 당나라 이래 세계 자기 산업의 중심이었다. 월주의 청자와 형주의 백자로 시작된 중국의 자기는 청자의 경우 송의 용천에서, 백자의 경우 남송 시절 경덕진에서 그 절정을 이뤘다.

같은 중량의 금값과 같은 중국 도자기

도자기 수출의 역사

조선과 중국은 예로부터 서로 도자기 왕래가 잦았다. 고대로부터 육로뿐 아니라 해상 교류도 많았다. 기원전 마한 시대부터 전남 영암과 상하이 앞바다의 저우산군도舟山群島와 영포는 흑류라 부르는 해류 덕분에 바닷길로 연결되어 있었다. 그 무렵 저우산군도와 영포는 마한 사람들과 고조선 유민들의 영향력 아래 있었다. 신라의 장보고 이전부터 이 길이 해상 교역로였다. 이 바닷길을 통해 철광석과 도자기 교역이 이루어졌다. 우리는 중국 도자기를 많이 수입했지만 영암 일대에서 도자기를 굽는 수많은 노가 발굴된 것으로 보아 우리 도자기도 중국에 많이 수출된 것으로 보인다.

이 바닷길은 철광석과 도자기 교류뿐 아니라 인적 교류의 길이었다. 특히 고려청자의 본거지인 전남 강진과 중국 양자강 인근의 청자 본산지 월주요 사이에 사람들의 왕래가 잦았다. 특히 흉년이 든 해에 우리나라 사람들이 그곳에 많이 건너가 살았다는 기록이 있다. 장보고의 부모가 바로 그곳 출신이다. 이로 보아 고대로부터 양국 간 도자기 기술 교류에는 우리나라 사람들이 많이 관여했던 것으로 추정된다.

중국 도자기는 8세기부터 아시아 지역에 배로 수출되었다. 그 뒤 중동 지역의 이슬람 국가들에는 육로로 팔려나갔다. 그러나 도자기란 상품이 육로로 수레에 실려 운반되다가 사막에서는 낙타 등이나 말 잔등 위에 매달려 운송하기에는 너무 무겁고 깨지기 쉬운 물건이라 그 수출량이 그리 많지 않았다.

일반적으로 흰 도자기는 청자로부터 발전해온 것으로서 도자기를 만드는 진흙에 철 함량이 적으면 흰색이 되고 철 함량이 많으면 비교적 어두운색이 난다.

코발트 수입으로 청화백자가 탄생하다

이후 원대에 이슬람 사람들의 유입과 동시에 들어온 페르시아의 코발트는 푸른 색깔을 내는 백자의 염료로 쓰여 청화백자라는 혁신적인 도자기를 만들어내게 된다. 청화백자는 원나라 중기에 시작해 징더전景德鎭 가마에서 생산되었다. 1300도 이상의 고온에서 견딜 수 있는 청색 염료는 코발트뿐이었다. 이런 연유로 청화백자는 귀할 수밖에 없었다.

산화 코발트 계열의 안료는 본래 페르시아의 아라비아 반도 지역에서 발견되어 사용되었는데 중국에 전해지면서 회청回靑 또는 회회청回回靑이라 불렸다. 중국 사람들이 페르시아를 당시 '회회'라 불렀기 때문이다. 회청이 조선에 전래된 것은 14세기 말이며, 본격적으로 청화백자가 생산된 것은 15세기 중엽 이후이다.

초기의 중국 청화백자 무역은 이슬람 상인들이 장악하고 있었다. 터키 톱카피 궁전박물관에 소장된 그림에서 당시 청화백자를 운송하던 정경을 찾아볼 수 있다. 이로써 초기에 중국과 이란 그리고 터키 사이의 연계와 교류가 어떻게 이어졌는지 알 수 있다.

15세기 말까지 중동 금은 식기의 모형을 모방하여 만든 중국 도자기는 유럽에 운송되지 않고 중동 지역으로만 수출되었다. 또한 명나라 초기 궁정에서는 당시의 유행을 따르기 위해 도공들에게 중동 석기의 조형을 모방하게 했다. 중국에서 중동 지역에 수출한 청화 도자기는 현지의 도자기 생산에 큰 영향을 주었으며 그때부터 현지에 중국 청화 도자기를 모조한 도자기가 생겨나기 시작한다.

한 점의 가치가 좋은 집 한 채에 해당하는 중국 자기

이 무렵의 중국 자기 가운데 일부가 당시 이슬람 국가와 기독교 국가 사이에서 동방무역을 주도하던 유대 상인들을 통해 유럽에 흘러들어 갔다. 당시 도자기로드는 푸젠성 취안저우泉州에서 중동으로 가는 해로 + 중동 육로 + 지중해 해로 또는 유럽 육로의 복합 운송으로, 중국 도자기는 조금 더 많이 유럽으로 수출되었다. 그래도 공급이 적다 보니 유럽 시장에서의 가격은 지나치게 높았다. 14세기 중국산 도자기의 가격은 같은 중량의 금값과 비슷했다.

보통 중국 자기 한 점의 가치가 노예 7명이나 좋은 집 한 채 가격에 해당할 정도였다. 상류층 사회에선 부를 상징하는 보물 같은 것이었다. 드레스덴 작센 지방의 왕 아우구스트 슈타르게라는 중국풍을 워낙 좋아해서 에르베 강변에 번리츠 궁전과 같은 중국풍의 건물을 세우고 중국과 일본의 도자기를 사들였다. 얼마나 좋아했느냐 하면 자신의 군대 600명과 베를린 왕이 가진 127점의 도자기를 교환할 정도였다.

당시 동방무역을 주도한 유대인들

ㄱ 무렵 이슬람 왕국은 지중해 교역을 담당하는 범선만도 200척 이상으로 대외교역이 활발했다. 그 중심에 유대인들이 있었다. 당시 이슬람과 기독교 국가는 전쟁 중이었기 때문에 상인일지라도 서로 상대방 진영을 오가는 왕래는 위험했다. 유대인은 양 종교 간의 전쟁

에는 관계가 없었기 때문에 비교적 안전하게 양쪽을 왕래했다. 자연히 무역업은 그들의 독무대가 되었다. 이렇게 유대인들이 주도하는 지중해 동방무역이 날로 번성했다.

게다가 이슬람 지역에서 항상 그렇듯이 이교도와 접촉해야 하는 외교 업무도 이슬람이 아닌 유대인이 도맡았다고 한다. 또한 유대인들의 또 다른 이점은 지중해 주변과 서구 내륙 곳곳에 살고 있는 유대인 커뮤니티인 디아스포라를 활용하여 거대한 무역망을 형성할 수 있었다는 점이다. 당시 모슬렘의 기록과 유대인들이 주고받았던 종교상의 답장을 보면 유대인 상인들이 최고의 사치품을 만들어내고 있었던 인도와 중국을 상대로 무역하고 있었다는 점을 확인할 수 있다.

일본의 도기 열풍

고대 최고의 하이테크 제품은 도자기였다. 토기 문화에서 도자기 문화로의 전환은 중국이 세계 최초인 8세기였고, 한반도에서는 9세기에 고려청자를 완성하였다. 한반도에서는 고급 자기에서부터 막사발에 이르기까지 도자기가 생활화되어 있었다. 심지어 개 밥그릇까지 도자기를 사용하던 시절이었으나 일본열도는 임진왜란을 일으킨 16세기 후반까지도 도자기를 만들지 못했다.

일본열도는 도자기를 구하기 위해 물불을 가리지 않았다. 왜구들은 수시로 한반도를 침범하여 인명을 살상하고 도자기를 약탈했다. 개 밥그릇까지 약탈한 왜구들은 그 전리품을 신주단지 모시듯 성주에게 바치는 충성심 경쟁을 하였다. 이런 식으로 건너간 조선 도기와 자기는 일본인들에게는 귀중한 가보가 되었다. 일본열도에는 임진왜란 이전 약 700여 년간 조선 도자기에 대한 열망이 대단했다.

일본 국보 이도다완

16세기 통일을 맞이한 일본열도엔 실로 오랜만에 평화가 찾아왔다. 차 마시는 풍습 '다도'가 일본 상류 사회의 새로운 유행으로 번지고 있었다. 통일의 주인공인 도요토미 히데요시도 당대 최고 다도의 대가 센리큐를 스승으로 모시고 다도에 열중했다.

센리큐가 창안한 '와비차'라고 하는 독특한 다도법은 선불교의 무념무상을 토대로 한 것이어서 인공적인 가식을 배제한 극히 자연스러운 것이 대세를 이루었다. 이 같은 와비차의 철학에 딱 들어맞는 찻잔이 발견되었는데 그것이 바로 이도다완이었다.

이도다완을 알게 된 히데요시는 조선 찻잔(다완)을 들여다보면서 찻잔의 생김새와 새겨진 문양을 탐미하며 경탄하면서 차 맛을 즐겼다고 한다. 그는 병적일 정도로 수집에 열을 올렸는데, 심지어 반역죄로 사형이 확정된 어떤 영주가 이도다완 한 점을 헌상하자 그 대가로 목숨을 살려준 경우도 있었다. 이도다완 하나가 오사카성과 맞먹는다는 말이 나온 것도 이 때문이었다. 지금도 이도다완은 경매에서 수백억대에 팔리곤 한다. 세계적으로 100여 개 남은 것은 모두 일본에 있다. 조선의 도공이 무념무상의 상태에서 만들어낸 투박한 아름다움이 질그릇에 움푹 배어 있는 듯하다.

∴ 일본 국보로 지정된 이도다완

일본인들의 조선 도자기에 대한 환상이 여기서 생겨났다. 그런데 재미있는 것은 이 이도다완이 다름 아닌 조선의 막사발이라는 점이다. 조선에서는 자기에 밀려 서민들이 말 그대로 아무 용도로나 막 쓰던 막사발이었다. 하지만 히데요시뿐 아니라 당시 일본의 영주들 대부분은 이 이도다완에 열광했다. 1592년에 발발한 임진왜란을 흔히 '도자기전쟁'이라고 부를 정도로 조선의 도자기는 그들에게 우상이나 다름없었다.

조선 도공의 한글 시가 쓰여 있는 일본 찻잔

임진왜란 당시 일본으로 끌려간 조선 도공이 만든 찻잔에 쓰인 한글 시詩가 해석되어 일본 언론의 주목을 받은 바 있다. 찻사발에 적혀 있는 문구는 이렇다. "개야 짓지 마라. 밤 사람이 모두 도둑이냐? 목지 호고려 님이 계신 곳에 다녀올 것이다. 그 개도 호고려의 개인 모양이다. 듣고 잠잠하구나."

시에서 등장하는 호고려胡高麗는 '오랑캐 고려 사람'이란 뜻으로 일본에 납치된 조선인에 대한 현지 호칭이었다. 화자는 밤에 조선인이

.·. 임진왜란 당시 일본으로 끌려간 조선 도공의 삶을 보여주는 한글 시가 들어가 있어 화제가 된 '한글 명문銘文 찻사발'

있는 곳, 또는 조선인의 모임에 가려고 나섰다가 개가 짖는 것을 보고 자신은 도둑이 아니라 조선인이 있는 곳에 다녀오려는 것이라고 꾸짖는다. 개가 그 말을 듣고 조용해지자 화자는 '그 개도 조선의 개라서 듣고 잠잠하구나' 하고 생각했다는 내용이다.

네덜란드 동인도회사의 대규모 도자기 수입

도자기는 포르투갈이나 스페
인이 네덜란드에 앞서 이미 수입
하였다. 하지만 유럽에 본격적인
도자기 열풍을 일으킨 나라는
네덜란드였다. 1602년 설립된
지 1년도 안 된 네덜란드 동인도
회사는 중국에서 화물을 가득
싣고 돌아가던 포르투갈 상선

❖ 당시 유럽에서 유행했던 중국 청화자기들

캐슬리나 호를 빼앗아 이 상선에 실려 있던 수십만 점의 중국 도자기
를 암스테르담으로 가져와 경매에 부쳤다. 그 무렵은 교역과 약탈이
혼재되어 있던 시기였다.

동인도회사의 유대인들이 놀란 것은 경매에 많은 귀족이 몰려든
것이다. 그중에는 군주들도 있었다. 프랑스 국왕은 아주 아름다운 식
기를 구매했고 영국 국왕은 도자기를 구매했다. 며칠 내로 그 많던
물건이 모두 팔렸다. 이익도 엄청났다. 칸 테베스의《유럽 도자기사》
에는 "이 배의 도자기를 경매한 것으로 상인들은 순이익 500만 둔을
얻었다"고 기록되어 있다. 이 전설적인 이야기는 전 유럽을 흥분시켰
다. 귀족들 사이에 도자기 열풍이 불었다.

유대인들이 장악한 네덜란드 동인도회사
네덜란드 동인도회사 설립 당시 81명이 투자 자본의 절반 이상
을 조달했다. 이 가운데 반 이상이 스페인에서 추방당해 온 유대인

들이었다. 한마디로 유대인의 지분이 가장 많았다. 이 81명 가운데 60인이 처음 '주주위원회'를 구성했다. 모두 최소한 1만 길더, 곧 금 100kg 이상씩 투자한 사람들이었다. 그러다 그 수를 점점 줄여 나중에는 '17인 주주위원회'로 귀결되었다. 여기서 크고 작은 모든 결정을 내렸다. 지역별로는 암스테르담에서 모인 자본이 57.4%를 차지하여 17인 가운데 8자리를 배정받았으며 그 외에 로테르담의 유대인들도 있었다. 당연히 지분이 많은 유대인의 발언권이 가장 셀 수밖에 없었다.

17세기 전반기에만 300만 점의 자기 수입

그 뒤 네덜란드 동인도회사는 돈이 되는 중국 도자기 수입에 열을 올렸다. 처음에는 중국 광저우 도자기를 수입했다. 생사와 차와 함께였다. 그 뒤 유럽 문장을 넣은 주문형 도자기가 대세를 이루었다. 당시 유럽에 수입된 중국 자기 숫자를 보면 1612년에는 한 척의 배가 3만 8641점의 자기를 중국 난징에서 암스테르담으로 운반했고 2년 후에는 2배로 늘어난 6만 9057점을 실어 날랐으며 1636년은 25만 9380건, 1637년은 21만 건, 1639년은 36만 6000건이라고 할 정도이니 당시 얼마나 방대한 양이 유럽에 전해졌는지 알 수 있다. 1604년에서 1656년까지 300만 점 이상의 자기를 수입했던 견적見積이 있다.

명과 청의 전쟁과 천계령으로 중국과의 교역이 단절되다

1643년 네덜란드 동인도회사는 중국에서 일어난 명과 청의 전쟁 때문에 도자기 수입을 할 수 없게 된다. 또 대륙 밖으로 쫓겨난 반란군이 바다에 머무는 것을 막기 위해 해상봉쇄령을 내렸다. 그때 청화백자 생산지인 징더전景德鎭은 오삼계의 난으로 파괴된다. 명나라가 망한 뒤 1661년에 청나라가 천계령遷界令을 공포하자 상선 무역이 금지됐다. 그래서 네덜란드는 새로운 도자기를 찾아 나선다.

천계령이란 청나라 초기에 연해의 경계를 정하고 이것을 역내로 옮긴다는 뜻으로, 소위 바다 왕래를 금하는 해금령이었다. 목적은 반청나라 운동을 전개하여 대륙 밖으로 쫓겨 간 대만의 정성공鄭成功으로부터의 공격을 막기 위함이었다. 당시 타이완 섬을 비롯한 5도 열도 지역은 왜구의 소굴이었다. 그들과 힘을 합쳐 쳐들어올까 봐 겁이 난 것이다. 동시에 연해 주민들과의 교통·접촉을 단절시킴으로써 정성공의 물적·인적 자원을 고갈시켜 자멸케 하려는 데 있었다. 일본 도자기가 중국 도자기를 대신해 유럽에 수출되기 시작한 것은 바로 이때였다. 천계령은 정성공이 죽은 이듬해인 1684년에 해제되었다.

하멜 덕분에 조선 청화백자의 우수성이 알려지다

우리 조선과 서양의 최초 접촉이 네덜란드 사람에 의해 이루어졌다. 그 무렵 네덜란드 동인도회사 선원들이 두 차례나 우리나라에 왔었다. 다름 아닌 1627년의 박연(벨테브레) 일행과 1653년의 하멜 일행이다. 하멜을 비롯한 동인도회사 선원들은 폭풍을 만나 제주도에 표착했다. 심한 폭풍우로 64명의 선원 가운데 생존자는 38명에 불과했다. 당시 생존자 가운데 22살 난 청년 헨드릭 하멜이 있었다.

그는 13년 동안 억류생활을 하면서 조선에 대한 기록을 남겼다. 《하멜 표류기》는 조선의 사정을 최초로 유럽에 소개한 문헌이다. 당

** 조선의 청화백자

시 우리 사회의 실정, 풍속, 생활 등을 아는 데 귀중한 사료다. 그뿐만 아니라 이 책이 유럽에서 히트해 조선 자기에 대하 유럽인들의 호기심이 높아졌다. 이에 동인도회사가 조선 상품 수입을 적극 검토하게 되고 조선 자기를 찾아 나선다. 동인도회사는 조선과 대규모 자기 무역을 위해 1000톤급의 대형 상선까지 별도로 준비하고 '코레아호'라 명명하였다. 이 과정을 살펴보자.

조선을 서구에 소개한 선원일지, 《하멜 표류기》

처음 하멜 일행을 발견한 제주목사는 대화를 시도하지만 결국 실패하고 이 사실을 조정에 알렸다. 효종은 이런 사실을 보고받고 조정에 있던 네덜란드인 박연, 곧 벨테브레를 보내 하멜 일행을 한양으로 불러들인다. 박연도 동인도회사 선원으로 1627년에 일본으로 향하던 중 동료 2명과 함께 식수를 구하러 상륙했다가 조선 관헌에게 붙잡혔다. 그 뒤 조선 여인과 재혼하여 자녀 2명을 낳고 조선인으로 산 박연은 훈련도감에 배속되어 병기 개량에 앞장서고 있었다.

하멜 일행은 박연과 함께 긴 여행길에 오르게 되는데, 여기서 하멜은 한양까지 가면서 거치게 되는 여수, 순천 등 지명을 비교적 정확한 네덜란드식 음가로 표류기에 적고 있다. 드디어 한양에 도착한 이들은 효종 앞에 무릎을 꿇고 박연의 통역으로 심문이 시작되었다. 효종은 이들이 조선보다 작은 나라에서 왔으며 수만 척의 상선이 있다는 말을 듣게 된다. 병자호란 이후 꾸준히 북벌정책을 추진해온 효종에게 이들은 단순히 이방인이 아니었다. 효종은 표류자들이 지닌 신무기 제조기술을 활용하여 청나라 정벌의 꿈을 키워나가고자 했다. 과거 조선은 서양인이 표착해 오면 베이징으로 보내 귀환시켰다. 하지만 효종은 이들을 베이징으로 보내지 않고 훈련도감에 편입시켜 식량과 벼슬을 주고 군사훈련에 참가시켰다.

하멜 일행의 무기기술 전수, 나선정벌로 이어지다

그 뒤 이들의 신무기 기술 전수로 조총이 많이 생산되었다. 그리고 조총부대가 조직되었다. 1655년에는 국경 지역에 조총 6500자루와 5000명의 포수가 배치되어 군사력이 크게 강화되었다. 효종 때 청나라의 요청으로 이루어진 1·2차 나선정벌에서 올린 전과는 당시 잘 훈련된 조총부대가 있었음을 말해준다. 나선은 러시아를 말한다. 러시아는 17세기 초 시베리아 쪽으로 팽창하기 시작했다. 그 무렵 러시아는 흑룡강까지 진출해 성을 쌓고 군사기지로 삼았다. 모피 획득을 위해서였다. 17세기 모피 자원은 러시아 국고수입의 10% 이상을 차지했다.

1651년 러시아인은 모피 사냥을 전개하면서 청나라와 충돌했다. 이에 대해 청나라는 군사를 보내 격퇴하려 했으나 총포로 무장한 러시아인들에게 계속 연패하였다. 마침내 청나라는 1654년 우수한 화력부대를 보유한 조선에 원군을 요청하였다. 효종은 조총군 150명을 파견해 흑룡강에서 러시아인들을 패퇴시켰다. 이것이 제1차 나선정벌이다. 조선군은 한 명의 사상자도 없이 원정을 마무리 지었다.

그로부터 4년 후인 1658년 청나라는 러시아인의 남하를 막지 못해 다시 원군을 요청하였다. 효종은 일단 거부했으나 재차 요청해 오자 조총군 200명과 초관 60여 명으로 구성된 조총부대를 파견하였다. 조선군은 송화강과 흑룡강의 합류 지점에 도착해 러시아 함대와 격전을 벌일 준비를 하였다. 이때 러사아군은 10여 척의 배에 군사를 싣고 당당한 기세로 다가왔는데, 청군은 겁을 먹어 감히 그들을 대적할 생각을 하지 못했다. 그러나 조선군이 화력으로 적선을 불태우자 러시아군은 흩어졌고, 여기서 러시아군은 궤멸적 타격을 입어 11척의 선단 중 10척이 불타고 1척만 겨우 도망갔다. 조선군의 대승이었다. 이것이 제2차 나선정벌이다. 그 뒤 흑룡강 부근에서 활동하던 러시아군은 거의 섬멸되었다.

그 뒤 러시아군은 청·러 국경 지대인 흑룡강을 넘지 못했다. 효종 때의 나선정벌은 병자호란 이후 북벌을 꿈꾸며 양성했던 조선 조총군과 화력부대의 위력을 보여준 한 사례였다. 적은 병력으로 큰 성과를 거두었다는 점에서 군사적 의의가 큰 사건이었다. 20여 년 전 삼전도 치욕을 겪었던 조선으로선 청군이 연패한 러시아군을 꺾었다는 데 큰 의미가 있었다. 청군과도 싸워 이길 수 있다는 자신감을 갖게 되어 효종은 더욱 강하게 북벌 준비에 박차를 가했다.

밀린 봉급을 받기 위해 쓴 《하멜 표류기》

하멜을 포함한 8명은 전남 좌수영에 근무하면서 전염병으로 동료를 잃고 흉작으로 식량 보급이 끊기는 등 오랜 고생 끝에 1666년 9월 야음을 틈타 배를 타고 일본으로 도망갔다. 조선에 표착한 지 13년 만이었다. 그 뒤 일본에 머물다 1668년 7월에 귀국했다. 2년 후 조선 정부는 탈출에 가담하지 못했던 나머지 8명도 모두 돌려보냈다. 돌아간 하멜은 자신의 밀린 노임을 청구하기 위해 체류일지와 조선에

대한 정보를 정리하여 동인도회사에 제출
했다. 이것이 〈난선 제주도난파기〉 및 부록
〈조선국기〉인데, 우리에게는 《하멜 표류기》
로 더 익숙하다. 귀향자들은 하멜의 보고
서를 근거로 14년간의 급여를 지급받았다.

∴ 《하멜 표류기》

　동인도회사에 제출된 하멜의 보고서가
시중으로 유출되어 소책자로 출간됐다. 당시 파장은 엄청났다. 미지
의 세계에 대한 호기심이 고조되어 있던 유럽에서 이 소책자는 선풍
적인 인기를 끌었다. 이 책은 1668년 네덜란드에서 처음 출판된 이후
프랑스어판, 독일어판, 영역판이 경쟁적으로 출간됐다. 그때까지 동
방의 조그만 나라 '코레아'는 유럽인들에게 겨우 그 이름만 알려졌을
정도였다. 바로 이때 미지의 나라 '코레아'에 대한 자세한 정보를 처음
으로 유럽인들에게 소개한 《하멜 표류기》가 출간되어 조선을 서구에
본격적으로 알리는 계기가 되었다. 이런 분위기 속에서 네덜란드 동
인도회사도 조선과의 직교역을 신중히 검토하기 시작했다.

동인도회사, 조선과 대규모 도자기 교역을 준비하다

　하멜의 보고서에 따르면 일본이 조선의 면포, 마포, 인삼, 호피 등
을 가져다 이익을 본다고 적혀 있다. 실제 당시 조선의 대일본 수출
품은 이들 품목 이외에도 생사와 견직 등이 주종이었다. 또한 그의
책 덕분에 조선이 알려지면서 자연히 조선의 청화백자도 관심을 끌
었다. 당시 유럽인들은 중국 도자기에 심취하여 중국 자기가 일대 센

세이션을 일으키고 있었다. 그러던 차에 조선 청화백자에 대한 유럽인들의 관심과 호기심은 날이 갈수록 증폭되었다.

당시 일본 주재 네덜란드 무역관장의 보고서

당시 일본에 주재하고 있었던 네덜란드 무역관장인 쿠케박케르의 조선에 관한 정보는 꽤 구체적이고 다양한 내용을 포함하고 있다. 그 전문은 다음과 같다. "이 나라는 일본과 거의 동일한 크기로, 큰 원형의 섬이고 작은 섬들 사이에 있고, 그 한 끝이 시나(중국)에 접해 있지만, 그 나라는 약 1마일 정도 폭의 강으로 갈라져 있다. 코레아의 다른 한쪽은 타르타리아(러시아)에, 양자의 사이에는 폭 약 2.5마일의 수로가 있다. 동쪽으로 약 28~30마일은 떨어진 곳에 일본이 있다. 상기의 코레아에는 금광과 은광이 있지만, 굉장한 것이 아니다. 명주도 산출하지만, 자국에서 필요로 하는 것보다 적기 때문에 그곳에서는 시나로부터 명주가 수입된다.

이 땅에서 특히 풍부히 얻을 수 있는 것은 쌀, 동, 목면, 면직물, 인삼 뿌리이다. (…) 코레아에서 일본과의 거래는 대마도 영주만이 할 수 있고, 누구에게도 허용되지 않으며, 영주도 5척의 큰 배를 가지고 있을 뿐 그 이상의 배를 파견할 수 없다. 그곳에서 면, 면직물, 인삼근, 매, 호피를 입수하여 1의 값을 일본에서는 3~4로 받는다. 거래에서 상당한 이득이 있기 때문에 영주는 이 거래에 타인이 참가하는 것을 용인하지 않는 것이다. 우리가 들은 바에 의하면, 회사가 그곳(조선)에서 무역을 행하려고 해도 목적을 달성할 수

∴ 1650년경의 조선과 일본 지도

는 없을 것이다. 왜냐하면 그들은 매우 소심하고, 겁쟁이 사람들로서 특히 외국인을 상당히 두려워하고 있기 때문이다."

대형 상선 '코레아호' 출항 대기하다

당시 동인도회사는 하멜의 선원일지와 무역관장의 보고서를 토대로 조선과의 무역을 적극 추진하였다. 1668년 네덜란드 식민지 문서 제255호에는 이때 동인도 회사가 조선과의 직교역을 검토했던 기록이 남아 있다. 그리고 네덜란드는 조선과 무역을 하려고 1669년 1000톤급 대형 상선인 '코레아'라는 배까지 별도로 만들었다. 코레아호는 1669년 5월 20일에 휠링겐을 출항하여 케이프타운에 1669년 12월 10일에 도착했고 이듬해 1월 6일에 다시 출항하여 1월 19일에 바타비아에 도착했다. 당시 31명의 선원이 조선을 향해 출항 대기하고 있었다.

일본, 조선과 네덜란드의 무역을 결사반대하다

그러나 일본이 막무가내로 반대했다. 만약 네덜란드가 조선과 통상하면 일본 내 네덜란드 무역관을 폐쇄하겠다는 으름장을 놓았다. 동인도회사의 조선과의 직교역은 일본 막부의 압력 때문에 결국 이루어지지 못했다. 당시 일본은 네덜란드 동인도회사로부터 수입한 옥양목(무명)과 후추 등을 조선에 되팔아 수십에서 수백 배의 폭리를 취하고 있었다. 이러한 조선에 대한 독점적 무역업자로서 지위가 흔들릴까 봐 극구 반대한 것이다. 결국 동인도회사가 의욕적으로 명명했던 코레아호는 조선으로 단 한 번도 항해하지 못하는 운명이 되고 말았다.

동인도회사, 아리타 청화백자를 수입하다

동인도회사는 일본의 방해로 조선과 직교역을 못 하게 되자 그 대안으로 일본 내에서 생산되는 조선 청화자기를 수입했다. 당시 일본에는 임진왜란 때 강제 납치된 도공陶工들이 많았다. 1592년 임진왜란을 일으킨 일본은 조선의 서적이나 목판 활자본, 공예품 등 문화재를 약탈해 갔다. 그리고 압송된 조선인의 수만도 10만 명에 달했는데 그들 대부분은 도공이나 공예 기술자들이었다. 조선의 선진기술을 약탈하기 위한 것이었다. 그리고 지식인들도 상당수 일본으로 끌려갔다. 사실 이들로 인해 일본의 경제와 문화는 일대 전기를 맞았다. 이들이 학문은 물론 도자기 생산기술 등 일본의 제조업을 비약적으로 발전시킨 것이다.

조선의 도공 이삼평, 아리타에서 청화백자를 만들다

마침내 네덜란드 동인도회사는 임진왜란 때 잡혀간 도공 이삼평李參平의 후예들이 규슈 사가현 아리타에서 조선 청화자기를 만든다는 사실을 알아냈다. 그들이 아리타의 청화자기를 보는 순간 그간 수입해 팔았던 일본 자기를 훨씬 능가한다는 것을 알았다. 동인도회사는 1668년에 그곳 청화백자를 수입해 유럽 전역에 팔았다. 당시 일본에서 청화백자는 그곳이 유일한 생산지였다.

그 뒤 네덜란드가 판 일본 자기는 유럽 사회에 일본 붐을 일으켰다. 이렇듯 일본 자기가 유럽에서 붐을 일으킨 배경에는 임진왜란 때 약탈해 간 우리의 앞선 도자기 기술이 있었다. 고려에서 상감청자가 꽃을 피우던 시기보다 500년이나 늦은 시간에 조선 청화자기의 위력이 다시 빛을 발한 것이다.

　17세기 초까지 일본은 도자기를 제조할 수 있는 능력이 없었다. 도자기를 갖고 싶었던 일본의 영주들은 임진왜란 때 서로 경쟁적으로 조선의 도공들을 잡아갔다. 일본군은 조선의 도공들을 일본으로 데려가 도자기 제작에 종사하도록 하였다. 이

들은 투박한 도기 그릇을 지어 팔았다. 그러나 자기는 그 재료 흙이 없어 지을 수가 없었다. 이렇게 끌려간 조선 도공들은 일본 도자기의 발달에 크게 기여하였다.

이삼평, 자기를 빚을 수 있는 흙을 찾아 헤매다

　당시 도공 중에 이삼평은 일본에서 도자기를 생산하지 않고 농사를 지으며 살았다. 그래도 자기에 대한 미련을 버리지 못해 틈만 나면 자기를 빚을 수 있는 고령토나 자석광을 찾아 헤맸다.

　마침내 18년이 지난 1616년 아리타의 구도카미산 남쪽 고도 518m 지점 이즈미야마에서 자기를 만들 수 있는 자광磁鑛을 발견했다. 이즈미야마의 자석광은 석영, 장석, 운모가 주성분으로 불순물이 적고 불에 잘 견디는 양질의 자기 원료였다. 게다가 그 양은 무궁무진했다. 이 광산 지역 주변은 물과 땔감이 풍부해 도자기 생산에 적합했다. 이 광산에서는 그 뒤로부터 오늘날까지 360여 년간 채굴이 계속되고 있으며 연간 1만 톤가량의 자석광이 산출되고 있다.

　이렇게 이삼평은 아리타에서 백자의 원료가 되는 자석광을 발견하고, 이를 사용해 일본에서는 처음으로 아리타 천구곡天狗谷에서 최

∴ 이삼평이 1616년 구도카미산 남쪽 고도 518m 지점에서 발견해 오늘날까지 360여 년간 채굴이 계속되고 있는 이즈미야마 자석광

초로 요窯를 만들어 자기를 빚기 시작했다. 이것이 오늘날 이삼평이 도조陶祖로 추앙받는 이유다.

이렇게 해서 이마리 자기 제조는 조선인 도예가 이삼평의 감독 아래 1616년부터 아리타에서 조선 장인들에 의해 시작되었다. 더불어 조선 도예공들이 만든 조선식 등窯가마인 오름가마 덕분에 자기를 효율적으로 대량생산할 수 있었다. 조선 도공들이 일본에 전해준 기술 중 가장 중요한 것이 바로 이 오름가마였다. 계단식의 오름가마는 한꺼번에 많은 양을 구워낼 수 있을 뿐 아니라 연료를 효율적으로 사용할 수 있다.

요의 규모는 총길이가 52m 정도 되며 16개의 소성실과 연소실이 있었다. 이 요는 자기를 전용으로 굽는 것이 특색이며 일본 최초의 자기요로서 역사적 가치가 높다. 일본 정부는 이 텐구다니 가마터를

사적지로 지정해놓고 있다. 이삼평은 농사를 그만두고 도자기 생산에만 전념했다.

이렇게 만든 자기가 일본 국내로 무섭게 풀려나갔다. 투박한 도기에 비해 매끄럽고 깨끗한 자기는 모두가 탐낼 수밖에 없었다. 미처 쌓아둘 사이도 없이 팔려나갔다. 당시 일본에서 청화백자는 그곳이 유일한 생산지였다. 동인도회사 사람들이 아리타 청화백자를 보는 순간 중국 자기를 능가한다는 것을 알았다.

네덜란드 동인도회사는 1659년에 5만 6700개의 아리타 자기를 주문했다. 그러나 처음에는 주문량을 소화하지 못해 이를 맞추는 데 무려 2년이나 걸렸다. 하지만 이후 아리타 도자기는 불티나게 유럽에 팔려나갔다. 첫 수출 뒤 70년 동안 약 700만 개의 아리타 자기가 세계 각지로 팔려나갔고, 지금도 유럽의 많은 궁전에는 당시 사들인 아리타 자기가 소장되어 있다. 일본은 자기의 유럽 수출로 막대한 부를 축적했다. 이러한 사실을 일본인 자신들도 '기적'이라고 부른다.

당시 아리타에서 조선 도예공들이 만든 자기는 일본에서는 처음에 '아리타 자기'라 불렀다. 그러다 아리타에서 12km 떨어진 이마리 항구에서 본격적으로 수출되자 후에 '이마리 자기'라고 불렀다. 일본도 이마리 자기의 뿌리가 조선임을 인정하고 있다. 일본인 도자기 학자 미스키다카토시는 일본 최초의 도자기인 이마리 자기가 1630~1640년 조선 백자의 요업기술을 기초로 하여 만들어졌다고 소개하고 있다.

유럽을 휩쓴 일본 자기의 뿌리, 조선의 청화백자

이마리 자기는 이후 동인도회사VOC: Vereenigde Oostindische Compagnie를

∴ 일본 아리타에서 만든 청화자기. 동인도 회사를 나타내는 'VOC'가 새겨져 있다.

통해 연간 수만 점씩 수출되었다. 당시로는 대단한 양과 금액이었다. 향신료, 비단 등 고가 동방물품이 대접받았던 당시에 부피가 큰 자기 수만 점이 같은 배에 실려 나갔다는 것은 그만큼 큰 이익을 볼 수 있는 상품이었기 때문에 가능한 일이었다.

네덜란드 동인도회사의 자기 무역 중 주목할 만한 것은 특정한 기형이나 문양을 지정하여 주문했다는 점이다. 유럽에서 중국풍 취미가 유행하자 유럽인들의 취향에 맞는 기형과 문양의 자기를 주문하였다. 이러한 주문에 의한 무역은 18세기 초에 유럽에서 동양의 자기가 크게 유행하게 되는 데 영향을 주었다.

아리타 자기는 초기에는 간략한 초화문이 그려진 청화백자의 제작을 주로 하다 17세기 후반부터는 유약 위에 색이 있는 에나멜로 그림을 그리는 자기로 발전하여 아리타 자기의 핵심을 이룬다. 또 1640년대에 시작된 가키에몽 양식의 상징은 붉은 꽃문양이다. 한때 유럽 왕실 등을 휩쓸었던 가키에몽 양식은 일본만의 독자적인 색감을 창출했다는 평가를 받으며 국보로 지정됐다. 유럽인들은 이러한 화려한 자기를 선호하였다.

∴ 조선 도예공 후예들이 만든 일본 규슈의 채색 이마리 자기. 그림이 점차 일본풍으로 변해가고 있다.

1653년부터 19세기까지 일본에서 유럽으로 수출된 도자기가 무려 2000만 점에 이르렀다. 이렇게 오랜 기간 일본 자기, 특히 이마리 양식은 유럽의 왕족과 귀족의 로코코·바로크 양식의 궁전과 저택을 화려하게 장식하며 크게 사랑받았다. 이처럼 일본 자기가 유럽에서 붐을 일으킨 이면에는 조선 자기의 우수성이 《하멜 표류기》에 의해 유럽에 알려진 덕분이었다. 이로써 일본이 수출입국으로서의 위상을 높이고 국부를 늘리는 계기가 되었다.

자기가 유럽인들을 신사로 만들어주다

17세기까지 유럽은 식사할 때 손으로 집어 먹었다. 그 뒤 자기 사용이 신분을 상징하게 되고 식탁 문화를 변화시킴으로써 귀족들은 매너로 자신들을 차별화하였다.

또 커피와 같은 음료를 찻잔에 담아 마시는 것이 당시 유럽인들이 즐기는 호사였다. 여기에 품격을 더한 것이 바로 아시아에서 온 자기였다. 커피잔에 손잡이를 붙인 것은 중국 징더전 요의 제품들이었으며 받침과 주전자를 만든 것은 아리타 자기였다. 일본과 중국 두 국가의 경쟁이 지금의 커피잔 세트를 만들어낸 것이다.

도조 이삼평을 기려 매년 도자기축제를 열다

그 무렵 이삼평을 데려온 봉건영주는 인근 지역으로 도자기 만드는 법이 알려지지 않도록 정책적으로 보호하였다. 그러나 이 같은 사실이 알려지자 일본의 다른 지역에서도 도자기 기술을 배우기 위해 사람들이 몰려들기 시작해 오늘날과 같은 도자기 마을 아리타가 생겨나게 되었다. 전하는 기록에 따르면 나베시마번에 흩어져 있

.·. 도조 이삼평비, 아리타 마을 전체가 한눈에 보이는 이삼평비는 이 지역 주민들이 이삼평을 기리며 1917년 10월에 세워졌다.

던 조선 도공 중 김해 출신 백파선이 이끄는 900여 명이 아리타로 들어왔다고 한다. 백파선은 머리가 하얗게 센 할머니란 뜻으로 남편의 뒤를 이어 조선 도공을 이끈 여장부로 알려졌다. 나중에 너무 많은 사람이 모여들어 180개 이상의 요들이 중구난방식으로 어지럽게 많이 생겨나자 강제로 쫓아내기도 했다. 그 뒤 이마리 자기 생산은 1800년이 채 되기도 전에 일본의 다른 지역으로 확산되었다.

1773년께 기록된 이에나가 집안의 문서에 의하면 1594년 나베시마군은 조선의 긴모산 부근에서 도공 8명을 강제로 끌고 왔다는 기록이 있다. 이들 이름 없는 조선 도공 800명의 묘는 이삼평이 발견한 이주미야마 자석광산 바로 앞과 이마리에서 찾아볼 수 있다.

일본에서는 도조 이삼평의 기일을 기해 아리타 도자기축제를 매년 열고 있다. 2012년 107회를 맞았는데, 인구 1만 4000명의 이 작은

✲✲ 도공무연탑. 이 탑은 이마리시 대천내산大川內山에 있으며, 조선의 무명 도공들 800여 명의 넋을 달래기 위해 세워졌다.

도시는 일본 도자기의 원류라는 데 자부심을 갖고 있다. 매년 봄 축제 때는 6km의 거리를 채운 700여 개의 도자기 가게들이 나서 저마

✲✲ 아리타 도자기축제. 매년 일본 골든위크(일본에서 매년 4월 말부터 5월 초에 걸친 휴일이 많은 기간) 기간인 4월 29일~5월 5일에 열린다.

다 손님을 맞는다. 이 작은 도시에 전국에서 찾아온 약 80만 명의 관광객들로 붐비는 대형 축제의 장이 펼쳐진다.

유럽 자체 생산을 서두르다

유럽에서 자기는 그만한 무게의 황금 그릇과 맞바꿔졌기 때문에 자기를 집에 둔다는 것은 일종의 신분의 상징이었다. 유럽의 귀족들은 자기를 손에 넣으면 내로라하는 손님들을 모아놓고 축하 파티를 열었다. 특히 17세기 이슬람으로부터 유럽에 커피가 전해지면서 급속도로 자기시장이 확대된다. 그러자 유럽은 아미리 자기로 인한 무역역조로 골머리를 앓았다. 대중적인 수요가 급증하자 독일과 네덜란드는 도자기를 직접 국내에서 생산하기 위해 오랫동안 갖은 노력을 기울이게 된다. 어떻게든 국내에서 생산하는 방법을 찾아야 했다.

보다 못한 독일 작센의 절대군주인 아우구스투스 황제는 이마리 자기를 모방한 자기 제작을 명했다. 일종의 수입 대체산업을 일으킬 것을 명한 것이다. 하지만 쉽지 않은 일이었다. 도기는 점토를 섭씨 800~1000도에서 굽지만 자기는 섭씨 1200~1400도의 고온에서 굽는다. 자기는 화학적으로는 규산 성분이며 인간이 창조한 새로운 돌이었다. 자기는 도기보다 강도가 훨씬 강하기 때문에 얇게 만들 수 있고, 투광성과 광택이 있으며, 두들기면 맑은소리가 난다. 문제는 굽는 온도를 끌어 올리고 화학적 성분을 잘 맞추어야 했다는 점이다.

.*. 최초의 마이센 자기, 청화양
파문자기, 1710년

자기 제조의 책임을 맡은 베르거라는 연금술사와 동료 화학자들은 감옥과 같은 실험실에 감금된 채 8년간의 실험 끝에 1709년 마침내 서양 최초의 경질 자기를 만들어내는 데 성공했다. 조선의 자기에 댈 바는 아니었지만 드디어 두들기면 쨍하는 소리가 나는 백자를 구워낸 것이다. 이렇게 해서 유럽 최초로 순백의 마이센 자기가 탄생했다.

유럽 자기의 뿌리, 조선 청화백자

최초의 마이센 자기, 청화양파문자기

1710년에 생산된 최초의 마이센 자기인 청화양파문자기는 이마리 자기를 본떠 만들었는데, 이를 보면 조선의 청화백자 분위기가 살아 있음을 알 수 있다. 원래는 일본의 복숭아나무와 열매를 도안화했던 것인데 유럽인들에게는 양파로 보였기 때문에 이러한 이름이 붙여졌다고 한다.

자기 제조는 유럽인들의 오랜 꿈이었고 무수한 시도가 있었지만 번번이 실패했던 고난도 작업이었다. 그러던 중 1709년 마이센 자기의 탄생은 이제 유럽인들의 숙원이 처음으로 이루어졌다는 것을 뜻한다. 한국에서 일본으로 자기 제조기술이 건너간 후 약 100년이 되는 시점이다. 독일 작센에서 드디어 자기를 제조했다는 빅 뉴스는 삼시간에 전 유럽의 궁정에 퍼져나갔다. 이듬해에는 왕립 마이센 자기 공장이 설립되어 생산을 개시했다. 그 후 자기 가마는 비밀 유지를 위해 도시 한가운데 높은 언덕 위에 있는 알브레히츠부르크 성으로 옮겨졌다. 도공은 자기 제조법을 타인에게 이야기할 수 없었고 바깥 출입조차 금지됐으며, 외지인도 마이센에 들어올 수 없었다.

프랑스도 세브르 자기 개발

작센이 자기 제조에 성공했다는 뉴스를 접한 프랑스, 영국은 어떻게 해서든지 비결을 알아내려고 스파이 작전을 감행하기도 했다. 자기를 만드는 데 성공한 지 8년 뒤 2명의 도공이 탈출해서 오스트리아로 도망쳤지만 합스부르크 왕가가 제대로 지원을 하지 않아 오래가지 못했다. 자극받은 프랑스는 루이 15세가 총력을 기울인 결과 1768년 프랑스 최초의 자기가 탄생하게 된다. 이후 독일의 마이센 자기와 프랑스의 세브르 자기가 함께 초기 유럽의 도자기 산업을 이끌었다.

당시 자기는 유럽의 최첨단산업이었다. 마이센 자기가 인기를 끌자 모조품이 생겨났다. 그 뒤 마이센 장인의 손에서 탄생한 진품을 모조품으로부터 보호하기 위해 모든 마이센 도자기 밑면이나 위에는 교차된 두 검 모양의 심벌마크를 새기게 됐다. 마이센 자기의 이 마크 또한 가장 오래된 '커머셜 트레이드 마크'로 유명세를 떨치고 있다. 이렇게 하여 탄생한 독일과 프랑스의 도자기 산업이 그 뒤 오랜 기간 지속된 유럽의 첨단산업이 되었다.

그럼에도 유럽인들의 수입 자기에 대한 열기는 쉽게 사그라지지 않았다. 더구나 1600년대 후반 중국에서 코발트 광산이 발견되어 그때부터 청화백자의 생산량이 확 늘어나면서 가격도 싸졌다. 1729~1794년 사이에 네덜란드의 동인도회사가 운반하여 판매한 자기만도 4300만 점에 달하였다. 17~18세기 모두 합해 약 6000만 점의 도자기를 수입하였다.

∴ 마이센의 심벌마크

자기 생산을 관요가 아닌 시장에 맡긴 서구

유럽이 우리보다 늦게 시작한 이러한 산업들이 우리보다 앞서게 된 이유는 딱 한 가지다. 우리는 상감청자가 관의 주도로 주로 관요_{官窯}에서 생산되었지만, 이들은 자유롭게 시장에 맡겨 개인들의 돈벌이에 직결시켰기 때문이다. 이렇게 유럽은 산업을 주로 민간 주도로 진행해 서로 경쟁하게 하여 발전시켰다. 동양이 먼저 발명한 화약이나 인쇄술도 마찬가지 경우였다.

그 뒤 마이센 자기는 아미리 자기 이외에도 조선과 중국의 청화백자를 구해 연구한 흔적이 있다. 옛날 마이센 자기 중에는 놀랍게도 호랑이 그림이 있는 자기가 있는데, 이것은 시베리아 호랑이로 추측되며, 조선 자기의 영향이 강했음을 알 수 있다. 또 용과 봉황들이 그려진 찻잔 세트들도 있다.

이후 마이센 자기는 그들만의 독특한 화풍과 양식으로 발전하였다. 그 뒤 유럽의 주요 도자기 산업국은 프랑스, 영국으로 넓혀졌다. 이들 각국은 나름대로 고유의 특색을 갖는 제품을 생산하고 있다. 프랑스는 리무즈_{Limoges} 지방을 중심으로 1400도 고온에서 소성하는 환원자기 생산이 주 품목이며, 영국은 약 200년의 역사를 갖고 있는 스토크온트렌트_{Stoke-on-Trent} 지방을 중심으로 본차이나 제품이 세계적인 명성을 유지하고 있다. 독일은 전통적인 식기로 환원자기를 생산해오다 1980년대경부터 몇몇 회사에서 본차

** 최근의 마이센 자기

이나를 생산하기 시작하여 현재에는 양쪽 모두를 생산하고 있다.

오랜 기간에 걸쳐 유럽의 자기 산업은 번창했으며 금전적으로도 엄청난 돈을 벌었다. 그 뿌리가 바로 조선 청화백자인 것이다. 역사는 돌고 돌아 마이센 자기가 이제는 한국과 일본에 수입되어 팔리고 있다.

조선의 기술이 일본의 경제성장을 돕다

일본은 문화뿐 아니라 경제의 초석이 되는 기술의 뿌리도 조선이었다. 일본 경제는 16~17세기에 막대한 은과 자기의 수출로 급격하게 성장했다. 이것이 경제대국의 초석이 되었다. 이 초석의 밑바탕에는 우리 조선의 앞선 기술이 있었다. 더불어 이때부터 교역에 눈을 뜬 일본은 국제무역이 크게 증가하여 말라카까지 진출했다. 그리고 필리핀의 마닐라와 베트남의 호이안을 거점으로 중개무역을 했다.

일본은 경제발전으로 인구도 급증하여 1500년 1600만 명에서 1750년 3200만 명으로 증가했다. 경제가 급속히 상업화되고 도시화되어 18세기에 벌써 도시 인구비율은 오히려 중국이나 유럽보다도 높았다. 1800년 무렵 세계 인구의 3%만 인구 5000명 이상의 읍에 거주하였다. 인구가 10만 명 이상 되는 도시는 45개뿐이었다. 그 가운데 유럽 도시는 절반도 안 되었다. 당시 아시아 지역은 전 세계 도시인구의 3분의 2를 차지하고 있었다. 에도(도쿄의 옛 명칭)가 인구 140만 명으로 18세기 최대의 도시였다. 그 규모는 전성기의 로마와 비잔틴을 능가하는 것이었다. 19세기에 오사카와 교토의 인구도 40만~50만 명에 이르렀다.

난학이 일본을 깨우다

네덜란드 동인도회사의 무역관은 1854년 일본 개항 때까지 대유럽 무역을 독점하며 막대한 수익을 올렸다. 213년 동안 707척의 선박이 왕래했다. 일본은 주로 은과 구리와 자기를 수출했고, 반대로 일본에는 유럽 상품뿐 아니라 서구 지식이 밀려들어 왔다. 특히 1만여 권의 서양 서적이 수입되었다.

일본 사람들은 네덜란드의 다른 이름인 홀랜드Holland를 한자어로 바꿔 '화란和蘭'이라고 불렀다. 그래서 일본의 '화란 학문', 즉 난학蘭學이라 하여 네덜란드 책을 통해 서양을 연구하는 학문 붐이 일어났다. 당시 일본인 통역사와 상인들이 네덜란드 무역관의 상인들과 접촉하며 저들의 문물을 수용하기 시작한다. 이런 과정에서 네덜란드 무역관의 의사와 지식인들은 자연스럽게 일본 청년들과 사귀었다. 당시 네덜란드 의사는 대부분 유대인이었다.

난학은 이렇게 화란어를 할 수 있는 일본인들이 오란다통사阿蘭陀通詞라는 직업적인 통역관 겸 상무관 집단을 형성하기 시작하면서부터 비롯되었다. 이들은 네덜란드 무역관을 출입하는 가운데 네덜란드 의사를 통해 서구 의학을 접하면서 그 기술과 지식을 익히게 되었다. 이 시기에는 아직 네덜란드 의사의 시술을 모방하거나 설명을 듣고 지식

∴ 의술로부터 시작된 난학. 네덜란드 의사와 일본 의학자의 토론 장면

∴ 일본에서 환대받는 네덜란드 무역업자

을 축적하는 단계에 불과했다. 하지만 서양 의학서적이 충격을 주기 시작했다. 기존 의학이 치료할 수 없었던 것을 네덜란드 의학이 고칠 수 있다는 사실이 알려지기 시작한 것이다.

난학은 이렇게 데지마에 파견되어 있었던 네덜란드 의사의 의술로부터 시작되었다. 이어 시간이 갈수록 서구 문물 전체를 포함했다. 1774년에 이르러는 일본 청년들이 스스로 익힌 네덜란드어로《해체신서解體新書》라는 해부학 책을 일본어로 번역 출판했는데, 이것은 일본의 장래를 예고해준 사건이었다. 도쿄대학의 전신이 바로 이때 설치된 난학 연구소이다.

18세기를 전후해서 에도를 중심으로 서구의 학문과 기술에 대한 관심이 적극적으로 전개되기 시작했다. 그 뒤 일본의 서양 문물 수용이 엄청난 수준에 이르렀고, 1800년대 초에는 화란어와 화란 의학을 수업한 난학의 전문가들이 1000여 명을 넘어섰다. 기독교만 빼고 세계지리와 의학서적부터 대포, 망원경까지 서양의 많은 문물이 이 경로로 일본에 들어갔다. 명칭도 시대나 교류 대상의 변화에 따라 난학, 양학, 서학 등으로 다양하게 불렸다.

일본은 이렇게 일찍이 서구 문물을 받아들여 그만큼 세계를 제대로 인식할 수 있었다. 에도 막부는 나가사키의 네덜란드인들을 1년에 한 번씩 불러들였다. 그들이 가져와 막부에 보고하는 풍설서가 막부로 하여금 국제정세를 파악할 수 있게 해주었다. 이후 메이지 정부는 난학을 통해 모든 정보를 얻게 된다.

19세기 메이지 시대 일본 근대화의 기수로 '일본의 벤저민 프랭클린'이라고 불리는 후쿠자와 유키치도 처음에는 난학 신봉자였다. 그러나 그는 대부분의 서양 상인들이 화란어가 아니라 영어를 쓴다는 사실을 알고 영학英學으로 옮아간다. 이어 그는 일본의 장래는 젊은 이들의 학문 탐구에 있다고 보고 게이오대학을 설립한다. 그리고 '일본은 아시아를 벗어나 구미 열강의 일원이 돼야 한다'는 이른바 탈아입구론脫亞入歐論을 주창한다. '탈아론'은 태평양전쟁의 사상적 출발점이었다.

재평가되는 16~18세기 아시아 경제

15세기 명나라의 해금정책과 유럽의 신대륙 발견 등 대항해시대의 출발이 그 뒤 동서양의 경제 위상을 바꾸었다는 것이 그간 세계 경제사의 정설이었다. 그러나 최근에 이루어지고 있는 당시 아시아 경제에 대한 재평가는 이런 과거의 주장을 불식시키고 있다.

먼저 명나라의 해금정책에 대해 살펴보자. 원래 15세기를 전후한 명나라의 해금정책은 왜구의 봉쇄와 남쪽 토호 해상 세력의 발호를 막기 위해 취해진 조치였다. 그런데 16세기 초에 포르투갈은 말레이시아 반도의 말라카 해협을 점령하고 동남아시아의 상업 패권을 장악하였다. 이때부터 포르투갈의 함대는 중국 해안에 출현하기 시작했다.

1517년 포르투갈은 중국에 함대와 특사를 보내어 중국 정부와 교섭을 벌여 무역 관계를 맺었다. 그러나 포르투갈인들은 중국에 와서 규칙을 지키지 않고, 무력으로 자신들의 의사를 관철시키고자 했다. 이러한 포르투갈인들의 해안 지방에서의 만행으로 이 시도는 곧 실패하게 되었다. 하지만 이후 그들은 중국 관원들을 매수하여 1535년 드디어 마카오가 개방되기에 이르렀다. 명나라 정부는 할 수 없이 그들의 활동 범위를 마카오라는 작은 지역으로 제한하면서 무역 행위도 통제했다. 근 100년간의 마찰을 거쳐 포르투갈인은 점점 중국과 양호한 관계를 조성하게 된다.

그러나 포르투갈 이후에 출현한 스페인, 네덜란드, 영국, 독일 등의 상인들은 거의 모조리 포르투갈인들의 최초 행동 방식을 반복했다. 심지어 스페인 사람들이 필리핀을 점령한 후, 무력진압을 하면서 수만 명의 현지 중국인을 살해했다. 서방인의 야만적인 행동은 중국 정부로 하여금 외국인에 대한 관리감독을 강화할 수밖에 없었다.

서양인들이 중국 해안선에 출현하면서 조성된 또 다른 변화는 바로 정상적인 무역 환경이 파괴되었다는 점이다. 포르투갈인은 무역을 독점하거나 그렇지 않으면 강매나 사기를 많이 쳤다. 그러다 보니 원래 무역으로 생계를 유지하던 중국인들은 더는 과거와 같은 정통 방식으로 무역에 종사할 수 없게 되었다. 1500년 이후 중국 해안선에는 해적이 날로 창궐하는데, 이는 서양인들이 파괴한 무역 환경 때문이기도 했다.

명나라 정부는 규칙을 지키지 않는 서양인들을 통제하기 위해 부득이 관리감독을 강화할 수밖에 없었다. 여기에는 엠바고(무역금지), 즉 중국 주민들이 서양인들과 무역을 하지 못하게 하는 것도 포함된다. 서양인들과 아시아인들 사이에 중국 정부가 관할하는 지역을 제외하고는 무역활동에서 공정성이 사라졌다. 그리하여 해적활동이 날로 극성을 부렸다. 이후 명나라 정부가 해적을 소탕한 후 무역금지를 풀어주었다.

대항해시대 이후 서양인들이 도착한 신대륙 등은 기본적으로 모두 군사적 점령과 현지인들의 노예화를 이루어냈다. 그리고 서양인들은 큰돈을 벌어 갔다. 오로지 성공적으로 서방인의 야만을 막아낸 곳은 무역을 거절한 중국뿐이었다. 서양인들은 큰돈을 벌지 못했을 뿐 아니라, 오히려 전체적으로 중국인들이 서양인들로부터 큰돈을 벌었다. 해금정책으로 바다의 국경은 닫혔으나 그래도 사무역, 밀무역은 성행했다. 특히 대륙 간 육상운송을 통한 교역이 활발했다.

실제로 18세기 이전의 상황을 보면, 1500~1750년 사이에 중국의 인구는 1억 2500만 명에서 2억 5000만 명으로 약 100% 정도 증가한 것으로 추산된다. 한마디로 잘살았었다는 이야기다. 같은 시기 영국 인구가 230만 명에서 370만 명으로 증가한 것보다 증가율이 더 높다. 이는 대량의 은이 들어와 경제가 크게 활성화되면서 경작지가 증가하고 이모작의 도입으로 식량 증산이 이루어졌기 때문이다.

중국 경제는 명나라가 망하고 청나라가 그 뒤를 잇는 정치적 혼란 때문에 17세기에 잠시 침체했으나 17세기 말에 다시 회복되었다. 양자강 유역에서는 면직물, 견직물 산업이 크게 성장했고 그 밖에 자기, 담배, 염료인 인디고, 종이 등의 산업도 발전했다. 특히 광둥성 등 남부 지역의 산업은 해외무역의 증가로 크게 자극을 받았다.

이에 따라 농업이 점차 상업화되고 도시화도 가속화되었다. 그리하여 프랭크 같은 사람은 당시에 세계 경제가 여러 중심을 가지고 있었을 수는 있으나 어느 하나가 가장 중요했다면 그것은 유럽이 아니라 중국 경제라고 주장한다. 유럽이 아니라 중국이 당시 세계 경제의 중심이었다는 것이다.

당시의 아시아 경제 상황에 대해서는 18세기《국부론》을 쓴 애덤 스미스의 관찰이 적절해 보인다. "중국과 이집트, 인도는 세계의 어떤 나라들보다 부유하다. 중국은 유럽의 어느 곳보다도 훨씬 부유한 나라"라는 것이다. 사실 18세기까지 아시아 경제에 대한 유럽인들의 평가는 매우 높았다.

그것이 달라지는 것은 유럽인들이 산업혁명에 성공한 이후이다. 18세기 후반 이후 아시아 국가들이 쇠퇴한 반면 유럽 국가들의 힘이 산업혁명으로 급격히 커지며 상황이 달라졌다. 인도는 1757년의 플라시 전투로 벵골 지방을 빼앗기며 점차 영국의 식민지로 전락했고, 중국도 1840년의 아편전쟁으로 무장해제를 당하며 유럽 국가들의 반식민지 상태로 떨어지게 되는 것이다. 그러니까 19세기에 와서야 아시아에 대한 생각이 달라졌다는 것이다. 스미스의 이야기에 더 귀를 기울여보자.

"아메리카 발견 후에 유럽 대부분이 잘살게 되었다. 이는 잉글랜드, 네덜란드, 프랑스, 독일뿐만이 아니다. 스웨덴, 덴마크, 러시아까지도 농업과 제조업을 발전시켰다. (…) 아메리카의 발견이 가장 중요하다. 새로운 광대한 시장이 생김으로써 새로운 노동 분업, 기술의 발전이 가능했는데 이는 과거의 좁은 시장에서는 불가능한 것이었다. 노동생산성이 높아지고 유럽의 모든 나라에서 생산량이 증가했다. 이와 함께 유럽인들은 부유해졌다. 동인도는 아메리카 은의 새로운 시장이었다. 금·은은 항상, 지금도 그렇지만 유럽으로부터 인도로 가져갈 매우 이익이 많이 나는 상품이다. 은이야말로 두 극단의 대륙을 하나로 잇는 주된 상품이다. 이것으로 이 먼 지역이 서로 연결되었다."

❖ 강철구, 〈강철구의 '세계사 다시 읽기'〉, 《프레시안》 외

참고문헌

가나모리 히사오 지음, 정재철 옮김,《흥망 세계경제》, 매일경제신문사, 1995

강영수 지음,《유태인 오천년사》, 청년정신, 2003

개빈 멘지스 지음, 박수철 옮김,《1434: 중국의 정화 대함대, 이탈리아 르네상스의
　　불을 지피다》, 21세기북스, 2010

갤브레이스 지음, 장상환 옮김,《경제학의 역사》, 책벌레, 2009

공병호 지음,《인생은 경제학이다》, 해냄, 2006

권홍우 지음,《부의 역사》, 인물과사상사, 2008

기 소르망 지음, 김정은 옮김,《자본주의 종말과 새 세기》, 한국경제신문사, 1995

김경묵 · 우종익 지음,《이야기 세계사》, 청아출판사, 2006

김욱 지음,《세계를 움직이는 유대인의 모든 것》, 지훈, 2005

김욱 지음,《유대인 기적의 성공비밀》, 지훈, 2006

김종빈 지음,《갈등의 핵, 유태인》, 효형출판, 2001

김학은 지음,《돈의 역사》, 학민사, 1994

김호동 지음,《서양의 고전을 읽는다》, 휴머니스트, 2006

니얼 퍼거슨 지음, 김선영 옮김,《금융의 지배》, 민음사, 2010

데릭 윌슨 지음, 신상성 옮김,《가난한 아빠 부자 아들 3》, 동서문화사, 2002

마르코 폴로 지음, 권미영 옮김,《동방견문록》, 일신서적, 1991

마빈 토케이어 지음, 이찬일 옮김,《성경 탈무드》, 선영사, 1990

막스 디몬트 지음, 이희영 옮김,《세계 최강성공집단 유대인》, 동서문화사, 2002

머니투데이 국제부 지음,《월가 제대로 알기》, 아카넷, 2005

문미화·민병훈 지음,《유태인 경제교육의 비밀》, 달과소, 2005

미야자키 마사카츠 지음, 오근영 옮김,《하룻밤에 읽는 세계사 2》, 알에이치코리아, 2012

박윤명 지음,《상식 밖의 동양사》, 새길, 1995

박은봉 지음,《세계사 100장면》, 실천문학사, 1998

박재선 지음,《세계사의 주역, 유태인》, 모아드림, 1999

박재선 지음,《유태인의 미국》, 해누리, 2002

배석규 지음,《칭기스칸 천년의 제국》, 굿모닝미디어, 2009

브라이언 랭커스터 지음, 문정희 옮김,《유대교 입문》, 김영사, 1999

비토리오 주디치 지음, 최영순 옮김,《경제의 역사》, 사계절, 2005

사카키바라 에이스케 지음, 삼정 KPMG경제연구소 옮김,《경제의 세계세력도》, 현암사, 2005

사토 다다유키 지음, 여용준 옮김,《미국 경제의 유태인 파워》, 가야넷, 2002

새뮤얼 애드셰드 지음, 박영준 옮김,《소금과 문명》, 지호, 2001

시오노 나나미 지음, 김석희 옮김,《로마인 이야기》, 한길사, 2007

쑹훙빙 지음, 차혜정·홍순도 옮김,《화폐전쟁 1~3》, 알에이치코리아, 2014

안효상 지음,《상식 밖의 세계사》, 새길, 1997

애디슨 위긴 지음, 이수정 옮김,《달러의 경제학》, 비즈니스북스, 2006

에른스트 곰브리치 지음, 이내금 옮김,《곰브리치 세계사 1, 2》, 자작나무, 1997

오오타류 지음, 양병준 옮김,《유태7대 재벌의 세계전략》, 크라운출판사, 2006

우태희 지음,《세계 경제를 뒤흔든 월스트리트 사람들》, 새로운제안, 2005

우태희 지음,《월스트리트 사람들》, 새로운제안, 2005

육동인 지음,《0.25의 힘》, 아카넷, 2009

윤경철 지음,《대단한 지구 여행》, 푸른길, 2011

윤승준 지음,《하룻밤에 읽는 유럽사》, 알에이치코리아, 2004

이강혁 지음,《스페인 역사 100장면》, 가람기획, 2006

이라유카바 최 지음,《그림자 정부(경제편)》, 해냄, 2005

자크 아탈리 지음, 양영란 옮김,《미래의 물결》, 위즈덤하우스, 2007

장 마리 펠트 지음, 김중현 옮김,《향신료의 역사》, 좋은책만들기, 2005

정성호 지음,《유대인》, 살림, 2003

존 고든 지음, 김남규 옮김,《월스트리트 제국》, 참솔, 2002

찰스 가이스트 지음, 권치오 옮김,《월스트리트 100년》, 좋은책만들기, 2001

찰스 킨들버거 지음, 주경철 옮김,《경제강대국 흥망사》, 까치, 2005

최영순 지음,《경제사 오디세이》, 부키, 2002

최영순 지음,《성서 이후의 유대인》, 매일경제신문사, 2005

최용식 지음,《돈 버는 경제학》, 알에이치코리아, 2008

최용식 지음,《환율전쟁》, 새빛에듀넷, 1012

최재호 지음,《유대인을 알면 경제가 보인다》, 한마음사, 2001

최창모 지음,《이스라엘사》, 대한교과서, 2005

최한구 지음,《유대인은 EQ로 시작하여 IQ로 승리한다》, 한글, 1998

코스톨라니 지음, 김재경 옮김,《돈, 뜨겁게 사랑하고 차갑게 다루어라》, 미래의창,
    2005

쿠사카리 류우헤이 지음, 지탄현 옮김,《소로스의 모의는 끝났는가》, 지원미디어,
    2000

폴 존슨 지음, 김한성 옮김,《유대인의 역사》, 살림, 2014

피터 번스타인 지음, 안진환·김성우 옮김,《신을 거역한 사람들》, 한국경제신문사,
    2008

홍성국 지음,《세계 경제의 그림자 미국》, 해냄, 2005

후지다 덴 지음, 진웅기 옮김,《유태인의 상술》, 범우사, 2008

성서(대한성서공회, 공동번역 개정판)

강철구,〈강철구의 '세계사 다시 읽기'〉,《프레시안》

박문환,〈고수 투자 데일리〉,《한경와우넷》

우광호,〈유대인 이야기〉,《가톨릭신문》

이경덕, '동방견문록 서평', http://ch.yes24.com/Article/View/28648

임형두, '정화 선단과 해금정책',〈연합컬럼〉, 2006년 9월 28일

주경철,〈경제사 뒤집어 읽기〉,《한국경제》

홍익희의
유대인 경제사 4
스페인 제국의 영광과 몰락
중세 경제사 下

1판 1쇄 발행 | 2016년 4월 20일
1판 5쇄 발행 | 2023년 1월 13일

지은이 홍익희
펴낸이 김기옥

경제경영팀장 모민원 기획 편집 변호이, 박지선
마케터 박진모
경영지원 고광현, 임민진
제작 김형식

디자인 푸른나무디자인
인쇄 · 제본 민언프린텍

펴낸곳 한스미디어(한즈미디어(주))
주소 121-839 서울시 마포구 양화로 11길 13(서교동, 강원빌딩 5층)
전화 02-707-0337 | 팩스 02-707-0198 | 홈페이지 www.hansmedia.com
출판신고번호 제 313-2003-227호 | 신고일자 2003년 6월 25일

ISBN 978-89-5975-910-1　14320
ISBN 978-89-5975-861-6(세트)